沟通的艺术

这样沟通才有说服力

黑马唐　著

内 容 提 要

本书列举了36个职场常见的沟通场景，逐一帮你发现问题并提供解决方案。在每个场景案例讲解中，书中会把所用到的理论知识和底层逻辑进行拆解，并给出举一反三的案例分析，共涉及300多个沟通和表达案例，帮助你在不确定的职场中，找到属于自己的那份确定性。智慧的沟通并非一蹴而就，它需要我们不断学习、实践和总结。本书将从沟通的基础讲起，逐步深入，帮你构建一个完整的智慧沟通体系。不管你是职场小白，还是经验丰富的老手，都能在这里找到适合自己的沟通技巧。

职场就像一片"江湖"，而沟通力就是咱们闯荡"江湖"的必备武器。掌握了它，你就能在职场中更加自信、从容地应对各种挑战，与人建立起和谐的关系，实现个人和团队的共同成长。

图书在版编目（CIP）数据

沟通的艺术 ： 这样沟通才有说服力 / 黑马唐著. 北京 ： 北京大学出版社，2025. 5. -- ISBN 978-7-301-36089-7

Ⅰ. C912.13-49

中国国家版本馆CIP数据核字第20253WD895号

书　　名　沟通的艺术：这样沟通才有说服力
GOUTONG DE YISHU: ZHEYANG GOUTONG CAI YOU SHUOFULI

著作责任者　黑马唐　著

责任编辑　刘云　姜宝雪

标准书号　ISBN 978-7-301-36089-7

出版发行　北京大学出版社

地　　址　北京市海淀区成府路205号　100871

网　　址　http://www.pup.cn　新浪微博：@北京大学出版社

电子邮箱　编辑部 pup7@pup.cn　总编室 zpup@pup.cn

电　　话　邮购部 010-62752015　发行部 010-62750672　编辑部 010-62570390

印 刷 者　河北博文科技印务有限公司

经 销 者　新华书店

880毫米×1230毫米　32开本　10印张　300千字

2025年5月第1版　2025年7月第2次印刷

印　　数　3001-5000册

定　　价　69.00 元

前　言

你好，我是黑马唐。

自 2012 年毕业踏入职场以来，我曾因不善言辞、不懂社交而吃了很多亏。从 2014 年开始，我有意识地练习职场沟通力，不放过任何一个可以锻炼自己的机会，当很多人对领导或者老板敬而远之时，我却努力寻找机会与他们多交流；在公开场合即兴演讲时，很多人可能望而却步，我都拼尽全力，在众人面前勇敢地展现自己。

很庆幸，在这个过程中，我培养了自己的职场沟通力，使自己在职场上越来越得心应手，也因此能够一步步攀升，结识并建立了很多以前难以企及的人脉与资源。

现在的我已经成为一名创业者，在广州开了自己的公司——广州功不唐捐信息科技有限公司，专注于为企业和政府提供新媒体领域咨询服务及培训工作。

同时，我也是广东省人社厅创新创业导师，中山大学研究院新媒体导师。我已经先后为中国移动、海尔集团、樊登读书、喜马拉雅等数百家知名企业提供了内部培训服务。

在这个过程中，我越来越发现职场沟通力的重要性，也看到了很多职场新人以及准新人和当年的我一样，迷茫、慌张、不知所措。于是，我决定写下这本书，期望你阅读之后能够少走一些弯路，将更多宝贵的时间和精力，投入在更加清晰、光明的未来道路上。

来吧，请你翻开这本书，让我们一起踏上这场提升职场沟通力的精彩旅程！相信在阅读这本书的过程中，你会收获满满，成为职场中的一匹黑马！

本书附赠的资源，读者可以扫描封底的二维码，关注“博雅读书社”微信公众号，找到资源下载专区，输入本书第77页的资源下载码，根据提示获取。

目 录
CONTENTS

PART 01 第一篇

新人沟通：如何更加分

PART 02 第二篇

典型沟通：熟能生巧

PART

第一篇

新人沟通：如何更加分

在这一篇中，我们将探讨职场新人最常遇到的五个沟通场景，从撰写简历到面试的过程，以及从入职第一天到开始团队协作的经历。是的，你没看错！撰写简历也是一种重要的沟通方式。无论是书面表达还是口头表达，都需要具备良好的情商和沟通能力，它们能让你的表达被对方所接受，甚至赢得对方的喜欢。

尽管这些场景表面看起来千差万别，但其实它们的底层逻辑有很多共同点，都可以运用相应的处理技巧。因此，我们将在前面用较多的篇幅来详细阐述这些底层逻辑，帮助你打好基础，以便你在后续的学习中能够举一反三，更好地应对职场中的各种沟通挑战。

场景一

简历，
是你迈入职场的第一次沟通

1.1 简历：远不止一张纸那么简单

谈及简历，很多人觉得它就是一张简单的纸，但其实，简历远比你想象的复杂和重要。

（1）**简历是你的“脸面”**。找工作时，简历就像是你的“脸”，招聘者第一眼看到的就是它。这张“脸”好不好看，直接决定了别人是否愿意进一步了解你。

（2）**简历是你的“个人广告”**。在这个人人都是自媒体的时代，你怎么能让别人记住你？简历就是你的“广告语”，它向别人展示你的能力和成就。如果简历写得好，别人一看就知道你是个高手，自然就想了解更多。

（3）**简历是你的“谈薪资本”**。在谈薪资时，你如何证明自己值这个价钱？答案就在简历上。你做过的项目、掌握的技能、取得的成绩，这些都是你的“谈薪资本”。有了这些，你就有底气与老板商讨薪资。

（4）**简历是你的“社交名片”**。想要认识更多的同行？想要扩大自己的人脉圈？简历就是你的“敲门砖”。当你拿出一张出色的简历，别人一看，这人不错啊，值得认识一下。这不，人脉就来了！

（5）**简历是你的“成长日记”**。每当你换一份工作，每当你完成一个项目，简历上都会增添一笔。这就像是你的职业成长日记，记录着你从一个小白到行业大神的蜕变过程。回头看看这些记录，是不是挺有成就感的？

因此，简历的重要性不言而喻。它不仅仅是一张纸，更是你职业生涯的起点和跳板。朋友们，好好利用这张“纸”，让它成为你职场生涯的助力吧！

在这个竞争激烈的社会里，我们需要不断地提升自己，展示自己的价值。而简历，就是我们展示自己的一个重要途径。因此，别小看它，好好制作、好好利用它吧！因为它可能就是你通往成功的“钥匙”！

1.2 如何撰写一份高情商的简历

撰写简历，看似简单，实则内藏乾坤。怎样在众多求职者中脱颖而出？来，跟随黑马唐的步伐一起探索如何撰写一份既专业又富含情商的简历吧！

一、明确目标，精准定位

在动手撰写简历之前，你需要先明确自己的求职目标。是希望成为驰骋商海的销售精英，还是致力于深耕技术的IT大咖？由于目标不同，简历的侧重点自然也会有所差异。一旦明确了目标，你就能更加精准地在简历中突出自己的相关经验和技能，使面试官一眼就看出你与岗位的匹配度。

举个例子 小黑和小白都想要应聘一家互联网公司的产品经理岗位。小白在撰写简历时，列举了很多他利用课余时间兼职打工的经历，如眼镜店的销售、餐饮店的前台，以及在闹市街头发传单等。这些经历看似丰富，但与想要应聘的岗位关系不大，因此很难引起面试官的注意。

而小黑则特意将自己在校期间参与的几个产品相关的项目放在了简历显眼位置，并详细地描述了在这些项目中如何运用产品思维解决问题以及取得了怎样的成果。这样的简历既体现了小黑的专业能力，又展示了他对产品经理岗位的热情和执着，因此更容易受到面试官的青睐。

加个餐：提前准备简历中的加分项

机会总是留给有准备的人。写简历，越早准备越好。当你能够提前半年或更早就确定了要投递简历的目标，就可以为此提前做好相应的准备，比如参加一些项目比赛或者投身于一些主题活动以获取经验和成绩。

二、用数据说话，量化成果

我们都知道，在职场中 KPI 或 OKR 都是将工作目标量化，以便更好地评判目标的合理性及最终效果。同样，在简历中，空泛的描述是行不通的。你得学会用数据说话，将自己的工作成果量化。例如，你可以说：“在 ×× 公司任职期间，通过优化流程，提升了 30% 的工作效率。”这样的描述既具体又直观，远胜于“提升了工作效率”这种空洞的说法。

举个例子 小白在描述工作经历时写道：“在 ×× 公司任职期间，通过优化流程，工作效率提升了很多，帮助公司实现了业绩的大幅增长。”这就会让面试官很迷惑，“提升了很多”是提升了多少？“大幅增长”又是增长了多少？

而小黑则这样写道：“在 ×× 公司任职期间，通过优化流程，工作效率提升了 30%，连续三个月帮助公司完成 100 万元的业绩。”这样的描述用具体的数据展现了小黑的专业能力，面试官对他的实力就能一目了然。

加个餐：数据的表达技巧

在使用数据时，有个小技巧能让你的数据看起来更加“亮眼”——数值低就用百分比表示，数值高就用具体数字。例如，公司有两个销售人员，业绩一人一半，大概每月 2 万元，这个时候业绩并不算高，就可以用百分比表示，即“销售业绩占公司总业绩的 50%”，看起来是不是显得自己特别重要？而如果你一个人就能完成 50 万元甚至更高，但在全公司 100 名销售人员中占比很低，那你就直接写“每月完成 50 万元业绩”，一样可以体现你的能力。

在网上各种购物节期间，商家常常采用不同的数据表达方式来进行宣传。例如，一个原价 2 元、现价 1 元的产品，商家会宣传“直降 50%”，而对于一个原价 9999 元、现价 8999 元的产品，商家则更倾向于宣传“立减 1000 元”。因此，合理运用数据的表达，不仅是高情商的体现，更是高智商的体现。

三、简洁明了，突出重点

写简历时，切忌冗长和啰唆。面试官每天需要浏览成百上千份简历，如果你的简历冗长复杂，那可就惨了。因此，一定要简洁明了，突出重点。将自己最亮眼、最与岗位相关的经历和技能放在前面，用精练的语言进行描述。

举个例子 小黑和小白同时面试一个岗位。小白把从大学到工作两年这个过程中所有跟岗位相关的信息都写了下来，洋洋洒洒地写了三页纸。

而小黑则非常注重简洁明了，在工作经验部分，他只列举了近两年的工作经历，并且针对每个工作经历都用一两句话概括了自己的主要职责和取得的成绩。这样的简历让面试官一眼就能看到核心优势，大大提高了求职的成功率。

四、注重细节，体现专业素养

“细节决定成败”，这句话在撰写简历时同样适用。一份注重细节的简历能够让面试官感受到你的专业素养和严谨态度。例如，你可以注意一下简历的排版、字体、格式等，确保整体美观大方；在描述工作经历时应该按照时间顺序进行排列，以便面试官清晰地了解你的职业发展轨迹。

举个例子 小白在撰写简历时，出现了一大堆错别字，而且还有语句不通顺的情况，这样的简历面试官可能只看一眼就会刷掉。

而小黑则非常注重细节，他不仅选择了简洁大方的排版和字体，还仔细地检查错别字和语句的通顺性，准保无误。此外，他还在每个工作经历后面附上了具体的工作时间和地点。这样的简历看起来非常专业、有条理，给面试官留下了深刻的印象。

加个餐：多一份细心就多一份成功

细节除了体现在简历的制作上，还会展现在你投递简历的方式上。例如，有时我们需要通过邮箱来发送简历，很多人只是简单地添加一个附件便匆匆发送，这样的简历很容易淹没在众多的邮件中。要知道，这是一封邮件，自然需要撰写合适的标题以及邮件内容。

例如，标题可以设置为“应聘贵司企业培训师——黑马唐”，这样的标题既清晰又直接，能够迅速吸引面试官的注意。邮件中除了附上简历，你还可以简短地打个招呼，如：“面试官您好，感谢您百忙之中查阅我的邮件，我非常喜欢贵公司的职位，并且相信我的能力能够完全符合职位的要求。下方附件是我的简历，期待能收到您的反馈。祝工作顺利。”

换位思考一下，如果你是面试官，是不是也更愿意看到这样专业且贴心的邮件？

跟你分享一个我的亲身经历。2013 年我刚到广州时，看中了一家旅游网站的文案编辑工作，感觉这个岗位就像为我量身定制的一样。然而，在招聘网站上多次投递简历后，却一直没有收到回复。我不甘心，于是在网上查看了很多关于该网站的资料。经过一番努力，我在该旅游网站的一个不起眼的角落，意外发现了一个面试官的邮箱。于是我立刻通过邮件的形式向这位面试官投递了一份简历。

在面试时，面试官告诉我，这还是第一次有人发现这个邮箱并且直接投递了简历，他很欣赏我的细心和执着。最终，我也因此成功地获得了这份工作，并在广州开始了我的职业生涯。

五、展示个性，凸显情商

虽然简历需要突出专业素养和技能水平，但适当地展示个性和情商也是非常重要的。你可以在简历的自我介绍或兴趣爱好部分，简要提及自己的性格特点、团队协作能力等，以便让面试官感受到你是一个充满活力且善于与人沟通的人。

举个例子 小黑在简历的自我介绍部分写道：“我是一个乐观向上、善于沟通的人。在工作中，我总能迅速融入团队，与同事们保持良好的合作关系。在业余时间，我热衷于参加各类社交活动，结交新朋友，不断拓展自己的人脉圈。”这样的描述不仅展示了小黑的个性特点，还凸显了他的高情商和良好的团队协作能力。

六、专属定制化简历，投其所好

我并非建议你专门定制简历的样式，而是希望你能够针对不同的公司添加专属定制化的内容。很多职场新人在投递简历时喜欢采用“海投”策略，希望广撒网来获取更多面试的机会。但你知道吗？这种“海投”的行为在经验丰富的面试官眼中往往非常明显，甚至可能引起他们的反感。

这就如同在恋爱中，如果你每次都用同样的话术或者技巧，那就像“海王”一样，显得油腻且不真诚。相反，如果你能深入了解对方的兴趣爱好，就可以送出让他们惊喜的礼物，让他们觉得这份“礼物”是为他们量身定制的。

举个例子 我刚到广州时，想要找一份文案相关的工作。文案种类繁多，包括广告文案、电商文案、攻略文案等。尽管这些岗位都属于文字工作者的范畴，但它们在文案功底和写作风格上的要求却截然不同。我投递的是一家旅游网站的文案编辑岗位，这个岗位更偏向于攻略文案的撰写，同时也要求应聘者具备与旅游相关的爱好或者经验。

因此，我在简历中特意强调了以往的旅游经历，并附上了每次旅游后撰写的游记和攻略。这样的简历显得非常定制化，能够充分展示我对这份工作的热情和专业性，相信面试官也能从中感受到我的诚意。

1.3 简历撰写的常见误区和规避方法

许多人在撰写简历时，常会不自觉地陷入某些误区，这些误区可能导致简历效果不佳，甚至被招聘人员一眼略过。为了让你的简历能够在众多求职者中脱颖而出，接下来，我们将深入剖析这些误区，并提供更具体的规避方法。

误区一：“一锅端”式简历

很多人认为简历应该包含自己的所有经验和技能，以此来展现自己的“全面性”。然而，这种做法往往导致简历内容冗长且烦琐，使招聘人员难以迅速找到你的核心优势。

◎规避宝典：

（1）**针对性筛选**。在投递简历之前，深入研究目标职位的具体需求和描述。根据这些要求和描述，精心挑选并展示与职位最相关的工作经验和技能。例如，如果应聘的是市场营销岗位，则应重点强调市场策划、品牌推广及销售等方面的经验，而非过多地涉及其他不直接相关的领域。

（2）**强调关键词**。在简历中使用与职位描述相匹配的关键词，这不仅能有效吸引招聘人员的注意，还能提高被自动筛选软件识别的概率。例如，如果应聘的是电商直播岗位，可以多使用“直播”“场观”“订单量”等行业术语。

误区二：“自夸”式简历

在撰写简历中的自我评价部分时，很多人容易陷入自夸的误区，大量使用笼统、空洞的形容词来描述自己，如“沟通能力强”“团队合作精神好”等。然而，这些缺乏具体案例支撑的描述，往往难以令人信服。

◎ 规避宝典：

（1）**具体案例支撑**。为了增强自我评价的说服力，应尽可能用具体的案例或经历来支撑你的描述。例如，“在某次跨部门合作项目中，我主动沟通协调，确保了项目按时且高质量完成，这充分展现了我的团队合作精神和出色的沟通能力”。

（2）**量化成果**。如果可能，尽量用数据或具体成果来量化你的能力表现。例如，“在过去的一年里，我带领团队完成了 10 个项目，平均每个项目提升了 20% 的销售业绩”。这样的表述更为直接、具体，也更能吸引招聘者的目光。

误区三：“时光穿越”式简历

有些人在简历中详细列出从求学时期到现在的所有经历，导致简历冗长且重点不突出。然而，招聘人员实际上更关心的是你近期的经验和能力，以评估你是否适合所申请的职位。

◎ 规避宝典：

（1）**突出重点**。将重点放在过去几年内与应聘职位最相关的工作经验和成果上。如果早期的经历对展示你的能力有重要意义，可以简洁提及，但不必过多展开细节。

（2）**逆向时间顺序**。按照时间倒序排列工作经历，确保招聘人员先看到你最近的经验和成果，从而更直接地了解你的职业发展和当前的能力水平。

误区四："艺术照"式简历

为了吸引招聘人员的注意，有些人尝试在简历中使用花哨的设计、奇特的排版或过多的图形元素。然而，这种做法往往会让简历显得不够专业，甚至可能干扰信息的清晰传达。

◎ 规避宝典：

（1）**保持专业性**。选择简洁、易读的排版和字体，确保简历整体呈现出专业的外观。避免使用过于花哨的设计或过多的图形元素。建议简历中的字体种类不超过两种，颜色搭配不超过三种。

（2）**注重可读性**。确保简历内容清晰明了、易于阅读。合理利用空白、标题和分段来提高简历的可读性。避免过度拥挤的排版，让简历看起来整洁、有序。

误区五："独角戏"式简历

在描述工作经历和项目经验时，有些人过于强调个人的贡献，而忽视了团队的作用和合作精神。然而，在职场中，团队合作能力是非常重要的素质。

◎ 规避宝典：

（1）**展现团队精神**。在描述工作经历和项目经验时，明确提及你在团队中的角色和贡献，同时强调与团队成员的紧密协作和共同取得的成果。这样可以让招聘人员更好地了解你的团队合作能力和领导才能。

（2）**平衡个人与团队**。在突出个人能力和贡献的同时，也要注重展现你对团队合作的重视和贡献。在简历中可以适当提及与团队成员协作解决问题、共同达成目标的经历。

综上所述，通过精心打磨和定制化设计你的简历，你将能够更好地展示自己的能力和潜力，从而在激烈的求职竞争中脱颖而出。

场景二

面试沟通，
做好了这些就等着 offer 吧

面试沟通，这一环节犹如江湖中的一场高手对决。作为求职者，你就是即将踏上擂台的武林高手，需要在这短暂的交流中，凭借你的实力与智慧征服面试官，赢得最后的胜利。

在面试的擂台上，你需要眼观六路，耳听八方。一个细微的动作、一句不经意的话语，都可能成为你制胜的关键。你要像敏锐的剑客一样，精准捕捉面试官的每一个眼神、每一个动作，从中洞悉他们的心思。

面试前的准备工作，就如同武林高手的修炼过程。你需要深入了解“敌情”——公司的文化价值观以及岗位需求，这样才能做到知己知彼，百战不殆。同时，你还要精心打磨自己的“武器”——自我介绍和预设问题的答案，确保它们无懈可击，能够充分展现你的优势和实力。

在面试过程中，你要运用你的“内力”——专业知识和实践经验，来灵活应对面试官的各种“招式”。无论他们如何出招，你都要保持冷静，以不变应万变。你的回答应如同武林高手的招式，既要有力度，又要精准到位，直击要害。

面试结束后，这场“对决”并未真正落幕。你需要及时跟进，如同武林高手在比试后的复盘，认真总结经验教训，巩固成果。一封感谢信或一封询问后续流程的邮件，就如同高手间的拱手致意，既体现了你的诚意，也展现了你的专业素养。

只有做好周全的准备，充分发挥你的实力和智慧，才能在这场“对决”中脱颖而出，并最终获得心仪的工作。

2.1 面试前：精心策划，充分准备

当你投出的简历换来了面试的邀请时，恭喜你成功迈过了第一关！

接下来，让我们进入面试前的准备环节。请记住，机会总是留给有准备的人的。现在，机会就在你的面前，想要把握住它，你需要进行足够精心且全面的准备。

一、了解公司的基本情况

（1）**公司背景**。深入研究公司的历史、文化、业务范围及发展方向。这些信息通常可以在公司官网、企业年报或相关新闻报道中找到，从而让你对这家公司有一个整体的了解。

（2）**行业地位**。深入了解公司在所处行业中的位置、市场份额以及主要竞争对手的情况。这将有助于你更清晰地理解公司的市场环境和商业策略。

（3）**企业文化**。深入了解企业的核心价值观、工作氛围以及员工福利等。企业文化对员工的职业发展和工作体验至关重要，因此，了解这些方面可以帮助你判断自己是否适合加入这家公司。

二、研究面试的职位信息

（1）**岗位职责**。详细了解应聘职位的主要职责和工作内容。这有助于你更好地准备面试，并在面试中展示自己对该职位的理解和适应能力。

（2）**任职要求**。仔细研究职位的任职要求，包括学历、工作经验、专业技能及所需证书等。确保自己符合这些要求，或能在面试中合理解释如何弥补不足之处。

（3）**职位发展**。了解该职位在公司中的发展前景和晋升机会。这不仅有助于你规划个人职业发展路径，还能在面试中展现你对未来的期望和合理规划。

那么，我们可以通过哪些渠道获取上述信息呢？

（1）**公司官网**。浏览公司官方网站，重点关注“关于我们”“加入我们”“新闻动态”等栏目，以获取最新、最准确的公司信息及职位信息。

（2）**社交媒体**。关注公司的官方社交媒体账号（如抖音、微博、微信公众号等），这有助于你了解公司的日常动态、企业文化和员工互动情况。

（3）**职业论坛和社区**。积极参与相关职业论坛和社区讨论，这是一个向其他求职者或公司员工请教、了解公司情况和职位信息的好途径。需要注意的是，在获取信息时，一定要仔细甄别信息的真实性和客观性。

三、自我介绍的准备和演练

在大多数情况下，面试官会在面试开始时让你进行“自我介绍”，这是给面试官留下深刻印象的关键一步。那么，我们如何做好面试中的自我介绍呢？

（1）简洁地打招呼并清晰地报出自己的全名。随后，简要介绍你的教育背景，特别是与应聘职位紧密相关的学历或主修专业，以便为面试官提供一个关于你学术背景的初步了解。

（2）概括性地介绍你过往的工作经历，特别是那些与应聘职位有直接相关性的工作经历。在这部分，应着重突出你的核心技能，并展示你是如何运用这些技能在实际工作中取得成果的。

（3）简短地描述你的个人特质或优势，如责任心强、善于沟通或具备团队合作精神等。如果可能，分享一个具体的且与应聘职位紧密相关的个人成就或经验案例，这有助于证明你的实际能力和专业素养。

（4）表达你对这个职位和应聘公司的浓厚兴趣，并简要阐述你选择加入的原因以及你期望为公司带来的价值和贡献。这不仅能展示你的职业规划和目标，还能向面试官传达出你的积极态度和对未来工作的期待。

在准备自我介绍的时候，要遵循以下四个原则。

（1）**时间控制**。自我介绍的时间最好控制在1~2分钟内。一般来说，正常的语速是一分钟150字左右，因此你需要准备150~300字的自我介绍。当然，这只是一个参考建议，具体还需根据自身实际语速进行调整。为了确保不超时，你可以在练习时使用手机计时。

（2）**自信热情**。在表达的过程中，要始终保持微笑，并与面试官保持眼神交流。适当的肢体动作能展现出你的自信和热情。如果不确定自己的表情和动作是否得当，可以对着镜子练习，或者使用手机自拍模式进行练习，甚至可以给自己录个视频来观察实际效果，并据此不断优化。

（3）**语言简洁**。避免使用冗长的句式或复杂的词汇，以免导致语义传达不清或引起误解。

（4）**避免重复**。确保自我介绍的内容中没有重复的信息，每一点都是有意义且相关的。

举个例子　“面试官，早上好。我叫黑马唐，毕业于浙江理工大学计算机专业。在学校期间，我多次参加编程社团的活动和比赛，并在大三和大四时连续两年获得了校园编程大赛的金奖。特别是对于软件工程的项目，我非常感兴趣，很多核心代码我都可以独立完成编写。

在这些成就的背后，离不开我的毕业设计导师唐老师的悉心指导。从大三开始，他就给予我很多锻炼的机会，让我有幸能与本专业的研究生一起交流学习。这极大地促进了我的成长。

当我看到贵公司发布的软件工程师的岗位时，我很兴奋，觉得这就是我理想的工作。我期望通过自己的努力，在两年内成为公司主力工程师，帮助公司完成更多项目，同时也在这个过程中实现自我价值的快速成长。”

加个餐：必要的眼神交流与肢体语言

在前面我们提到，在表达的过程中，除了始终保持微笑以展现友好且自信，我们还需要做到以下两点。

1. 时刻的眼神交流

· 要点一：眼神要稳定

眼神交流的关键在于稳定。避免频繁地转移视线，如频繁看天花板或地板。坚定而自信地看着面试官，这不仅可以展现你的专业素养，还能让面试官感受到你的尊重和认真。

· 要点二：避免直视

虽然眼神注视很重要，但直勾勾地盯着面试官可能会让双方都感到不适。你可以尝试注视面试官鼻梁的位置或者眼睛下方区域，这样既能保持交流，又能让对方感到舒适。对于社恐的朋友来说，这也是避免直接对视带来的尴尬的有效办法。

· 要点三：避免皱眉

在日常生活中，很多人在面对问题或思考时习惯性地皱眉，这可能会给面试官留下不太友好或对问题感到焦虑的印象。因此，你需要对着镜子多练习，尽可能时刻保持眉毛的舒展，以展现你积极、乐观的态度。

2. 适当的肢体语言

· 要点一：大方地走进面试室

轮到你走进面试室时，要抬头挺胸，手臂自然下垂并随步伐轻微摆动。步伐应适中，既不显得犹豫不决，也不过于急促。

· 要点二：笔挺的坐姿

与面试官微笑打招呼或鞠躬后，入座时要保持腰背挺直，坐于椅子的前三分之二处。不要靠着椅背或弯腰驼背，这些姿态会显得你不够专业或缺乏自信。

· 要点三：适度点头

当你认同面试官的观点时，可以适度点头表示赞同，但不要频繁点头，以免给人留下过度紧张的印象。当然，频繁摇头也不可取。

· 要点四：自信的手部动作

在面试过程中，不要采用“关闭”性质的手部动作，如双手握拳、环胸抱臂、交叉双臂等，这些动作可能传递出冷漠或者防御的信号，增加沟通难度。相反，应保持手部“开放”状态，如露出手心，并在表达时适当地运用手势，以增强与面试官的互动和信任感。

· 要点五：避免各种小动作

此外，还要避免一些日常习惯中的小动作，这些可能在不经意间影响面试表现。

（1）摆弄或查看手机。面试时应专注于与面试官的交流，建议将手机调至静音并放置在视线以外的地方。

（2）坐立不安或频繁变换坐姿。面试的时间一般不会很久，建议选择一个较为舒服的坐姿并保持稳定。

（3）摸脸、捋头发或整理衣物。面试前应提前整理好仪表，避免在面试过程中进行此类动作。

（4）跷二郎腿或抖腿。这些动作会显得不够严肃，甚至轻浮。

（5）咬笔、玩笔或其他物品。应避免这些分散注意力的小动作。

（6）用手托腮或支撑头部。这会给面试官留下疲倦或不重视面试的印象。

（7）叹气或打哈欠。这会让面试官感觉你对面试或工作缺乏热情。

四、预设问题的思考与答案准备

在面试过程中，面试官会提出很多问题以评估我们的能力和适应性。这些问题有些比较常见，有些则需要我们灵活应对。但不管怎么样，提前做好准备，设想面试官可能会提出的问题，并准备好相应的答案，将对我们的面试大有裨益。

（1）罗列问题与答案。在了解职位要求及公司概况后，我们或多或少能预测到面试官可能提出的问题。若你是第一次面试，或对所预测的问题没有把握，可以按以下问题进行准备。

· 请介绍一下你的家庭。

· 你有什么特长和爱好？

· 你对自己的学习成绩是否满意？

· 如何评价你的校园生活？

· 你为什么要应聘这个职位？

· 你对本行业 / 本公司 / 本职位有哪些了解？

· 你找工作时考虑的主要因素是什么？

· 你的优点和缺点分别是什么？

· 如果工作安排与你的专业不对口，你会如何考虑？

· 如果有两家公司同时想要聘用你，你会如何选择？

· 你如何看待与同事、领导的相处？

· 你对薪资和福利待遇的期望是什么？

· 你认为自己能为公司带来哪些价值？

· 描述一下你的前上级是怎样的人。

· 分享一下你最近看的一本书或者一部电影及其对你的启发。

针对这些问题，逐一准备你的答案，以便在面试官提问时，能够从容应对，避免因过于突然而显得紧张或慌乱。

（2）模拟面试场景。你可以找同学、朋友或者家人充当面试官，进行实战模拟。通过这种方式，你可以发现并纠正自己在回答过程中的不足之处，从而调整和完善你的答案。

（3）保持灵活性与真实性。虽然我们对很多设想的问题都提前准备了答案，但这并不意味着我们要死记硬背。相反，我们应该根据实际面试的氛围以及面试官给予的反馈进行灵活的调整，以展现我们真实的能力和经验。

五、形象与着装的规划

常言道“人靠衣装马靠鞍”，良好的穿着形象能在面试中为你大大加分。因此，我们需要认真对待。

（1）形象方面。首先，男生应保持头发长度适中，展现出清爽干练的形象；女生若是长发，则建议整洁地梳在脑后或者扎起来，避免过于张扬的发型或奇异的发色。其次，男生无须化妆，保持面部清洁即可，偏油性皮肤者可以准备纸巾随时进行清洁；女生则建议化淡妆以提升气色，但需要避免浓妆艳抹或与职业形象不符的夸张妆容。最后，微笑、眼神交流和肢体语言是我们形象的重要组成部分，应时刻保持。

（2）着装方面。首先，应根据面试的环境和职位要求选择合适的着装。例如，一套合身的休闲小西服就是不错的选择，既不随意，也不严肃。其次，服装颜色应尽量选择单一且偏深色，避免过多的色彩或花哨的图案。一般情况下，整体配色不宜超过三种，这样能让整体形象显得更加简单大方、成熟稳重。最后，注意细节，如确保衣物整洁无褶皱、无污渍，领口和袖口的平整。精心为面试打扮一番，面对镜子中的自己，相信你会更加自信。

2.2 面试中：高效沟通，展现自我

有了面试前充分的准备，你会发现面试变得不再那么陌生和令人恐惧。但千万别以为这样就可以万无一失了，对大部分人而言，这些准备再充分也只是理论上的支撑，还需要通过实践来检验。毕竟，“实践是检验真理的唯一标准”，我们只有亲自去尝试、去体验，才能真正攻克面试这一关。

因此，我们绝不能掉以轻心，应关注每一个细节，争取在这次展现自我的宝贵机会中获得好评。

一、提前半小时到场

准时到达是面试者展现职业素养与尊重他人的重要体现。有些人对时间观念很有自信，认为自己可以踩点到达，这当然可以，但存在一定的风险。实际上，通勤的交通状况、天气状况，甚至上楼的电梯等待时间，都可能成为阻碍你准时到达的“绊脚石”。

我曾经就经历过这样的情况：提前 10 分钟到达楼下，自以为不会迟到，结果刚好遇到上班高峰，上楼排队就花了 15 分钟。因此，我建议大家提前半小时到场，确保时间足够宽裕。

在这段等待的时间，你可以到洗手间整理一下仪容仪表，检查是否因为着急出门或一路奔波而弄乱了头发或者弄皱了衣服。有些公司的洗手间位于办公区域内，不方便进入的话，你可以随身携带一个小镜子以备不时之需。女生可以简单补个妆，男生则可以用纸巾擦去脸上的汗水或油光。然后，提前 5 分钟走到前台，告知你的面试时间，前台自然会为你指引接下来的步骤。这样，你就能以最佳的精神面貌和心态迎接面试了。

加个餐：轻松缓解紧张

有些小伙伴在等待或候场时，会手心冒汗，身体止不住地发抖，表现出极度的紧张。这种情绪不仅可能影响你正常水平的发挥，甚至可能让你错失这个工作机会。

那么，我们要如何缓解或克服这种紧张的情绪呢？

（1）你要正视紧张这件事。你会发抖、冒汗、心跳加快，只是因为你很在意这次面试。因此，不要觉得自己能力差，也不要觉得自己配不上这次机会。

（2）你可以尝试深呼吸来放松自己。闭上眼睛，用鼻子尽可能慢地吸气，直到感觉肺部充满空气，然后再用嘴巴慢慢吐气。重复几次这样的深呼吸，你会发现紧张情绪缓解了很多。

如果时间比较宽裕，你还可以听一些轻松、舒缓的音乐，配合深呼吸效果会更好。如果时间紧迫，就专心候场，以免因听音乐而错过时间。

（3）你可以引导自己进行正面冥想。想象面试过程非常顺利，面试官对你很满意并给了你 offer，想象你未来在这个公司上班的场景。这些美好的想象能让你对接下来的面试更加从容和自信，而好的结果也会随之而来。

（4）你还可以与身边的人进行简单的交流。无论是公司里引领你到面试地点的员工，还是与你一起参加面试的其他候选人。这样的交流不仅能帮助你获取一些有用的信息，还能有效分散你的注意力，聊着聊着你就发现没有那么紧张了。最重要的是，面试官往往很看重你的团队合作以及沟通能力，你的这些举动都可能成为你的加分项。当然，记得保持较低的音量，不要大声喧哗，以免影响其他人。

二、进入面试室时的表现

（1）当面试官或相关工作人员叫到你的名字时，若你当时处于坐姿，请立即起身；若你一直是站着的，则可以在听到名字后举手示意“收到”，以此展现你对面试的重视与尊重。

（2）在进入面试室之前，无论门是关闭还是微开，都应先敲门，并等待对方回应后再进入。进入之后，需要将门恢复到进来前的状态，这不仅是基本的礼貌，也能体现出你的修养与细心。

（3）进入面试室后，要保持微笑，若面试官只有一位，可直接点头致意或简短问候。若想表达更深的敬意，可以在点头的同时，稍微弯曲背部行鞠躬礼。若面试官有多位，如 4~5 人并排而坐，建议你可以从左至右以适中的速度逐一扫视，与每位面试官进行短暂的眼神交流后再点头鞠躬问好，以此有效传达你对每位面试官的尊重和友善。

三、面试时需时刻注意倾听与理解

在面试的过程中，注意倾听与理解是非常重要的，这不仅可以帮助你更好地理解面试官的问题，还能充分展现你的专业素养和良好的沟通能力。

（1）**保持专注与非语言的交流**。在面试的过程中，要全神贯注地聆听面试官的话语以及提出的问题，避免分心；同时，可以通过保持微笑、适时点头以及眼神交流等非语言方式，来表达你对内容的专注和理解。

（2）**避免打断和预判**。在面试官讲话时，避免打断面试官，应给予他们充分的时间来表达观点；切勿提前预判面试官的问题或意图，而应专注于他们当前所说的内容。一旦陷入预判并开始在脑海中搜寻预设的答案，可能会导致分心，从而错过面试官真正的问题。

（3）**准确理解问题**。面试官可能会基于你之前的回答进行延展提问或转换话题，因此，确保完全理解问题的含义至关重要。若因分心或问题较长而产生疑惑，可以礼貌地请求面试官重复问题，如“对不起，我可能没有完全听清您的问题，能否请您再复述一遍？”避免使用不礼貌的简短回应，如“啥？我没听清”。

（4）**展现同理心**。迅速分析面试官的问题，思考面试官设问的意图以及期望得到的答案。这有助于你更准确地把握问题的核心，提供贴近面试官心意的答案，从而获得更多的加分。

（5）**复述问题**。为确保自己没理解错面试官的问题，或者想要争取更多的时间来组织答案，你可以在回答前用自己的话复述一遍问题，如“如果我没理解错的话，您是想了解我对于 ××× 的看法，对吗？”这样的做法不仅体现了你对问题的重视，也可以让面试官看到你的思考过程。

四、清晰明了地回答面试官的问题

在倾听和理解面试官的问题后，给出答案时，请注意以下细节。

（1）**针对性回答**。确保答案直接针对面试官的问题，避免泛泛而谈。同时，确保答案围绕应聘的职位和公司展开，展现你与职位要求和企业文化的契合度。

（2）**清晰有条理**。确保答案简洁明了，避免冗长和复杂的表述。如果答案内容较多，可以分点阐述，并在结尾处进行总结，以便面试官轻松理解你的思路。

（3）**实事求是**。诚实是面试中最重要的品质。避免夸大或虚构事实，因为在录用员工之前，企业都会进行背景调查，谎言最终会被揭穿，从而影响你的职业声誉。

（4）**避免负面言论**。在提及之前的工作或领导，保持客观的态度，只对项目或者事情本身进行客观评价，避免抱怨或者传递负面情绪，以免给面试官留下不成熟或不专业的印象。

（5）**保持热情和自信**。在面试时，面试官往往更看重你的态度和潜力，而非过往的工作经历或学历。在回答问题时，自信地表达观点和看法，通过言谈举止展现你对面试的重视，以及对未来工作的热情和渴望。

五、完美应对主动提问时间

一般情况下，当面试官对你说："你还有什么问题要问吗？"就意味着面试进入了你掌握主动权的时间。这是一个展示你对这份工作兴趣和热情的机会。你可以从以下几个方面准备你的问题。

（1）**工作相关的问题**。询问职位工作的日常流程、团队合作的细节以及这个职位在公司的发展战略和未来规划中的角色和贡献。

（2）**个人成长相关的问题**。询问职位的晋升机会、职业发展方向以及公司是否会提供专业培训等。这些都是提升自我价值的机会和福利。

（3）**避免琐碎的问题**。有些过于琐碎的问题，或者在公司网站、招聘信息中能轻易找到答案的问题就不要问了，以免给面试官留下不细心或缺乏准备的印象。

关于薪资福利的提问需要具体问题具体分析。

（1）**要判断环境和语境**。如果整个过程都非常顺利，和面试官也互动良好，可以委婉地询问薪资范围。如果面试的过程并没有那么顺利，甚至氛围较紧张或者面试官并不热情，那么避免直接询问薪资。

（2）**准备心理预期**。在面试之前，可以先了解一下该地区的整体薪资水平以及行业的标准范围，以便在提问时有一个合理的参考。

（3）**避免过早提及薪资**。通过互动了解面试的轮次，如果当前是第一轮面试，那么可以先不提及，等到最后一轮面试时再提。如果面试就只有一轮，那么可以参考前面提到的环境和语境来适时提出。

（4）**考虑其他福利**。不同的工作薪资架构不同，除薪资外，还可以关注其他福利，如绩效考核、奖金制度、股票期权、保险公积金等。对于创业型公司的股票和期权承诺，要保持警惕并理性评估。

六、礼貌地告别

面试在你的提问结束后便进入了尾声，此时面试官通常会以“那今天咱们就聊到这里”来结束整个面试。初次面试者往往在这时会忽视很多细节，直接起身离开。

但一个得体的告别，就能给面试官留下深刻的印象，甚至可以弥补面试过程中的不足。那么，具体应该怎么做呢？

（1）**握手或点头致意**。如果你与面试官的距离较近，可以主动伸出右手与对方握手。若距离较远，则可以点头致意，以此表达你的尊重和礼貌。握手时需注意以下几点：避免坐着握手；尽量使用右手，若因受伤或其他特殊情况需事先说明；力度要适中，持续时间3~5秒即可。

（2）**总结面试收获**。你可以简短地总结面试中的感受或收获，如“这次面试让我对公司和这个职位有了更深入的了解”，以展现你对面试过程的重视。

（3）**表达感谢和期待**。向面试官表达你的感激之情，并期待有机会成为公司的一员。如“非常感谢您给我这次面试的机会，也感谢您在面试过程中分享的宝贵信息和建议，我非常期待能有机会成为贵公司的一员”。

（4）**最后的告别**。在结束之际，你可以再次表示感谢并送上诚挚的祝福，如“再次感谢您的宝贵时间和交流，祝您工作顺利，公司蒸蒸日上”。

加个餐：学会分析微表情

可能有小伙伴要问，那我该如何去判断整个面试过程中的氛围呢？这就需要我们掌握一些察言观色的技巧，通过观察面试官微表情或者肢体语言的变化，来判断面试官对你的表现或回答的认可程度。

这需要我们简单地了解微表情背后的含义，以便在沟通中更加灵活应对。

（1）眼神。如果面试官的眼神明亮且关注，表示对于你的话题很感兴趣；如果眼神闪烁不定或避免与你对视，可能意味着面试官对你的回答或观点持保留态度。

（2）嘴唇。嘴角微微上扬表示对你认可或满意；嘴角下撇则可能表示不满或者失望；嘴角紧闭可能意味着正在思考或评估你的回答；而微笑略显敷衍不真诚，则说明面试官对你的答案并不完全信服。

（3）眉头。眉头舒展往往意味着面试官对你的回答比较满意；眉头紧锁则可能表示对你的回答有疑虑或不满。

（4）头部。点头表示对你的内容或观点的理解和认同；摇头则可能意味着面试官对这个答案不认同。

（5）手部。如果面试官扶额或触摸脸部，说明气氛有些尴尬，可能对你的回答感到困惑；如果面试官双臂交叉抱于胸前则是一种防御姿态，说明面试官可能对你的内容不感兴趣或持保留态度。这时，你需要更加努力地展示自己的能力和适合该职位的理由。

（6）身体姿态。如果面试官身体前倾且认真倾听，说明对你的话题很感兴趣，你已成功吸引了他的注意；如果面试官不停地看手表或变换坐姿，说明他可能对你的话题失去了兴趣。这时，你需要尽快调整自己的回答内容，以重新吸引他的注意。

2.3 面试后：及时跟进，巩固印象

在面试结束后，很多人选择在家里静候消息，这其实远远不够。尽管整个面试过程可能非常顺利，但面试官当天可能还面试了很多人。如

果每个人的表现都相当，那么面试官对你的印象可能并不深刻。此时，通过及时的跟进可以加深面试官对你的印象，同时也能帮助你进行复盘，以便下次表现得更好。

一、发送感谢信或邮件

在面试结束后的 24 小时内，建议写一封感谢信或邮件。使用与投递简历相同的渠道发送，内容中可以特别提及面试中讨论的关键话题以及你的收获，并再次向面试官表达感谢，同时，可以简短地重申你对该职位的匹配度及热情。语气应保持正式而友好，避免错别字和语法错误。

二、记录并反思面试过程

在走出面试室时，你可以拿出纸笔或手机记录下刚才被问到的问题及你的回答方式。因为许多细节容易在事后被遗忘，而这些细节可能正是决定成败的关键。

在回家的路上或到家后，及时回顾这些问题，分析自己的反应、答案以及其他表现中的不足，并思考如何在下一次面试中加以改进。

三、持续学习与技能提升

面试过程通常会让你意识到自己还有很多知识需要学习，很多技能需要提升。针对这些不足，你可以制订针对性的学习计划，如参加线上课程、加入行业社群与前辈交流等，以便在短时间内补充所需的知识和技能。

四、调整优化策略为下次面试做准备

每次面试都是一次自我认知的机会。通过分析自己的不足，找到原因并进行优化和调整。如果是表达能力的问题，就多与朋友练习表达；如果是表情管理的问题，就多对着镜子练习表情；如果是职位技能欠缺的问题，就多去学习提升。不要害怕犯错，但也要避免犯同样的错误。每次进步一点点，终将找到心仪的工作。

场景三

入职第一天，
如何快速与同事打成一片

恭喜你，成功拿到了 offer，即将迈入自己心仪的公司，开启全新的职场生涯。而入职的第一天，你将面对一个全新的办公环境，结识全新的同事，并熟悉全新的运作流程，这些都需要你用心去适应和融入。

3.1 建立良好的第一印象

一、准备工作

（1）仪容仪表。通过对公司文化以及品牌形象的了解，选择简洁且与公司形象相匹配的服装，这能体现你对工作的尊重以及态度的认真。如果你没有太多想法，可以参考面试时的服装。

（2）入职材料。入职当天，不管面试官有没有提醒你，都需要提前准备好身份证、毕业证、学位证、职业资格证书等相关材料的原件和复印件，以备不时之需。

（3）规划时间。虽然第一天上班通常不需要打卡，但建议你提前10分钟到达公司。如果到得比较早，可以在公司门外稍候。因为面试官通知报到的时间一般是在上班时间后的半小时或1小时，这样方便他们完成早上的任务布置和规划，因此太早进入报到可能会打乱他们原本的计划。

二、办理入职

从公司门口到人事办公室的路上，你会遇到很多同事，不管遇到谁，都需要保持友好和微笑，将手机设置静音，以免打扰到公司其他员工的办公。

入职的流程一般包括到人事部进行材料登记、打卡系统录入等环节。

大一点的公司可能会安排专人带你了解整个公司的布局和环境。

三、见直属上司

当你大概了解了公司的情况之后，人事会带你见你的直属上司。这里有两种情况需要我们应对。

（1）如果你之前经历过几轮面试，其中一轮肯定有你的直属上司参与，这意味着你入职当天是第二次见到他。在这种情况下，你需要在与直属上司第一次见面时，记住他的名字或姓氏。这样在第二次见面时，你可以微笑着打个招呼，比如“唐经理，早上好，我们又见面了”。

（2）如果你面试的时候没留意或者忘了上司姓氏怎么办？有两个方法可以解决：一是你可以在经理办公室的门牌上或桌牌上查看对应的称呼；二是在办理入职的时候和人事简单聊一下，不经意间问一下“对了，我的直属上司应该怎么称呼？”

如果面试的时候只有一轮，或者直属上司刚好有事，因此入职第一天也是你第一次见直属上司。这时需要注意什么呢？

（1）友好的招呼。用上述方法获取直属上司的称谓后，可以握手打个招呼。千万要记住，姓氏很重要。“唐经理您好”相比于“经理您好”带来的效果要好很多，这就是情商的体现。

（2）简单的介绍。虽然直属上司可能通过面试官了解了你一些基本情况，但依旧需要你进行一个简单的自我介绍。你可以把面试时的自我介绍再简化一下，让上司对你有更深的了解。

（3）不急于表现。在第一次见面时，尽量保持低调和谦逊。有些小伙伴喜欢提前找出公司存在的问题，并给出优化意见或者解决方法。

但你有没有想过，你能发现的问题，一般情况下，你的领导也能发现。那为什么他们没解决呢？要么是因为正在解决中，要么是因为短时间内无法解决。再者，即使领导真的没发现问题而你发现并指出了，那是不是会显得领导很失职？因此，不管怎么样，你可以在工作中慢慢融入，在了解了实际情况后再进行表现。太急于表现并不是一个明智的选择。

3.2 快速融入团队的沟通技巧

一、简单的招呼

直属上司会引领你到工位，并介绍你与团队成员认识。虽然这是你们的第一次见面，但你无须马上知道他们的名字，只需要微笑地打个招呼即可，比如“大家好，我是新来的黑马唐，很高兴认识大家”。

如果团队成员较多，可以像面试时面对多位面试官一样，从左至右依次进行眼神交流，并在眼神接触时稍作停留。这样的微笑和眼神交流足以传达出你的友好和热情。

二、准备见面礼

此外，你还可以提前准备一些小礼物，无须过于贵重，重在心意。准备足够数量的礼物，确保每位同事都能收到，避免不必要的尴尬。

举个例子 由于我的老家在中越边境，因此我入职时就带了一沓面值 1000 元的越南盾作为小礼物。由于很多人都没见过越南的钱币，因此他们感到很新奇，十分喜欢。

三、请客下午茶

你也可以在入职当天为团队成员点上一杯奶茶或大份的炸鸡薯条拼盘。当然，前提是在你能接受的经济能力范围内。

四、参与到午饭活动中

入职第一天，一般没有具体的工作安排，因此午餐时间成了你了解团队、融入集体的最好时机。当他们出门吃午饭或准备点外卖时，你可以说：“能不能带上我一起？”这样的请求能很好地打破彼此间的陌生感。

加个餐：可能有人要问，如果我本身是一个极度内向的人，该怎么办？

（1）你要知道，面试官给你发放 offer，是对你能力的认可，但这并不意味着你只需独立完成工作。极度内向的人往往习惯独处，不愿意过多沟通和交流。然而，职场中往往强调团队合作，如果你愿意打开自己，融入新的集体，那就可以尝试突破自己。

（2）我们不必强求自己在短时间内变成一个外向的人。实际上，没有绝对的内向或外向，每个人都有自己的舒适圈。在舒适圈中，你会变得健谈，而在一个完全陌生的环境下，你可能会变得沉默寡言。电影《社交网络》中主角扎克伯格便是如此，他在技术和代码的世界里如鱼得水，但在社会场合却显得格格不入。然而，当他聊起擅长的项目或遇到懂他的人时，他也能滔滔不绝。我们每个人都是如此，很多人会把这个现象归为“慢热”，但其实这只是每个人对舒适圈的定义不同而已。

（3）如果你是一个极度内向且不想改变的人，那么你很可能不会打开这本书，也不会看到这里。因此，要接受自己现在的内向性格，然后尝试逐步去打开心扉。最好的方法，就是从小范围开始尝试。例如，你可以先尝试跟坐在你身边的团队成员打招呼，简单介绍自己，并送上一份准备好的礼物。这样可以很快地拉近你们的距离。

3.3 建立互动联系

在与团队成员沟通过程中，应注重建立互动联系，以帮助你更好地融入新环境。

一、为自己选择一个好记的称呼

通常称呼全名显得较为严肃，因此我们可以给自己选择一个更好记的称呼，比如把“你好，我叫黑马唐”改成“你可以叫我唐唐”或者“我叫黑马唐，但你可以叫我小唐”。

二、务必记住团队成员的称呼

除了要记住直属上司的名字，还需要记住团队成员的名字。这样在打招呼的时候就可以把名字带上，比如：“小美，你中午吃什么？”这样会显得你很有礼貌，足够尊重他人。

三、老乡和共同兴趣是很好的破冰利器

“老乡见老乡，两眼泪汪汪”，尤其是在外打拼的职场人，能认识一个老乡是非常亲切的。因此，在介绍自己时，可以带上家乡，比如“大家好，我是小唐，来自广东中山”，这样团队成员就可以知道你的家乡信息。

同理，兴趣爱好也是拉近距离的利器。在介绍自己时，可以分享一些比较有特色的兴趣爱好，比如“大家好，我是小唐，来自广东中山，喜欢养宠物，家里有两只小泰迪。平时喜欢打游戏、看电影，有空的时候还喜欢去旅行”。这样，有相同兴趣爱好的人自然会更容易与你产生共鸣。

四、细心观察团队环境

在融入新环境的过程中，细心观察团队成员的沟通方式、工作氛围以及交流方式。这些有助于你更快地适应新环境。

场景四

领导让你先熟悉工作，没有具体安排时，
你该做什么

刚入职的前几天，领导往往不会立即给你安排具体的工作，而是让你去熟悉环境，了解团队，并与团队成员互相认识。那么，如何有效地利用这段时间为后续的工作做好铺垫呢？

4.1 主动沟通与自我驱动力

或许很多人会有这样的经历：当领导“让你先熟悉熟悉工作”时，便只是漫无目的地浏览公司网站，也不主动沟通和询问，甚至百无聊赖地等待下一步的工作安排。

但其实，不管是人事、领导，还是团队成员，都在默默观察着你的一举一动。因此，好好表现，不仅可以帮助你快速地融入集体，还能让他们看到你的工作热情和工作态度。

一、向领导了解部门的目标和期望

虽然领导可能只是简单地一句“你先熟悉熟悉工作”，但这不意味着你不能主动询问和了解。比如：“唐经理，我想问一下，咱们部门当前主要的工作目标和期望是什么？”领导通常会很乐意为你解答，而这个答案能帮助你找到方向，避免你漫无目的地摸索。

二、和同事了解当前工作的重点和难点

你可以主动询问团队同事来了解当前工作的重点和难点，比如：“我听唐经理说，我们最近主要负责中国移动的这个项目，请问这个项目目前进展到什么程度了？”或者“听说我们最近在忙中国移动的项目，请问目前面临的主要重点和难点是什么？”同事也会很乐意为你解答的。

三、探讨可能的工作任务

如果领导没有明确地告知后续的工作内容，你也可以通过主动沟通来了解。比如你可以跟领导说：“唐经理，我想问一下，等我熟悉工作之后，我主要负责哪一方面的具体工作呢？”或者问同事：“小美，听说我的工作职能需要和你配合，那你觉得我可能需要完成哪些工作呢？”只要不影响他人工作，你都可以大胆、主动地去提问。这不仅能展现你的积极性，还能利用这个提问过程进行破冰。

了解完这些信息后，就需要你展现强大的自我驱动力了。结合之前你对公司、岗位以及工作的重点和难点的了解，你可以通过各种应用程序或工具来主动学习相关工作资料，为即将到来的工作任务做好准备。

4.2 有效利用时间

（1）**你可以制订一个初步的学习计划，并合理安排工作时间。**你可以以小时为单位进行大致规划，如 14 点到 15 点用于查找项目类似案例的解决方法，15 点到 16 点整理汇总查找到的方法，并总结出能用到公司项目上的方法，16 点到 17 点则与同事或领导交流学习成果，以获取反馈和建议。

（2）**利用碎片的时间来阅读行业资讯或提升专业技能。**比如午休时，可以根据之前了解到的信息去阅读一些近期行业的新闻资讯，了解行业的市场动态，或者针对性地找一些视频来边看边学习。最好是利用业余时间记住这些内容，尤其是在看视频时。当同事们热火朝天地忙着项目时，你却悠闲地看视频可能会影响团队氛围。

（3）**如果你在完成工作任务后还有剩余时间，那么可以利用这段时间来回顾以往的项目，总结经验教训。**回想一下曾经做过的项目，哪些与现在的工作相似，当时遇到了哪些问题，又是如何解决的。在这个过程中，你可以反思自己的决策和行动，并总结经验教训。通过复盘总结，你可以在思维上得到提升，为未来的工作打下更坚实的基础。这样的反思和总结对于个人成长和职业发展都是非常有价值的。

4.3 建立良好的工作习惯

除了给自己制订学习计划，你还可以使用工具来帮助自己管理时间，以及设置待办事项清单等。在这里，我们推荐以下几种比较好用的工具。

一、滴答清单

滴答清单功能完备，集日程清单、习惯打卡、四象限分类、番茄计时以及在线协作等功能于一体；其界面简约高级，提供丰富的桌面小组件视图，方便随时查看待办事项；通过多端同步和共享协作功能，职场人士能够随时随地管理和追踪工作进度，从而提升工作效率和个人生产力。

二、番茄 ToDo

番茄 ToDo 不仅提供了一个精致的倒数日系统——未来计划表，方便用户随时查看重要的日期和计划，还具备学霸模式，有效提升用户专注度，开启学霸模式后，手机将无法打开第三方 App，有助于用户集中精力完成任务；再次，该应用的自习室功能促进了用户间的相互激励，用户可以与志同道合的人一起创建或加入自习室，共享专注数据，增强学习动力；番茄 ToDo 还提供了丰富的计时功能和详尽完善的数据统计，帮助用户更好地管理时间和分析专注情况。

三、极简待办

极简待办拥有高效清单功能，简洁明了地展示了工作和生活中的任务；极简待办支持共享清单，便于与同事共享工作事项或与家人分享生活计划；极简待办的智能识别功能使用户只需简单输入就能自动识别时间并创建提醒；此外，极简待办还提供了通知插件功能，让用户无须打开 App 就能快速查看、完成或创建事项。

四、Forest 专注森林

Forest 通过种植虚拟树木的趣味方式，激励用户保持专注、远离手机干扰，每棵树木的成长都象征着用户的专注时光；它提供了丰富的树木种类供用户选择，并允许用户自定义种植计划，以满足个性化的时间管理需求；其内置的奖励和解锁系统进一步增强了用户的使用动力，让用户在保持专注的同时也能享受到成就感；Forest 支持多平台同步使用，使用户可以随时随地管理自己的专注时间。

五、小日常

小日常提供了每日打卡功能，用户可以轻松记录日常习惯的完成情况；小日常允许用户自定义添加想养成的好习惯，并根据个人需求进行习惯补签；此外，每日一图功能每天为用户推送一张精美图片，增加使用乐趣。

六、指尖时光

指尖时光提供了全面的时间管理功能，如日程记录、倒数日提醒以及待办清单，帮助用户全面规划生活与工作；指尖时光结合番茄工作法，通过正计时或倒计时帮助用户保持专注，提高工作效率；此外，指尖时光还支持云端存储，确保数据安全不丢失；指尖时光丰富的主题换肤功能，可以让用户在美观的界面中记录生活的点点滴滴。

然而，需要强调的是，工具的使用旨在提升效率，而这一切的前提是我们本身的主观能动性。如果缺乏足够的主观能动性，再好的工具也可能成为负担。例如，我曾尝试使用 Forest 来培养专注力，但由于当时工作繁重，每天需要回复大量信息，而我强迫自己专注并锁定手机，这种做法反而让我越来越焦虑，导致工作和专注力都受到了影响。因此，在使用工具时，我们需要结合自身实际情况和需求，合理规划和利用时间。

加个餐：重要的主观能动性

1. 什么是主观能动性

主观能动性是一个听起来复杂但实际上非常实用的概念。简而言之，它指的是人们能够主动地去做某件事情，而不是被动地等待事情发生或受他人驱使。

例如，在学习方面，如果我们只是被动地听课、看书，学习效果可能并不理想。若我们能主动预习、复习，积极思考，甚至主动向老师或同学请教，学习效果就会显著提升。这就是发挥主观能动性的优势。

同样，在工作中，如果只是按照上司的指示去做，可能只能完成基本任务，难以有出色的表现。然而，若能主动思考问题，提出改进方案，甚至主动学习新的知识和技能，就能更好地完成工作，甚至获得晋升的机会。

因此，主观能动性实际上是我们主动思考、采取行动、创造自己想要结果的能力。这种能力不仅有助于我们更好地完成任务，还能让我们在生活中更加积极主动，充满成就感。

2. 主观能动性的意义

（1）实现梦想和目标。通过发挥主观能动性，人们可以更加积极地追求自己的梦想和目标。例如，一个学生想要取得好成绩，可以主动制订学习计划、寻找学习资源，并通过持续努力来实现目标。

（2）提高工作效率。在职场中，主观能动性强的人会主动寻找解决问题的方法，而不是被动等待指示。这种态度不仅提高了工作效率，还展示了个人责任感和团队协作能力。

（3）创新和改变。主观能动性鼓励人们不断创新，不满足于现状。它促使人们寻找新的方法、提出新的观点，从而推动社会进步和科技发展。

（4）增强自信心。当人们通过主观能动性克服困难、实现目标时，他们会很有成就感和自信心。这种成就感和自信心进一步激励他们在未来面对挑战时保持积极态度。

（5）塑造积极的人生态度。主观能动性培养了一种积极面对生活的态度。无论遇到什么困难，都能保持乐观，相信自己有能力去克服，这种态度对于个人的心理健康和成长至关重要。

总的来说，主观能动性让人们从被动转为主动，从等待转变为行动。通过发挥主观能动性，人们可以更好地掌控自己的生活，实现个人价值。

3. 如何培养主观能动性

（1）设定小目标。先给自己设定一个简单且明确的小目标，这样你就知道每天要做什么，也会更有动力去完成。

（2）制订计划表。将目标拆分成小计划，并制作一个时间表。这样既能确保不遗漏，也能更好地追踪进度。

（3）独立思考。遇到问题时，别急着找人帮忙，先自己动脑筋想办法。这样不仅能锻炼你的思考能力，还能让你更有成就感。

（4）勇于面对困难。挑战和失败都是成长的机会，不要因为一点困难就放弃。保持乐观，相信自己，你会越来越强大。

（5）保持学习热情。永远保持学习的心态。学习新知识，不仅能让你变得更厉害，还能增强你的自信心。

（6）勇于实践。别只想不做，有了好主意就赶紧去尝试。实践出真知，说不定会有意想不到的成功。

（7）养成好习惯。自律是成功的关键。养成一些好习惯，比如早睡早起，你会发现生活更有规律，也更有效率。

（8）总结反思。停下来总结反思自己走过的路，看看哪些地方做得好，哪些地方需要改进，这样才能走得更顺。

（9）寻找积极同伴。和积极的人在一起，你会受到他们的感染，变得更有动力。

（10）保持良好心态。相信自己，保持乐观。心态好了，一切都会变得更容易。

场景五

前期工作不多，你下班时同事还在加班，你该怎么做

刚到一个新公司时，你的工作相对较少，因此很容易出现你早早地完成了工作任务，并且到了下班时间。当你准备离开时，却发现团队同事都还在埋头工作。面对这样的场景，你应该如何处理？

5.1 新人如何妥善处理准点下班与团队加班的矛盾

一、观察并适应团队文化

在面试及入职初期的观察中，你应该对公司是否存在加班文化有一定的了解。一部分公司有较强烈的加班氛围，尽管它们对外都会宣称“不强制加班”，但实际上可能通过增加工作量来间接让员工无法顺利完成当天任务，进而促使一部分人不得不加班，并通过道德压力让每个人都选择加班。因此，如果你发现所在的公司存在这样的加班文化，且你对此完全不能接受，那么可能需要重新考虑自己的职业选择。

同时，有的公司鼓励员工自愿加班，比如通过游戏化的工作机制，让员工每天完成的工作可以积累积分，积分又可以换取更高的绩效成绩。这些公司还提供晚餐等福利，让员工觉得多劳多得，还能避开下班高峰期的拥挤交通。

二、理解团队加班氛围

通过观察团队加班的氛围，你可以洞察同事对于加班的真实态度。在加班文化较强的公司中，员工往往会有不少怨言，抱怨工作任务繁重、时间紧迫，或认为自己的收入和付出不成正比。网上流传的段子将辞职的两大原因归结为“我不开心”和“钱没给够”，其实“不开心”往往就是因为“钱没给够”。

你可以通过观察同事的表情来判断加班氛围的好坏。非自愿加班时，他们通常眉头紧锁，显得不耐烦且焦虑不安；而自愿加班的同事则通常显得从容淡定。无论哪种加班氛围，都请尝试去理解他们，即便是非自愿的加班，也一定有他们选择留下来的原因。

三、自我情绪的管理

有些新人明明已经完成了当天的工作，但碍于面子，看到大家都在加班，就不敢离去，仿佛准时下班是对他们的亏欠一般。这是一种内耗现象，会降低工作效率并影响身心健康。

职场新人可能面临着融入新环境和建立职业形象的压力，担心自己的行为会被同事或上级评价。然而，加班并不是衡量工作投入或职业精神的唯一标准。每个人对工作的理解和投入方式都是不同的，长期加班并不一定是健康或可持续的工作模式。

职场新人应该根据自己的工作情况和实际需求来合理安排工作时间，而不是仅仅基于他人的行为来决定自己的行为。只要确保自己的工作任务已经完成，且没有临时的加班任务或新的工作需求，就可以心安理得地下班。

四、妥善表达立场

如果需要，可以与上级进行沟通，表明自己已经完成了当天的工作，并询问是否可以直接下班。我刚毕业时就是这样做的，后来当我带团队时，也曾被团队成员这样问过。其实，领导最关心的无非是我们的工作是否已经完成，以及是否会影响到其他人的工作进度。如果我们能够确保工作已经完成，且不会因准时下班而影响其他同事，那就没有问题。

如果你觉得直接走有点不太好，那就问一下领导。一般情况下，通情达理的领导都会理解并让你走的。毕竟，谁不喜欢工作效率高的员工呢?

我自身就有过这样的经历。在广州的第一份工作中，我每天的工作量是固定的，即需要撰写 8 篇旅游攻略。但有一天，我第二天要参加朋友的毕业典礼需要请假，于是我在确保文章质量不受影响的前提下，当天完成了 18 篇旅游攻略。下班时，我是这样跟领导说的：“陈总，我已经把明天的工作提前完成了，您可以检查一下，如果没问题的话，我明天想请个假去参加朋友的毕业典礼，可以吗？”结果，领导不仅竖了个大拇指，还秒批了我的请假申请。

因此，只要完成了工作，没有哪个领导或公司会故意为难你，不让你准时下班。你只需放心大胆地表达自己想要准时下班的意愿即可。

5.2 与加班同事的有效沟通策略

对很多职场人而言，难题往往不在于向领导报告工作完成情况并请求准时下班，而在于如何妥善应对依旧还在加班的同事，尤其是那些与你关系很好或者在你入职时给予你很大帮助的人。因此，掌握有效的沟通策略非常重要，这不仅能够帮助你顺利下班，还能维护好你与同事之间的关系。

一、选择合适的沟通时机

观察同事的工作状态，如果他们眉头紧锁、目不转睛地盯着屏幕，很可能正面临着紧急或者棘手的任务，这时不适合打扰。若你着急离开，可悄悄离去，并在工作群里或微信中留言：“大家辛苦了，我有事先走啦，大家忙完也早点回家休息。”若不着急离开，可等待一个合适的时机，比如同事起身上厕所或者走动时，上前询问：“辛苦了，有什么是我能帮忙分担的吗？”若同事表示无须帮助，你便可安心离开。

二、表达对团队的支持

作为团队的一员，表达对团队成员努力的理解和支持是非常重要的，这不仅能增加团队的凝聚力，还能让同事感受到你的团队精神。你可以在小组会上说：“最近我看到大家都非常努力，经常加班加点，真的很辛苦。如果有需要我协助的地方，请随时告诉我，我愿意为团队分担一些工作。”

三、适当说明个人的情况

如果你因为有事想准时下班，应当说明情况和理由。你可以表明自己已经完成了当天的工作任务，并解释有其他个人安排。这样能让团队成员理解你的处境，避免产生误解。

四、倾听团队反馈并灵活调整

在团队工作中，倾听多数人的意见和反馈是很重要的。作为职场新人，应展现出灵活性以及愿意为团队做出调整的积极态度。例如，从领导或同事处得知当前项目处于关键阶段，需要一定程度的加班来确保项目的顺利进行，你可考虑在这个关键时刻给予团队支持。无论是选择留下来一起加班，还是第二天提升效率以弥补时间，都应根据实际情况灵活应对。

5.3 如何在加班文化中找准定位

作为职场新人，在具有加班文化的团队中找准自己的定位，确实需要一些策略和技巧。

一、认知与接纳加班文化

（1）**深入了解加班文化**。积极与团队成员交流，了解团队中加班的历史背景及原因等。探究这种文化是如何形成的，以及它对团队的影响。

（2）**调整心态**。加班可能意味着更多的工作投入，但同时也可能带来更多的学习机会和团队认可。以积极的心态看待加班，将其视为个人成长和团队贡献的重要途径。

（3）**明确界限**。在接纳加班文化的同时，也要明确自己的工作和生活界限。学会在必要时表达自己的需求和限制，以维护个人生活的平衡。

二、界定个人职责与预期

（1）**与上级沟通**。与直接上级进行深入沟通，明确自己的工作职责、目标以及团队的期望。了解自己的工作重点，以便在加班环境中更好地发挥作用。

（2）**制订工作计划**。根据团队的目标和自己的职责，制订合理的工作计划。确保在加班时能够有针对性地完成任务，提高工作效率。

（3）**及时反馈进展**。定期向上级和团队成员反馈自己的工作进展，以便及时调整工作计划和期望。这有助于保持团队的协同性和高效运作。

三、灵活调适与协同贡献

（1）**展现灵活性**。在团队需要时，愿意调整自己的工作时间和计划，以适应团队的节奏和需求。这种灵活性将有助于建立良好的团队关系和工作氛围。

（2）**积极参与协作**。在加班期间，积极参与团队的协作工作。与团队成员紧密合作，共同解决问题和完成任务，展现自己的团队精神和协作能力。

（3）**寻求支持与帮助**。在遇到困难或挑战时，及时向团队成员寻求支持和帮助。这种互动不仅有助于解决问题，还能增强团队成员之间的联系和信任。

四、平衡工作与生活

（1）**合理规划时间**。制订合理的工作计划，确保在加班的同时，也能留出足够的时间来照顾个人生活和健康。

（2）**培养健康习惯**。注重身体健康，定期进行锻炼，保持良好的饮食习惯和充足的睡眠。这些健康习惯将有助于提高工作效率和应对加班带来的压力。

（3）**寻求工作与生活的平衡**。在工作之余，也要关注自己的个人生活和兴趣爱好。与家人和朋友保持联系，参与社交活动，以丰富自己的生活体验并缓解工作压力。

五、规划长期发展

（1）**设定职业目标**。明确自己的职业目标和发展方向，以便在团队中找到更适合自己的定位和发展路径。

（2）**持续学习与提升**。利用加班之外的时间进行自我学习和提升，不断提高自己的专业技能和知识水平。这将有助于在团队中发挥更大的作用并实现个人价值。

（3）**寻求内部和外部机会**。关注团队内部和外部的发展机会，如培训、项目合作等。积极参与这些活动，以拓展自己的视野和人脉资源，为未来的职业发展奠定基础。

PART

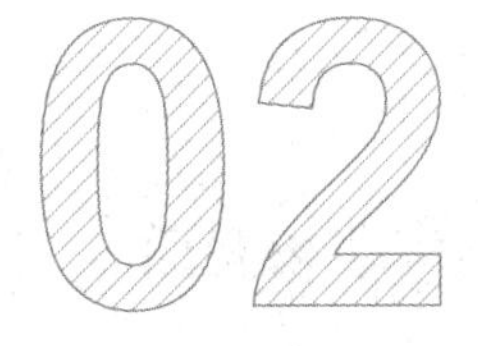

第二篇

典型沟通：熟能生巧

接下来，我们将探讨职场中典型的沟通场景，包括如何巧妙地回应同事的套话、如何恰当地寻求帮助、如何尝试改变同事的偏见、如何有效应对强势的领导、如何高效地汇报工作、如何化解同事间的误会、如何以更好的方式提出批评，以及如何化解职场中的冲突和矛盾。

在这个阶段，我们已经度过了职场新人的“保护期”，领导和同事对我们的要求也会更加严厉。因此，我们需要学会如何更好地应对这些挑战。

场景六

同事想套你话，如何聪明回应不踩坑

6.1 识别并聪明回应职场套话

一、精准识别职场中常见的套话类型

同事或者领导一般会采用多种策略来套取你的信息，了解你对某事或者某人的观点和态度。因此，我们需要识别以下常见的职场套话。

（1）**开放式问题**。同事或领导可能会提出开放式的问题，如“你觉得这个项目怎么样？”或“你对公司最近的变化有什么看法？”这样的问题旨在鼓励你表达观点，从而获取更多信息。

（2）**假设性提问**。他们可能通过假设性的提问来试探你的反应，如“如果我们要改变某个流程，你觉得会有什么影响？”这样的问题旨在了解你对特定情况的看法和可能的反应。

（3）**引导性话题**。有时，同事或领导会先表达观点或提出话题，然后询问你的意见，以此引导你进入他们想要讨论的主题，如“我最近听到一些关于公司文化的讨论，你对此有何看法？”

（4）**赞美与恭维**。他们可能会先赞美你的工作表现或能力，然后顺势提出问题，让你在放松警惕时透露更多信息，如“你最近的报告写得真好，能分享一下你的写作技巧吗？”

（5）**表达共鸣**。同事或领导可能表达对你处境的理解或共鸣，以建立信任和亲近感，使你更愿意分享信息，如“我知道你最近很忙，这种工作压力对你的生活有何影响？”

（6）**利用好奇心**。他们可能会提及一些新的、有趣的或神秘的信息，然后询问你的看法，以激发你的好奇心和参与度，如“你听说了吗？公司可能要推出一项新政策，你觉得这会是好事还是坏事？”

（7）**假装无意提及**。有时，同事或领导会假装无意地提及某个话题，然后观察你的反应，以捕捉你的即时反应和情绪变化。

（8）**伪装关心的询问**。“你最近经济压力大吗？我听说现在生活成本很高，你的收入能应对得了吗？”这样的问题可能意在了解你的经济状况。

（9）**比较法**。“我觉得我们的工资好像都不太高，你觉得呢？我听说有的同事月薪都好几万了。”以此来套出你的收入水平。

（10）**分享与套取**。同事可能会先分享自己的工资情况或家庭背景，然后问：“你呢？你的情况怎么样啊？”这种分享旨在建立信任和亲近感，以便你透露更多信息。

（11）**假装误解**。“我听说你的家境很好，是真的吗？”这样的问题可能是通过你的反应来获取关于你家庭背景的信息。

（12）**利用闲聊**。在闲聊中不经意地提及与工资或家庭相关的话题，如“最近房价又涨了，我都买不起房了，你呢？”

（13）**借助第三方话题**。通过讨论社会现象来间接探询你的个人情况，如“我昨天看了一个报道，说现在很多人都是靠家里支持才能在大城市买房，你觉得这样的现象普遍吗？”

（14）**调查问卷或信息收集**。公司有时会进行看似正式的问卷调查或信息收集，其中可能包含关于员工个人情况的问题，这也是一种间接的套话方式。

二、培养对套话的警觉性

套话的形式多种多样，难以防范，一不小心就容易落入“陷阱”。因此，我们需要培养对套话的警觉性，以便迅速辨识并有效应对。

1. 语境分析

（1）**话题转换**。在交流过程中，要注意话题的转换，特别是当新话题与之前的讨论内容没有直接联系时。这往往是对方试图引导对话方向，以获取他们想要的信息。

（2）**场合与时机**。留意对话发生的场合和时机。在特定的情境下，如团队会议、绩效评估或关键项目讨论中，人们可能更倾向于使用套话来获取信息或推动议程。

举个例子 在团队周会上，王经理正在阐述项目进展，突然他转向小赵问：“小赵，听说我们项目的成本控制得很不错，能具体说说这个项目到目前为止的成本情况吗？”尽管这个问题与会议原本讨论的项目进度不直接相关，但小赵立刻警觉到这可能是王经理在试图获取更具体的财务数据。

2. 语气辨识

（1）**过于热情或客气**。在对方表现出异常的热情或过分客气时，很可能是为提出敏感问题做铺垫，以降低你的警惕性。

（2）**试探性语气**。使用“或许”“不知道是不是”等试探性的措辞提问，往往隐藏着套取信息的意图。

举个例子 小陈刚走进办公室，同事小李就热情地迎了上来：“嗨，小陈！听说你最近表现得很出色，真是厉害！不知道是否方便透露一下，你对未来职业规划有什么想法？有没有想过跳槽到更好的平台？”小李的异常热情与一连串的试探性提问，让小陈立刻警觉到他可能在套取自己的职业动向信息。

3. 提问方式识别

（1）**开放式与封闭式问题**。开放式问题鼓励自由回答，可能隐藏着套取更多信息的意图；而封闭式问题则更直接地试图确认特定信息。

（2）**连续追问**。对方连续追问多个问题，尤其是当这些问题涉及私人或敏感信息时，要警惕这可能是一种套取信息的策略。

举个例子 在午休时间，小张和小王在咖啡机旁闲聊。小王不经意地问：“小张，你这个月的工资条出来了吧？看起来是不是比上个月多？”小张稍微一愣，然后笑着回应：“嗯，还可以吧。”小张意识到小王可能在试图了解自己的具体薪资情况。

4. 注意对方的身体语言和微表情

身体语言和微表情往往能透露出说话者的真实意图。当对方试图套取你的信息时，他们可能会表现出一些细微的紧张或期待的神情。

举个例子　小张在和同事小李聊天时，注意到每当谈及敏感话题，如工资待遇，小李的眼神总是闪烁不定，手也会不自觉地摆弄桌上的物品。这些身体语言可能暗示小李对这一话题感到不自在或有所保留。

5. 分析对方提问的逻辑性和连贯性

套话的问题往往设计得较为巧妙，但有时逻辑不够严密或话题转换过于突兀。留意这些问题的逻辑性和连贯性，有助于识别套话。

举个例子　在团队会议上，王经理突然寻问小赵关于某个项目的具体成本。小赵注意到这个问题与之前讨论的内容没有直接联系，因此警惕地回应，没有透露过多细节。

6. 考察信息来源和目的

了解对方为何想要知道这些信息，以及他们是如何得知这些信息的，可以帮助我们判断其真实意图。

举个例子　小陈被同事问及近期是否打算跳槽时，他感到奇怪并追问信息来源，意识到这可能是同事试图套取他的职业规划信息，因此谨慎地回应了自己对公司的忠诚以及对当前工作的满意。

7. 对比过去与现在的交流模式

如果对方突然改变与你的交流方式，如变得很热情或突然对你表现出浓厚的兴趣，这可能是为了套取信息而做的铺垫。

举个例子　小刘发现同事小王最近对他异常热情并频繁邀请他一起吃饭。在小王的热情攻势下，小刘逐渐放松了警惕。然而，在一次聊天中，小王突然问及小刘关于公司即将进行的一项重大投资决策。小刘立刻警觉起来，意识到小王之前的热情可能是为了套取这方面的信息。

此外，我们还可以直接用话题的关键词进行套话的识别。只要涉及以下关键词的内容，你都需要保持高度警惕。

◎ 关键词一：薪资与奖金

薪资水平通常被视为个人隐私，公开讨论薪资可能引发不必要的比较和争议。提及自己的高薪可能激起同事的嫉妒或不满，甚至使自己陷入被道德绑架的境地。

举个例子 小张在午餐时间与同事闲聊时，无意中提及自己最近得到了高额的年终奖金。这导致其他同事感到不公平和嫉妒，进而引发了团队内部的不和谐氛围。后来，小张被领导提醒要注意言行，避免涉及敏感话题。

◎ 关键词二：政治观点与宗教信仰

政治观点和宗教信仰是高度个人化的信仰和立场，容易引起激烈的争论和分歧。在职场中表达过于激进或极端的政治或宗教观点，可能导致团队内部的紧张和冲突。

举个例子 在一次团队会议上，小李激动地表达了自己对某个政治话题的看法，结果引起了其他同事的反感和争论。这次争议不仅影响了会议进程，还使团队成员之间的关系变得紧张。

◎ 关键词三：种族、性别与性取向

这些话题涉及个人的身份认同和群体归属感，不当的言论可能被视为歧视或偏见。在多元化的职场环境中，应尊重每个人的背景和身份，避免触及这些敏感点。

举个例子 小王在办公室开玩笑时，无意中用了一个涉及性别的歧视性词汇，虽然他没有恶意，但这仍然让部分同事感到不适和受伤。公司对此事进行了处理，并提醒小王注意言行。

◎ 关键词四：私人生活与人际关系

询问或讨论同事的私人生活，如婚姻状况、家庭情况、恋爱关系等，可能被视为侵犯隐私。职场中应保持一定的专业距离，避免过度涉入他人的私人领域。

举个例子　小赵在办公室公开询问同事小刘的婚姻状况，并对其私生活进行评论。这让小刘感到非常尴尬和愤怒，认为小赵侵犯了她的隐私。此后，两人之间的关系变得紧张，影响了团队的和谐氛围。

◎ 关键词五：公司内部事务与机密

泄露或不当讨论涉及公司战略、财务状况、人事变动等内部信息，可能对公司造成损害，并违反职业道德和法律规定。

举个例子　小陈在与其他公司员工交流时，无意中泄露了公司即将进行的一项重大投资决策。这一泄露导致竞争对手提前得知了信息，给公司带来了不小的损失。小陈因此受到了公司的严厉处罚，并被要求加强保密意识。

◎ 关键词六：职业道德与法律问题

任何涉及违法、违规行为或伦理道德争议的话题都应避免在职场中讨论。这些话题可能引发法律纠纷或损害公司声誉。

举个例子　小吴在办公室与同事讨论了一个涉及违法行为的话题。虽然他没有意识到这一行为的严重性，但这一言论被其他同事听到并上报给了上级。经过调查，公司对小吴进行了警告和处理，并提醒所有员工要遵守职业道德和法律规定。

三、及时且巧妙的回应方法

在当前阶段，我们对职场套话的了解可能还不够深入，因此如何迅速而又不失礼貌和机智地应对突如其来的套话，是每个人都应该掌握的技能。以下是一些建议，帮助你在面对套话时做出及时且巧妙的回应。

（1）避重就轻。当被问及敏感或难以直接回答的问题时，可以选择性地回答问题的某一部分，或者给出一个更为宽泛、不具体的答案。

举个例子　如果被问到关于公司内部的某些敏感操作，你可以说："我知道我们团队一直在努力优化流程，提升工作效率，但具体细节我可能不太清楚。"

（2）以问代答。当不确定如何回答时，你可以用一个问题来回应对方的问题。这样做不仅可以转移话题的焦点，还能让你有更多的时间来思考如何回应。

举个例子 如果对方问你对某个敏感话题的看法，你可以反问："你觉得呢？我觉得这个问题挺复杂的，需要从多个角度来考虑。"

（3）**使用模糊语言**。运用一些模糊性词汇，如"可能""或许"等，来给出不确定性的回答，从而避免给出明确的立场或信息。

举个例子 你可以说："关于这个问题，目前可能还在讨论阶段，具体细节和方案还未最终确定。"

（4）**保持微笑与沉默**。在面对难以回答的问题时，微笑可以缓解紧张气氛，而短暂的沉默则能为你争取更多的思考的时间。

举个例子 你可以微笑并简短地说："这个问题挺有意思的，让我想想该怎么回答。"

这些即时的回应方法旨在帮助你在面对职场套话时能够迅速且巧妙地作出反应。随着我们进一步的学习和实践，你将掌握更加具体和实用的操作步骤，从而在职场中更加游刃有余地保护自己的隐私和公司的利益，同时维持良好的职场关系，以更加自信的姿态应对各种职场挑战。

6.2 职场套话背后的真实意图

从以上内容中，我们不难察觉，职场套话除了可能想给我们"挖坑"，有时也是对方想要获取更多信息，从而判断我们的应变能力或专业水平的高低，因此，深度剖析其背后的真实意图，对我们在职场中立足有很大的帮助。

一、信息探寻与立场试探

1. 深入剖析

在职场中同事间的对话往往暗藏玄机。

例如，小王总是好奇地问："小张，你周末一般都干吗呀？"在这背后，他可能想探知你的生活状态，看你是否有足够的时间投入工作中。或者当你分享周末户外探险经历时，他可能已经在心里默默给你打上

“喜欢户外活动，可能经常请假”的标签。

又比如，当团队面临一个重大决策时，老李可能会试探性地问：“你觉得我们这个项目该往哪个方向走？”他不仅是想听你的意见，更可能是想了解你是否与他站在同一阵线。

2. 底线摸索

职场中的底线摸索有时就像一场没有硝烟的战争。比如，某次团队会议上，有人可能会提出一个较为激进的想法，并观察其他人的反应。如果你表现得过于激动或反对，那么你的底线可能就被摸清了。反之，如果你能保持冷静，给出建设性的反馈，那么你就成功地守护住了自己的底线，并展现出了专业态度。

二、关系网络的构筑与加强

1. 功能性分析

职场中的套话，有时就像魔术一样，悄悄拉近了人与人之间的距离。例如，每天早上的一句“早啊，今天天气不错啊！”或午休时的“吃了吗？吃的啥？”这些看似无关紧要的问候，其实都是职场社交的润滑剂，让同事间的关系更加融洽。

2. 真诚度辨识

真诚与否，其实从一些细节中就能看出。例如，当有人总是用“嘿，兄弟，最近咋样？”来开头，但接下来却并没有真正关心你的感受，而是直接转入自己的工作话题，那么这很可能只是一种表面的寒暄。反之，如果有人能在问候之后，真正倾听你的回应，并给出适当的反馈，那么这种交流就更显得真诚。

三、应变与专业素养的考量

1. 实战测试

设想一下，你正在参加一个重要的项目会议，突然有人提出了一个你从未考虑过的问题。这时，你是否能够迅速调整思路，给出专业的回答，就显得尤为重要。这不仅是对你专业素养的考验，也是对你应变能力的挑战。

举个例子 当被问及“你觉得我们的项目在哪些方面还可以优化？”时，如果你能够迅速梳理思路，并结合项目实际情况给出具体可行的建议，那么无疑会大大提升你在团队中的形象。

2. 冷静自信

冷静自信是职场中的一大法宝。例如，当你面对一个突如其来的难题或者质疑时，如果能够保持冷静，不慌不忙地分析问题并给出解决方案，那么你就会在同事中树立起一个专业、可靠的形象。这种形象，无疑会对你的职业发展产生积极的影响。因此无论何时何地，都要保持冷静自信的态度。

6.3 应对职场套话的策略和技巧

前面我们提到了如何及时对套话进行反应，但那仅仅是一个初步的尝试。为了更有效地应对职场套话还需要掌握足够的策略和技巧，接下来，我们将深入剖析这些实用技巧，并通过丰富的案例，帮助你触类旁通，快速掌握这些技巧。

一、保持谨慎与低调

在职场中，保护个人隐私和公司信息至关重要。回应套话时，我们必须保持谨慎，避免泄露过多个人信息。例如，当同事好奇地询问你的薪资或公司的某些内部信息时，你可以委婉地回应：“薪资是个人隐私，我不太方便透露。”或“关于公司的某些信息，我暂时还不太了解，可能需要查阅相关资料或咨询上级才能回答你。”这样既能保护自己的隐私，也能防止泄露公司机密。

举个例子1 小王在公司聚会上被问及薪资待遇，他巧妙地回答：“薪资这个问题比较私密，不太适合在公开场合讨论哦。”这样的回应既避免了尴尬，又有效地保护了自己的隐私。

举个例子 2 在一次团队会议后，小刘被新来的同事问及对公司高层的看法。小刘深知这是一个敏感话题，于是谨慎地回答：“对于公司高层，我非常尊重他们的决策和专业能力。作为员工，我们应该关注如何更好地履行自己的职责，为公司的发展贡献力量。”这样的回应既表达了对高层的尊重，又巧妙地避开了直接评价可能带来的风险。

二、灵活转移话题

当对话涉及敏感话题时，我们可以灵活地将话题引导至更中性或专业的内容上。例如，当有人试图探讨公司内部的人事变动时，你可以说：“这个话题有点敏感呢。不过，我最近在学习一些新的项目管理技巧，你有没有什么好的建议呢？”这样既能避免深入探讨敏感话题，又能保持对话的顺畅进行。

举个例子 1 在团队午餐时，小李被问及对公司近期裁员传闻的看法。他巧妙地转移了话题：“裁员这个话题确实很敏感，但我认为我们更应该关注的是如何提升自己的专业技能和竞争力，这样才能在职场中保持优势。”随后，他开始谈论自己最近参加的行业培训，成功地将话题从裁员传闻上转移开。

举个例子 2 在休息区，小韩被一位喜欢八卦的同事问及与另一同事的私人关系。小韩不想过多透露，便灵活地转移话题道：“哈哈，你这个问题真是有趣。不过，我更想聊聊最近我们团队的那个新项目，你觉得我们有哪些方面可以改进的呢？”这样，小韩成功地将焦点从私人关系转移到了工作讨论上。

三、用幽默化解尴尬

幽默是一种有效的社交工具，可以帮助我们化解套话带来的尴尬或压力。当面对一些棘手的问题时，我们可以适度地使用幽默来回应。例如，当被问及为何还未升职时，你可以开玩笑地说：“可能是因为我太优秀了，公司想让我多在基层锻炼锻炼吧！”这样的回应既能缓解尴尬，又能展现出你的乐观态度。

举个例子 1 小张在公司的聚会上被同事调侃为何还是单身。他幽默地回应：“哎呀，我这不是宁缺毋滥嘛！再说了，单身也有单身的好处，比如可以随时随地约朋友出去玩，不用担心家里的另一半会吃醋哦！”这样的回答既化解了尴尬，又让大家都笑了起来。

举个例子 2 在公司的年会上，小杨被一位不太熟悉的同事调侃说：“小杨，你怎么还不找个女朋友啊，是不是眼光太高了？”小杨听后，幽默地回应：“哎呀，找女朋友这种事情，可不是眼光高不高的问题，而是缘分未到啊！说不定哪天我就突然遇到了我的真命天女呢。”这样的回答既化解了尴尬，又避免了直接回应私人问题。

四、坚守原则与底线

在回应套话时，我们必须坚守自己的原则和底线。当对方的问题或言论触及你的底线时，你要明确地表达自己的立场和态度。例如，当有人试图通过套话来了解你对某个敏感问题的看法时，你可以坚定地回答：“关于这个问题，我有我的原则和立场，不太方便直接透露。”这样既坚守了自己的底线，又不会冒犯对方。

举个例子 1 小赵在团队会议上被要求表达对某个有争议项目的看法。他坚定地回应：“关于这个项目，我认为我们需要更多的数据和事实来支持决策。在没有充分了解情况之前，我不会轻易表态。”这样的回答既坚守了自己的原则，又展现出了自己的专业素养。

举个例子 2 在一次项目讨论中，小周被要求透露之前项目的某些内部数据，但这些数据涉及公司机密。小周坚守原则，严肃地回答：“这些数据属于公司机密，我不能随意透露。我们应该尊重公司的规定和保密协议。”这样的回答既保护了公司利益，又彰显了他的职业操守。

五、实践与反思

为了更好地应对职场套话，我们可以进行模拟对话或角色扮演的练习。通过模拟不同场景下的对话，我们可以更好地掌握应对套话的技巧和策略。同时，在遭遇套话后，我们也要反思自己的回应是否得当，以便不断改进和提高自己的应对能力。

举个例子 1 小陈在参加完一个行业交流会后，发现自己在回应某些套话时表现得有些紧张和不自信。于是，他决定与同事进行模拟对话练习，以提高自己的应对能力。经过几次练习后，小陈发现自己变得更加自信和从容了。在接下来的职场交往中，他也能够更好地应对各种套话了。

举个例子 2 在一次与客户的沟通中，小吴发现自己被客户的套话问得有些措手不及。事后，他反思了自己的表现，并决定加强应对套话的练习。于是，他与同事一起进行模拟对话，针对可能遇到的套话进行反复练习。在接下来的客户沟通中，小吴明显更加从容和自信，成功地应对了客户的各种套话。通过实践与反思，小吴不断提升了自己在职场中的应对能力。

场景七

想要得到别人的帮忙，掌握这些技巧没人会拒绝

在职场中，我们时常会遇到需要他人协助的情况。掌握恰当的求助技巧，不仅能让对方乐意伸出援手，还能有效地拉近彼此的距离。

7.1 认识职场求助的重要性

职场，这个充满挑战与机遇的舞台，我们每个人都是其中的主角。在人生的这场大戏中，我们难免会遇到难题，甚至陷入困境。这时，职场求助就成了我们摆脱困境、继续前行的重要法宝。它不仅仅是一种简单寻求答案的行为，更是一种展现智慧以及采取积极行动的体现。

一、职场求助：高效解决问题的捷径

面对工作中的棘手问题，我们有时会陷入思维的泥潭，难以自拔。此时，向身边的同事或专业人士求助，就如同获得了一个额外的智慧库，他们的经验和见解能帮助我们迅速找到问题的症结，从而轻松破解难题。这样，我们不仅能够节省宝贵的时间和精力，还能确保工作的顺利进行，提高整体的工作效率。

二、职场求助：拉近人际关系的纽带

在求助的过程中，我们敞开心扉，真诚地表达自己的需求。这种真诚的态度往往能够触动他人的心弦，让他们乐意伸出援手。通过求助与被帮助的过程，我们不仅能够解决问题，还能与他人建立起深厚的友谊和信任。这种良好的人际关系将为我们在职场中的发展增添无限动力。

三、职场求助：个人成长的催化剂

每个人都有自己的知识盲区和技能短板，而求助正是我们弥补这些

不足、实现自我提升的重要途径。在求助过程中，我们能够吸取他人的宝贵经验和智慧，不断拓展自己的视野和能力。这种持续的学习和成长将使我们在职场中更加自信地应对各种挑战，不断攀登事业的高峰。

四、职场求助：团队协作的润滑剂

在团队中，成员之间需要相互协作、共同努力完成工作任务。通过求助，我们能够更好地了解团队成员的专长和能力，从而更加合理地分配任务。这种高效的团队协作将促进团队整体能力的提升，推动团队向着共同的目标迈进。

总之，职场求助是我们职场生涯中的一大法宝。它不仅能够帮助我们高效解决问题、建立良好的人际关系、促进个人成长以及团队协作，还能让我们在职场中更加自信、从容地应对各种挑战。

7.2 如何巧妙求助：6 种方法让人难以拒绝

一、名正言顺，明确且具体地提出合理请求

1. 理论基础

（1）**有效沟通原则**。明确的请求能够减少误解，提高信息传达的准确性，从而增加获得帮助的可能性。

（2）**社会交换理论**。在公平的交换原则下，明确且合理的请求更容易获得支持。

（3）**心理学上的“门槛效应”**。先提出较小的请求，对方接受后，再提出更大的请求，会更容易得到满足。因此，明确且不过分的初始请求至关重要。

2. 执行建议

（1）**详细阐述问题背景**。在求助之前，详细介绍问题的背景，以便对方更好地理解你的处境和需求。

（2）**明确说明求助内容**。具体描述你需要对方做什么，如提供建议、

审核文档或协助解决技术问题等。

（3）**强调求助的重要性**。解释为什么这个请求对你如此重要，以及它将如何影响你的工作或项目。

案例1：“李经理，我正在准备一个重要的客户演示，但在内容策划方面遇到了难题。您能否抽时间帮我审查一下演示稿，并提供一些建议，使其更具说服力？这对我赢得客户信任至关重要。”

案例2：“张工，我在开发过程中遇到了一个性能瓶颈，尝试了多种优化方法仍无法解决。您能否帮我分析一下代码，看看是否存在可以改进的地方？”

二、委婉表达，以礼貌和尊重的态度求助

1. 理论基础

（1）**礼貌原则**。礼貌是社交互动的基本准则，委婉的表达方式能够降低对方的防御心理，促进合作。

（2）**面子理论**。人们在社交中都会维护自己的面子，委婉的请求方式能够减少对方的尴尬和抵触情绪，保护对方的面子。

2. 执行建议

（1）**使用礼貌的开场白**。例如，“打扰一下”或“请问您现在方便吗？”，以显示对对方的尊重。

（2）**避免使用强硬或命令式的语言**。以协商和询问的方式提出请求，让对方感受到你的诚意和尊重。

（3）**表达感激和认可**。在对方提供帮助后，及时表达感谢，并强调他们的帮助对你的重要性。

案例1：“陈总，如果您现在方便的话，能否帮我审查一下这份合同草案？我非常需要您的专业意见来确保其准确性和合规性。”

案例2：“王工，虽然我知道您手头的工作很多，但可以的话，我想请教您关于这个技术难题的解决方案。您的经验和见解对我来说非常宝贵。”

三、简化问题，将复杂任务分解为可管理的小部分

1. 理论基础

（1）**问题解决策略**。将复杂问题分解为小问题，有助于更清晰地识别和解决问题，提高解决问题的效率。

（2）**认知负荷理论**。人类在处理信息时依靠有限的认知资源，简化问题可以降低对方的认知负荷，使其更愿意提供帮助。

2. 执行建议

（1）**明确问题的核心要点**。在求助时，先概括性地描述问题，然后突出关键点和难点。

（2）**分解复杂任务**。将大问题分解成若干个小问题或步骤，逐一寻求帮助。

（3）**强调问题的可解决性**。让对方感受到这个问题是可以通过他们的帮助得到解决的。

案例1：“赵经理，我在制订市场推广计划时遇到了一些困难，主要是关于目标客户定位和营销策略的选择。您能否分别就这两个方面给我一些建议？”

案例2：“刘老师，在编写这份技术文档时，我遇到了几个关键点的表述问题。您能否帮我逐一审查并给出修改意见？”

四、承诺回报，建立互惠互利的关系

1. 理论基础

（1）**互惠原理**。人们倾向于回报他人的善意行为，因此，承诺回报可以增加对方提供帮助的动力。

（2）**社会关系网络理论**。建立互惠关系有助于巩固和拓展个人的社会关系网络，从而增加获取资源和支持的机会。

2. 执行建议

（1）**明确承诺具体的回报方式**。提供信息、资源支持以及未来合作

机会等。

（2）**表达长期合作的意愿**。强调你希望建立长期、稳定的合作关系，并愿意为此付出努力。

案例 1："周总，如果您能在这个项目上给予我一些指导，我会非常感激。作为回报，我愿意在未来为您提供相关的市场信息和客户资源。"

案例 2："韩工，如果您能帮我解决这个技术问题，我将在以后的项目中为您提供必要的支持和协助。"

五、诚实表达困境，激发对方的同情心和帮助意愿

1. 理论基础

（1）**情感共鸣**。诚实地表达自己的困境和挑战，能够激发对方的同情心和情感共鸣，从而增加对方提供帮助的意愿。

（2）**社会支持理论**。在面临困境时，寻求社会支持是一种有效的应对策略。诚实地表达自己的需要，有助于获得他人的支持和帮助。

2. 执行建议

（1）**详细描述困境和挑战**。让对方充分了解你目前的处境和所面临的困难。

（2）**表达无助和需要帮助的感受**。以诚恳的态度表达自己的无奈和渴望得到帮助的心情。

案例 1："吴经理，很抱歉要麻烦您，我遇到了一个棘手的问题。这个项目对我来说意义重大，如果无法及时解决，可能会对我的职业发展产生负面影响。如果您能给予我一些指导或建议，我将不胜感激。"

案例 2："杨工，我知道您的工作很忙，但我确实遇到了一个技术难题，尝试了很多方法都无法解决。我感到非常无助和困惑，希望您能抽点时间帮我分析一下问题所在。"

六、适当赞美，提升对方形象和自我价值感

1. 理论基础

（1）**社会赞许动机**。人们普遍希望得到他人的认可和赞许，适当的赞美能够满足对方的这种心理需求，从而增加对方提供帮助的意愿。

（2）**自我价值理论**。赞美能够提升对方的自我价值感，使其更愿意提供帮助以维护这种积极的自我价值形象。

2. 执行建议

（1）**具体而真诚的赞美**。针对对方的专业能力、经验或成就进行具体而真诚的赞美，让对方感受到你的认可和尊重。

（2）**将求助与赞美相结合**。在表达求助意愿时，强调对方的能力和你对他们的信任，以此增加对方提供帮助的意愿。

案例1：“张总，我一直都很钦佩您在行业内的卓越成就和深厚经验。这个项目对我来说非常重要，我相信在您的指导下，它一定会更加出色。”

案例2：“李工，您在技术领域的造诣让我深感敬佩。如果您能抽出时间帮我解决这个技术问题，我相信在您的帮助下，我可以更快地找到解决方案。”

7.3 求助过程中的12种误区

◎误区一：未先尝试自助

自我效能感理论认为，个体对自己能否完成某一行为的推测与判断会影响其行为选择。若个体总是未经尝试就求助，其自我效能感可能会逐渐降低。

案例：小张在工作中遇到了一个技术问题，没有先自己研究或查阅相关资料，就直接向同事求助。长此以往，小张的技术能力提升缓慢，且被同事认为缺乏独立思考能力。

◎ 误区二：求助信息不明确或笼统

有效沟通原理强调信息的明确性和具体性，以确保信息被准确理解和接收。

案例：小李在向同事求助时，只是说："我的电脑出问题了"，而没有具体说明是硬件问题还是软件问题，导致同事无法提供有针对性的帮助。

◎ 误区三：过度依赖他人

自主性和独立性是个体成长的重要标志。过度依赖他人会限制个体的自主性和成长空间。

案例：小王在工作中总是依赖同事来完成任务，久而久之，他对工作的掌握程度越来越低，最终无法独立完成工作。

◎ 误区四：求助对象选择不当

社会网络理论认为，个体在社会网络中的位置以及与其他个体的关系会影响个体资源和信息的获取。选择合适的求助对象能更有效地获取资源和信息。

案例：小赵在遇到一个法律问题时，向一个不懂法律的同事求助，而没有向公司的法务部门或专业律师咨询，导致问题没有得到妥善解决。

◎ 误区五：不区分问题大小频繁求助

自我管理能力是个体成功的重要因素之一。个体应学会区分问题的轻重缓急，并合理安排自己的时间和资源。

案例：小陈在工作中遇到任何小问题都向同事求助，包括简单的文档格式调整等，这不仅影响了同事的工作节奏，也让同事觉得小陈缺乏基本的工作能力。

◎ 误区六：忽视求助时机和人际关系

社会交换理论认为，人际关系中的互动是一种交换过程。选择合适的时机求助并维护好人际关系有助于获得更积极的回应。

案例：小刘经常在同事忙碌时向他们求助，且在求助后往往没有表达感谢，导致同事逐渐不愿再帮助他。

◎ 误区七：使用不恰当的求助方式

沟通理论认为，有效的沟通方式能够促进信息的传递和理解。相反，不恰当的求助方式可能导致信息传递受阻，甚至引起他人反感。

案例：小吴在向同事求助时常常态度强硬，甚至无端指责同事不帮忙，这导致同事对他产生反感，不愿提供帮助。

◎ 误区八：不懂装懂或隐瞒信息

诚信原则是社会交往中非常重要的一项准则。在求助时，诚实地展现自己的知识水平和实际情况是建立信任关系的基础。

案例：小孙在遇到技术难题时，为了避免自己显得无知，故意隐瞒了自己对某些技术细节的不了解。结果，同事给出的解决方案并不适用于他的实际情况，导致问题更加复杂。

◎ 误区九：只求助不学习

终身学习理念强调个体应持续学习和成长。只求助而不学习会限制个人的长期发展。

案例：每次遇到相似的问题，小周总是直接向同事求助，而不是尝试从之前的经验中学习。长期下来，他对这类问题的处理能力没有提升。

◎ 误区十：求助后不给予反馈或感谢

社交礼仪和互惠原则要求个体在得到帮助后给予适当的反馈和感谢，以维持和谐的人际关系。

案例：小郑在同事的帮助下解决了一个重要问题，但他并没有向同事表达感谢或反馈问题的解决情况。这导致同事感到自己的帮助没有得到应有的认可。

◎ 误区十一：不恰当的求助态度

态度决定行为，一个人的态度会直接影响其行为方式和结果。在求助过程中，保持恰当和积极的态度有助于获得更好的帮助。

案例：小唐在求助时常常表现得过于傲慢或卑微，这使同事们在帮助他时感到不舒服，往往不愿意提供深入的帮助或建议。

◎ 误区十二：不持续跟进和反馈

在项目管理中，跟进和反馈环节是确保项目成功执行的关键。在求助后，持续跟进和及时反馈有助于确保问题的解决以及合作关系的维护。

案例：在同事帮助小高解决了一个重要的问题后，小高既没有持续跟进问题的解决情况，也没有及时向同事反馈结果。这导致同事对问题的实际解决情况一无所知，同时可能会影响后续的合作。

场景八

同事对你有偏见，如何让 TA 有所改变

在繁忙的工作环境中，同事间的相互理解与协作显得尤为重要。然而，有时我们会发现，某些同事对我们存在着偏见。这种偏见，或许源于信息的误解，或许是因为个人经历的差异。但不论其根源如何，它都有可能成为阻碍我们团队协作和职场发展的隐形壁垒。因此，在本书的探讨中，我们将深入剖析这一现象，探寻消除职场偏见、促进团队和谐的有效路径。

8.1 偏见可能产生的原因

想要很好地去处理职场中的偏见，需要先了解偏见产生的原因。从根本入手，客观看待被偏见的问题，可以帮助我们达到以下小目标。

◎ 目标一：避免尴尬场面

懂得偏见的来源，你就能提前预判并避免那些可能因误解而起的尴尬场面。这样，你既不会因为某个方面的刻板印象而错怪同事，也不会因为对某个职位的误解而得罪上司。

◎ 目标二：同事关系更融洽

明白大家的偏见从何而来，你就能更加包容和理解同事们的不同观点和行为。这样，同事间的关系自然会更加和谐，工作起来也更加愉快。

◎ 目标三：工作效率提升

少了偏见和误解，大家沟通起来更顺畅，合作也更加默契。这不仅节省了澄清误会的时间，还能让团队更高效地完成任务。

◎ 目标四：职场情商提升

了解偏见，意味着你更能掌控自己的情绪和态度，不会因为一些无

谓的偏见而影响到自己的心情和工作表现。这样的你，在职场中无疑会显得更加成熟和稳重。

◎目标五：收获更多朋友

当你能够理解和接纳不同的文化和背景时，你会发现，原来职场中也可以交到这么多有趣的朋友。大家互相学习，共同进步，岂不是美事一桩？

那么，偏见可能产生的原因有哪些呢？

1. 技能或知识不足

当个人在专业技能或知识上存在欠缺时，同事或领导可能会因此对其能力产生怀疑。

案例：小王刚入职一家IT公司，由于之前没有相关工作经验，对编程技术掌握不够熟练。在团队项目中，他多次出现错误，导致项目进度受阻。因此，团队成员开始对小王的技术能力产生偏见，认为他不足以胜任这份工作。

2. 工作态度问题

不积极、不负责任的工作态度可能引起他人的不满和偏见。

案例：李女士在工作中经常拖延任务，消极对待工作。久而久之，同事们开始认为她不可靠。

3. 沟通障碍

缺乏有效沟通或沟通方式不当可能导致误解和偏见。

案例：张先生在工作中不喜欢与人交流，经常独自完成任务。当需要团队成员协作时，他总显得格格不入。这导致同事们认为他不合群，对他产生偏见。

4. 个人行为问题

不良的个人行为，如迟到、早退、不遵守公司规定等，可能影响他人对我们的看法。

案例：赵女士经常迟到和早退，并在工作中多次违反公司其他规定。这些行为让同事们觉得她不够专业，对她产生了偏见。

5. 职场竞争与嫉妒

在职场竞争中，有时同事可能因为我们在某些方面表现突出而产生嫉妒或不满。

案例：刘先生在公司中业绩突出，多次受到领导的表扬。然而，这也引起了部分同事的嫉妒，开始在背后议论刘先生，甚至对他的工作成果产生偏见。

6. 外部因素的刻板印象

由于性别、年龄等外部因素的差异，我们可能会遭受到他人的不公平的刻板印象和偏见。

案例：孙女士作为公司里为数不多的女性工程师，经常受到同事的质疑。尽管她的技术能力很强，但同事们仍然认为女性不适合从事技术工作。

8.2 应对偏见的处理方法

一、提升专业技能与知识

观察并模仿优秀榜样是提升技能的有效途径。寻找行业内的优秀人物，通过观察、学习和模仿他们的行为和策略，可以快速提升自己的专业技能。例如，参加行业专家讲座、加入专业社群、与同行交流等。

案例1：小李是一名初级软件工程师，他发现自己对新兴技术了解不足。于是，他开始在GitHub上关注行业大佬的项目，并模仿他们的编程风格和问题解决策略。通过不断学习和实践，小李的技术水平得到了显著提升。

案例2：小王是一名市场营销专员，为了提高自己的专业技能，他加入了一个由资深营销专家组成的社群。通过参与社群的讨论和活动，小王学到了很多实用的营销策略和技巧，并成功应用到了自己的工作中。

二、改善工作态度

积极的态度能引导积极的行为。通过调整心态，以更积极、认真的态度面对工作，可以提高工作效率和质量，同时赢得同事和领导的认可。

案例 1：小张在工作中曾表现出消极的态度，导致工作效果不佳。后来，他意识到问题所在，开始调整自己的心态，以更积极的态度面对工作。不久后，他的工作效率和成果都有了明显的提升。

案例 2：小赵是一名客服代表，面对客户的各种问题和投诉，她始终保持积极、耐心的态度，认真解答客户的问题并提供有效的解决方案。因此，她赢得了客户的广泛好评和公司的认可。

三、加强沟通能力

有效的沟通是解决问题的关键。通过主动交流、清晰表达和积极倾听，可以加强与同事之间的沟通和协作，提高工作效率并减少误解。

案例 1：小李和小王是同一个团队的成员，他们之间曾因沟通不畅产生了误解。为了改善这种情况，他们开始主动交流并学习沟通技巧。通过一段时间的努力，他们之间的沟通变得更加顺畅有效。

案例 2：小张是一名项目经理，他发现团队成员之间存在沟通障碍。为了解决这一问题，他组织了一次团队建设活动，并邀请了一位沟通专家来进行培训。通过这次活动，团队成员的沟通能力得到了显著提升，项目进展也更加顺利。

四、规范个人行为

在职场中，遵守职业规范和公司规章制度是树立良好职业形象的基础。这包括注重仪表、保持专业的工作态度等。

案例 1：小刘是一名新员工，他注意到公司有一些特定的着装要求和行为规范。为了尽快融入团队并树立良好的职业形象，他严格遵守这些规范并努力展现自己的专业素养。不久，他就赢得了同事和领导的认可。

案例 2：小陈在工作中始终保持着装整洁、态度专业的形象。即使在面对困难和挑战时，她也从不失态或抱怨。因此，她在同事和领导心中树立了良好的形象并获得了广泛的尊重。

五、应对职场竞争与嫉妒

正确处理竞争与合作的关系有助于个人成长与团队和谐。在职场中，既要面对竞争，也要注重合作。通过保持低调、谦逊的态度，并积极参与团队合作，可以化解敌意并促进个人和团队的共同发展。

案例 1：小赵和小李是部门的同事，他们之间存在着一定的竞争关系。然而，他们并没有因此而互相敌视或排挤对方。相反，他们经常一起讨论问题并分享经验和资源。通过这种合作方式，他们不仅提高了自己的工作效率和质量，还为公司带来了更多的价值。

案例 2：小张是一名优秀的销售代表，他的业绩一直名列前茅。然而，他并没有因此而骄傲自满或排斥其他同事。相反，他经常与其他销售代表分享自己的经验和技巧，并鼓励他们一起努力提高自己的业绩。这种团队合作的精神不仅赢得了同事的尊重和友谊，还为公司创造了更多的价值。

六、打破刻板印象

人们对某一群体的固定看法会影响客观判断。要打破刻板印象，需要用实际行动证明自己，同时倡导多元文化和包容性政策来消除偏见。

案例 1：小丽是一名女性工程师，在男性主导的 IT 行业中经常受到偏见和质疑。然而，她并没有放弃或抱怨。相反，她通过不断提高自己的专业技能和积极参与团队合作来证明自己。同时，她还积极参与公司的多元文化活动并倡导性别平等。通过这些努力，她不仅赢得了同事的尊重和认可，还为公司带来了更多的创新价值。

案例 2：在一家以白人为主的广告公司里，小黑是唯一的非裔设计师。初入职场时，他遭遇了很多偏见和质疑。然而，小黑并没有气馁，他通过设计出色的作品并积极参与团队讨论来展示自己的才华和专业素养。同时，他还主动与同事交流，大方分享自己的文化背景和人生经验。随着时间的推移，小黑逐渐赢得了同事们的尊重和信任，并成了团队中不可或缺的一员。

七、寻求支持与反馈

面对压力时，可以从社会支持系统中获取帮助。在职场中，主动寻求导师、领导或同事的支持与反馈有助于个人成长和职业发展。

案例1：小刘是一名新员工，在工作中遇到了很多挑战和困难。为了更快地适应工作环境并提高自己的工作能力，他主动向经验丰富的同事请教并寻求反馈。通过这些交流和指导，小刘不仅解决了问题还提高了自己的工作效率和质量。

案例2：在一家大型企业，小陈想要提升自己的管理能力并寻求晋升机会。于是，他主动找到公司里的资深领导进行咨询和讨论，领导给了很多宝贵的建议和支持，并鼓励他积极参与公司的培训项目以提升自己的能力。在领导的帮助下，小陈逐渐成长为一名优秀的管理者。

八、保持自信与积极心态

个体对自己完成任务的能力与信念，会深刻影响其职场行为和最终结果。保持自信和积极的心态有助于应对职场中的挑战和困难，提高工作效率和激发创造力。

案例1：小王是一名市场营销专员，在市场竞争激烈和客户需求多变的情况下，他始终保持自信和积极的心态。即使遇到挫折和困难，他也从不放弃。正是这种积极的心态，促使他能够不断创新，最终取得了优异的业绩。

案例2：小张在一家创业公司负责产品开发工作。由于资金紧张和市场压力巨大，他经常面临各种挑战和困难。然而，他始终保持着自信和乐观的态度，深信自己的团队能够创造出有影响力的产品。在他的带领下，团队不断取得突破，最终成功推出了多款畅销产品。

8.3 处理偏见的注意事项

除了深入了解偏见的原因和掌握有效的处理方法，在处理偏见的过程中，我们还需要特别注意以下三个方面。

一、保持冷静与理性态度

在处理职场偏见时，保持冷静与理性至关重要。情绪化的反应往往会加剧矛盾，而平和的心态则有助于我们更清晰地思考和更有效地应对。

（1）**避免情绪化反应**。当面对他人的偏见言论或行为时，我们要努力控制自己的情绪，避免做出冲动的回应。例如，如果同事在会议上公开发表对某个群体的偏见言论，我们可以选择深呼吸、暂时保持沉默，待情绪稳定后再以理性的方式进行回应。

（2）**用事实和逻辑进行反驳**。有效的反驳应基于事实和逻辑，而非情绪化的攻击。如果同事认为某个年龄段的员工不具备创新能力，我们可以列举该年龄段员工在公司内的创新实例，用事实来证明他们的价值。

案例：在某科技公司，一位年长的工程师被年轻同事质疑其技术能力。面对这种偏见，他并没有激动反驳，而是冷静地展示了自己过去完成的成功项目案例和技术贡献。最终，他的专业能力得到了团队的认可，偏见也逐渐消散。

二、尊重多样性及他人观点

尊重多样性和他人的观点是建立和谐职场环境的基础。我们应该学会接纳不同的意见，避免将自己的观点强加于人。

（1）**接纳并尊重不同意见**。在职场中，我们难免会遇到与自己观点不同的同事。这时，我们应该学会倾听他们的想法，尊重他们的观点，并从中寻找值得借鉴的地方。在团队讨论中，即使某位同事的提议与我们相悖，我们也应尝试理解其背后的逻辑和考量。

（2）**避免强加自身观点于他人**。每个人都有自己的思考和判断方式，我们不应试图将自己的观点强加于人。相反，我们可以通过分享经验和知识来启发他人，引导他们形成更全面的认识。

案例：一家市场营销公司的团队在讨论新产品的推广策略时，成员们各抒己见。尽管有些观点相互冲突，但团队领导依然鼓励大家充分表达自己的想法。最终，通过集思广益，团队找到了一个综合各方建议的推广方案。

三、给予时间和空间以改变态度

改变一个人的偏见是一个循序渐进的过程，它需要时间、耐心以及持续的积极互动。

（1）**认识到改变偏见需要时间和耐心**。偏见的形成往往与个人的生活经历、教育背景等诸多因素有关，因此，我们不能奢望通过一次简短的对话或活动就能彻底消除他人的偏见。当发现同事对某个群体存在偏见时，我们应该选择与之进行长期、深入的沟通，逐步引导其转变观念。

（2）**通过持续积极互动来逐渐消除偏见**。积极的互动与合作能够增进彼此的了解，建立信任，从而逐渐消除偏见。我们可以邀请持有偏见的同事参与团队活动或项目合作，让他们在实践中亲身体验不同群体的价值与贡献。

案例：在一家跨国公司的团队中，一位来自欧洲的同事起初对亚洲同事的工作方式存在偏见。然而，在经历多次的项目合作与日常的积极交流后，他逐渐认识到亚洲同事的专业能力和团队协作精神。最终，他不仅摒弃了自己的偏见，还与亚洲同事建立了深厚的友谊。

场景九

领导很强势，如何技巧地回应

当你与强势的领导打交道时，保持自身的气场就尤为重要。这不仅是为了维护个人的尊严与自信，更是为了确保在工作中的有效沟通和顺畅表达。

9.1 理解强势领导的心理动机

面对强势领导，深入理解他们的心理动机对于建立良好的工作关系和实现有效沟通至关重要。以下是关于强势领导可能的心理动机的详细分析。

一、对控制与效率的追求

强势领导通常希望对工作环境有全面的掌控，以确保工作流程的顺畅和高效。他们倾向于制订明确的计划和期望，并要求团队成员严格遵循，以此实现工作目标。

二、完美主义倾向

这类领导对工作质量有着极高的要求，注重细节，并期望团队达到他们设定的高标准。他们可能会对团队成员的工作进行细致的审查和反馈，以确保工作结果的完美。

三、安全感的需求

某些强势领导可能由于过去的经历或对未来的不确定感，而寻求通过控制来获得安全感。他们可能认为，通过掌控工作环境和团队，可以减少不确定性和潜在的风险。

四、对权力与影响力的渴望

强势领导往往希望在团队中占据核心地位，他们的决策和意见能够被尊重和执行。这种渴望可能源于个人的自我价值感和对成功的定义，即通过影响他人和掌控资源来展现自己的价值。

五、应对压力与责任的策略

领导职位带来的重大责任和压力可能促使某些领导采取强势的管理风格。他们可能认为，坚定和果断的态度有助于在复杂环境中快速做出决策，并推动团队向前发展。

六、对成功的迫切追求

强势领导往往有着非常强烈的成功欲望，他们希望通过严格的管理和高效的执行力来实现团队和个人的目标。这种追求可能表现为对团队成员的高要求和对工作结果的严格评估。

七、对团队凝聚力的重视

强势领导非常重视团队的凝聚力和向心力。他们可能认为，通过强有力的领导风格和明确的指导，能够帮助团队成员更好地团结在一起，共同面对挑战。

9.2 与强势领导沟通的策略与技巧

在了解了领导强势的原因后，我们可以根据这些原因针对性地制定沟通策略和运用沟通技巧。以下是一些具体的做法。

一、对控制与效率有追求的领导

（1）明确表达自己对工作目标的理解与追求高效率的态度。

案例：在一次项目会议上，你可以说：“我理解这个项目的紧迫性，我会全力以赴，确保我的工作部分能够高效、准确地完成，不拖团队后腿。”

（2）主动提供进度更新，确保领导对工作进展有清晰了解。

案例：每周通过邮件向领导汇报工作进度，如：“本周已完成了模块A的开发，预计下周二可以完成模块B的开发。”

（3）在提出建议时，强调其对提升效率的作用。

案例：当你发现某个流程可以优化时，可以这样向领导提议：“如果我们采用××工具进行自动化测试，不仅可以节省大量时间，还能提高测试效率。”

二、有完美主义倾向的领导

（1）在提交工作时，注重细节和准确性。在提交报告前，要多次校对，确保数据准确无误、格式规范。

（2）当发现错误时，及时、主动地进行修正并反馈。

案例：如果发现报告中的一个数据错误，你应该立即更正并告知领导：“我在报告中发现了一个数据错误，已经及时进行了更正。这是更新后的版本，请您再次确认。”

（3）与领导共同讨论如何达到更高的工作质量。

案例：你可以主动邀请领导讨论：“我觉得我们这个项目在UI设计方面还有很大的提升空间，您有什么建议或看法吗？”

三、有安全感需求的领导

（1）保持稳定和专业的工作态度，以减少领导的不安全感。在工作中始终保持冷静、专业，即使面对突发情况也能迅速且冷静地应对。

（2）在沟通中展现对团队的忠诚和支持。

案例：在团队会议上，你可以公开表达对团队的支持：“我相信我们的团队有能力克服任何困难。”

（3）主动为团队或项目提供稳定的支持，以增强领导的安全感。

案例：在项目关键时期，主动加班、积极协助团队成员解决问题。

四、对权力与影响力有渴望的领导

（1）尊重领导的权威，并在适当时候表达对其决策的认同。

案例：在会议上支持领导的决策："我认同这个方向是正确的，我们会全力以赴执行。"

（2）在提出建议时，以一种补充而非挑战领导权威的方式进行。

案例：向领导提出改进建议时说："我有个想法，或许我们可以尝试××方法来提高效率，您觉得这个方法可行吗？"

（3）寻求领导的指导，展现对其专业知识和影响力的认可。

案例：在遇到难题时请教领导："这个问题我有些困惑，您能给我一些指导吗？"

五、对压力与责任有独特策略的领导

（1）表达对领导所面临压力的理解和支持。

案例：在私下场合对领导说："我知道您最近压力很大，如果需要任何帮助，请随时告诉我。"

（2）提供具体的解决方案，以减轻领导的负担。

案例：针对项目中的某个难题，主动提出并实施有效的解决方案。

（3）保持冷静和理性，避免在压力下产生不必要的冲突。

案例：在项目紧急时期，保持冷静的工作态度，避免参与团队内部的争执和矛盾。

六、对成功有迫切追求的领导

（1）与领导共同设定明确、可衡量的工作目标。

案例：与领导讨论并制定季度销售目标："我们这个季度的销售目标设定为××万元，您看怎么样？"

（2）定期回顾和更新工作进展，确保双方对成功路径有清晰认识。

案例：每月与领导进行项目进度会议，汇报进展和遇到的问题。

（3）在达成目标时，及时与领导分享成功的喜悦。

案例：完成项目后向领导汇报："我们成功完成了项目目标，感谢您的指导和支持！"

七、对团队凝聚力很重视的领导

（1）积极参与团队活动，展现团队精神。

案例：主动参加团队建设的户外活动，积极与团队成员互动。

（2）在沟通中强调团队的共同目标和价值观。

案例：在团队会议上强调："我们的目标是共同完成项目，让我们携手努力！"

（3）当团队面临挑战时，主动承担责任，并与领导共同寻找解决方案。

案例：在项目遇到困难时，主动提出解决方案并与领导讨论："我觉得我们可以尝试 ×× 方法来解决问题，您认为可行吗？"

加个餐：不同类型领导的应对策略

既然我们聊到了强势领导的不同类型，不妨也来深入了解一下不同类型领导的特点。这样，不管你以后遇到什么样的领导，都可以轻松应对，沟通自如。

1. 命令型领导

（1）特点

①喜欢直接下达明确指示。

②要求下属严格执行命令。

③强调纪律和服从。

（2）应对策略

①严格执行领导的命令。

②定期向领导汇报工作进度。

③在执行任务时保持高效和准确性。

案例：面对领导的具体命令，可以回应："明白，我会严格按照您的要求去执行。"

在执行任务过程中，主动反馈：“领导，任务已经完成了一半，预计明天可以全部完成。”

2. 民主型领导

（1）特点

①鼓励团队参与决策。

②重视团队成员的意见和建议。

③倾向于通过讨论达成共识。

（2）应对策略

①积极参与团队讨论，提出自己的观点。

②尊重并倾听其他团队成员的意见。

③努力为团队共识做出贡献。

案例：在团队会议上，可以主动发言：“我认为我们可以尝试这个新的方案，因为它具有以下优点……”

当领导征求意见时，积极回应：“我觉得可以考虑加入这个因素，这样可能会更完善。”

3. 权威型领导

（1）特点

①强调规则和程序的重要性。

②要求下属严格遵守指令和规定。

③通常具有丰富的经验和专业知识。

（2）应对策略

①严格遵守规则和程序，确保工作符合标准。

②在遇到问题时及时向领导请教。

③保持高效和专业的工作态度。

案例：当领导提出具体要求时，确认并执行：“我明白了，我会按照您的要求严格执行。”

在遇到不确定的情况时，主动询问：“领导，关于这个任务，我有一些疑问，您能帮我解答一下吗？”

4. 教练型领导

（1）特点

①关注下属的成长和发展。

②提供具体的指导和反馈。

③倾向于与下属建立辅导关系。

（2）应对策略

①主动寻求领导的反馈和指导。

②根据领导的建议改进工作方法。

③保持学习和进步的态度。

案例：在完成任务后，主动向领导请教："领导，您觉得我这次的任务完成得怎么样？有哪些地方需要改进吗？"

当领导给出建议时，积极回应："谢谢您的指导，我会认真吸取教训，下次努力改进。"

5. 变革型领导

（1）特点

①具有创新思维和前瞻性。

②鼓励团队打破常规，尝试新方法。

③能够激发团队成员的创造力。

（2）应对策略

①保持开放的心态，接受新的挑战。

②积极参与团队的创新活动。

③不断学习和提升自己的能力。

案例：当领导提出新的想法时，支持并响应："这个想法很有创意，我愿意尝试并贡献自己的力量。"

在团队讨论中，主动提出创新建议："我觉得我们可以从这个角度入手，进行一些新的尝试。"

6. 服务型领导

（1）特点

①以服务团队成员为导向。

②关注团队成员的需求和利益。

③提供良好的工作环境和资源支持。

（2）应对策略

①与领导建立良好的沟通机制。

②及时反馈自己的需求和困难。

③积极参与团队活动，增强团队凝聚力。

案例：当遇到困难时，主动向领导求助："领导，我在这个任务上遇到了一些困难，您能帮我解决一下吗？"

在团队活动中，积极参与并提出建议："我觉得我们可以组织一些这样的活动，来增强团队的凝聚力。"

7. 细致型领导

（1）特点

①非常注重细节和精确度。

②对工作流程和质量有严格标准。

③要求每个任务都尽善尽美。

（2）应对策略

①严格按照领导的要求执行任务。

②确保工作的准确性和高质量。

③在提交工作前进行仔细检查。

案例：在领导提出细节要求时，确认并执行："好的，领导，我会注意这个细节，确保任务的高质量完成。"

在提交工作前，主动向领导汇报："领导，我已经仔细检查了工作成果，确保没有遗漏和错误。"

8. 灵活型领导

（1）特点

①能够根据环境和情况的变化迅速调整策略。

②善于应对突发事件和情况。

③具有较强的适应能力。

（2）应对策略

①学会灵活应对各种情况和变化。

②与领导保持紧密沟通以便及时调整计划。

③增强自己的适应能力和应变能力。

案例：面对突发情况，主动与领导沟通："领导，由于出现了这个突发情况，我们是否需要调整原计划？"

在领导提出新的方案时，积极响应："这个方案很灵活，我认为可以很好地应对当前的变化。"

9. 战略型领导

（1）特点

①具有长远的眼光和战略规划能力。

②能够为团队制定明确的目标和发展方向。

③注重整体布局和长期发展。

（2）应对策略

①了解并认同团队的战略目标。

②努力为实现团队目标做出贡献。

③提升自己的战略思维和规划能力。

案例：在领导阐述战略目标时，认真倾听并表示支持："我明白我们的目标了，我会努力为实现这个目标做出贡献。"

在执行任务时，考虑战略因素："这个任务与我们的战略目标紧密相连，我会认真对待并确保其质量。"

10. 情感智能型领导

（1）特点

①擅长理解和管理情绪。

②能够营造积极的工作氛围。

③能够提高团队的凝聚力和士气。

（2）应对策略

①学习如何更好地管理自己的情绪。

②与领导共同营造积极的工作氛围。

③增强团队的凝聚力和合作精神。

案例：在面对工作压力时，积极寻求领导的支持："领导，我最近感觉有些压力，您能给我一些建议吗？"

在团队活动中，积极参与并展现团队精神："我很喜欢这个团队活动，它让我们更加紧密地团结在一起，增强了我们的协作能力。"

9.3 与强势领导沟通的注意事项

一、明确沟通目的

在与强势领导沟通前，你需要清晰地明确自己的沟通目的。是寻求指导，还是汇报工作进度？是解决问题，还是提出新的想法？明确目的后，你可以更有针对性地组织语言和准备材料。

案例：当你想要提出一个新的项目想法时，可以先写下项目的具体目标、预期成果和所需资源，然后与领导沟通："领导，我有一个新的项目想法，已经做了一些初步规划，想请您给些建议。"

如果你在工作中遇到了难题，需要领导的帮助，可以明确地说："领导，我在 ×× 项目中遇到了一个问题，想请您帮忙指导一下，看看怎么解决比较好。"

二、尊重对方

尊重是沟通的基础，尤其是与强势领导沟通时，要尊重领导的意见、决策和权威，避免在公开场合质疑或挑战领导。

案例：在会议上，即使你对领导的某个决策有不同看法，也可以私下沟通："领导，关于您刚才提到的 ×× 决策，我有些不同的想法，不知道您有没有时间听我详细汇报一下？"

当领导给你分配任务时，即使你觉得有些难度，也要先表示感谢和尊重："谢谢领导给我这个机会，我会尽力去完成的。"

三、提供明确信息

在与领导沟通时，提供准确、具体的信息是非常重要的。这有助于领导更快地理解你的问题或需求，并给出有效的反馈。

案例：当你需要领导审批预算时，可以详细列出预算的明细和用途："领导，这是 ×× 项目的预算明细，包括人员费用、设备采购和运营成本等，请您审批。"

在汇报工作进度时，给出具体的数据和成果："领导，这个季度我们完成了 ×× 个项目，收入增长了 ××%，客户满意度也提升了 ××%。"

四、倾听与理解

与强势领导沟通时，要学会倾听他们的意见和建议，并尝试从他们的角度理解问题。这有助于你更好地调整自己的工作方向和方法。

案例：当领导给你提出改进意见时，要认真倾听并记录下来："谢谢您的指导，我会认真领会并尽快调整的。"

如果领导对你的工作表示不满，不要急于辩解，而是先理解他们的担忧："领导，我明白您的担忧，我会尽快查找原因并改进的。"

五、寻求合作

与强势领导沟通时，要积极寻求合作机会，共同解决问题或推进项目。这不仅能增强你在团队中的影响力，也有助于提升领导对你的信任。

案例：当你有一个新的项目想法时，可以邀请领导一起参与："领导，我有一个新的项目想法，不知道您是否有兴趣一起探讨并参与？"

在遇到困难时，及时向领导寻求帮助和支持："领导，这个项目遇到了一些困难，需要您的支持和指导。"

六、简明扼要地交谈

强势领导通常时间宝贵，因此与他们沟通时要尽量简明扼要地表达自己的观点和需求，避免冗长的铺垫和无关紧要的细节。

案例：在汇报工作时，直接突出重点："领导，这个月的销售额增长

了 ××%，主要原因是……”

当需要领导做决策时，直接给出选项和利弊分析：“领导，关于这个问题，我有两个解决方案：一是……它的优势在于……可能存在的风险是……二是……它的好处是……您觉得哪个方案更合适？”

七、注意沟通方式与环境

选择合适的沟通方式和环境对于与强势领导的沟通至关重要。要了解领导的喜好和工作习惯，选择最合适的方式与他们沟通。

案例：如果领导喜欢通过邮件沟通，你可以将重要信息整理成邮件发送：“领导，关于 ×× 项目的进展情况，我已经整理成邮件发送给您了，请查收。”

在需要面对面沟通时，要确保选择一个安静、舒适的环境：“领导，关于这个问题，我觉得我们还是面对面沟通比较好。您看什么时候方便，我到您办公室汇报？”

八、及时反馈工作进展

与强势领导沟通时，要及时反馈自己的工作进展和遇到的问题。这有助于领导更好地掌握你的工作动态，并给予必要的支持和指导。

案例：在完成一个重要任务后，及时向领导汇报成果：“领导，×× 项目已经圆满完成，这是我们的成果报告，请您审阅。”

在遇到难以解决的问题时，及时向领导求助：“领导，我在 ×× 项目中遇到了一个难题，需要您的帮助。”

九、维护良好的人际关系

与强势领导沟通时，要注重维护良好的人际关系。要尊重他们，同时也要充分展示自己的专业能力和团队协作精神。

案例：积极参与团队活动，并与领导建立良好的互动关系：“领导，这个周末我们团队有个团建活动，您有时间参加吗？”

在工作中主动承担责任，积极解决问题：“领导，这个项目出现了一些问题，我已经着手解决，请您放心。”

十、主动承担责任

在工作中遇到问题时，要主动承担责任并积极寻求解决方案。避免推卸责任或找借口，以坦诚和积极的态度面对挑战。

案例：当项目出现问题时，主动向领导汇报并提出解决方案：“领导，××项目在实施过程中遇到了一些问题，我认为我们可以采取以下措施来解决。”

如果因为自己的失误导致工作延误或出错，要勇于承认并承担责任：“领导，非常抱歉，这次的工作延误是由于我的失误造成的。我已经制订了补救计划，会尽快赶上进度，确保后续工作顺利进行。”

场景十

给领导汇报工作，如何变成升职加薪的机会

在向领导汇报工作时，你有一个宝贵的机会，能充分展示自己的专业能力、工作态度和取得的成果。这不仅能提升你在职场中的形象和认可度，还能间接为你的升职加薪创造有利条件。因此，学会如何更好地汇报工作显得尤为重要。

10.1 汇报前的准备：理解汇报的重要性

当你站在领导面前进行工作汇报时，这不仅仅是一个简单的任务更新，更是一个能够充分展示你能力、态度和成果的重要舞台。那么，为何给领导汇报工作如此重要，甚至可能成为你升职加薪的催化剂呢？

一、汇报是展现你工作价值的窗口

在日常工作中，领导往往难以全面而深入地了解每一个员工的具体贡献。通过汇报，你可以系统地阐述自己在项目或任务中所扮演的角色、取得的进展以及面临的挑战。这样，领导便能更加直观地认识到你的工作价值，进而对你留下深刻的印象。

二、汇报是建立与领导沟通桥梁的契机

有效的沟通是职场成功的关键。通过汇报工作，你不仅可以向领导传递信息，还能借此机会与领导建立更加紧密的联系和沟通。这不仅能让你及时了解领导的期望和需求，还能让领导更深入地了解你的工作思路和计划。这种双向的沟通有助于你更精准地调整工作方向，以满足公司和领导的要求。

三、汇报是提升职场形象的有效途径

一个条理清晰、内容丰富的汇报，能够让领导看到你的专业素养和工作能力。当你自信满满地站在领导面前，准确地传达工作信息，并展现出你对工作的热情和投入时，你的职场形象自然会得到显著提升。这种正面的形象无疑会在你争取升职加薪时为你赢得更多支持与认可。

四、汇报前的准备至关重要

为了确保汇报的成效，提前对工作进行全面梳理和分析至关重要。以下是一些具体的准备步骤。

1. 明确汇报目的与内容

（1）确定汇报的主题和要点，清晰知道自己要传达的核心信息。

（2）根据汇报目的，筛选出最关键、最有价值的内容进行呈现。

2. 收集和整理资料

（1）收集与汇报内容相关的数据、文件、图片或视频等资料。

（2）对这些资料进行细致的整理和分类，确保它们能够有力地支持你的汇报论点。

3. 制作汇报材料

（1）提前制作 PPT 或其他视觉辅助材料，以增强汇报的吸引力和可读性。

（2）确保材料简洁明了，避免冗长的文字和复杂的图表，突出关键信息。

4. 了解听众

（1）研究你的听众，特别是领导的背景和关注点，以便更好地把握汇报的侧重点。

（2）根据听众的特点调整汇报的内容和风格，以确保信息能够有效传达。

5. 预设问题与答案

（1）预测领导可能会提出的问题，并准备好相应的答案。

（2）对于不确定的问题，也要有所准备，至少要有一个思考的框架和应对的方向。

6. 练习与模拟

（1）在正式汇报前，多次练习，以熟悉汇报内容与流程。

（2）可以找同事或朋友帮忙模拟汇报场景，通过实战演练提升汇报效果。

7. 检查技术设备

（1）如果汇报中需要使用投影仪、音响等设备，务必提前检查其运行状况以确保无误。

（2）准备好备用方案，以应对设备突发故障等意外情况。

8. 安排时间与地点

（1）确认汇报的具体时间和地点，避免与其他事务冲突。

（2）提前到达汇报地点进行熟悉和最后准备，确保一切就绪。

9. 心理准备

（1）调整心态，保持自信和冷静。

（2）可以通过深呼吸、冥想等方法来缓解紧张情绪。

10. 备份资料

（1）将所有重要资料备份至多个存储介质（如云端、U盘等），以防意外丢失。

（2）确保在任何情况下都能迅速恢复并展示汇报所需资料。

通过这些具体的准备工作，你将能够更加自信、从容地完成汇报工作，有效地展示你的工作成果和思考。同时，充分的准备也能让你更好地应对领导可能提出的问题和挑战。

10.2 汇报里的干货：说什么能更吸引人

不少小伙伴一到汇报工作就头疼得不行，总觉得这比在学校里写论文还要难。但其实，这只是因为你还没有掌握汇报工作的核心内容、表达方法以及技巧的运用。这一小节，我们就来深入探讨在汇报工作中怎么做、怎么说才能更吸引人。

一、汇报的核心内容

1. 工作概述

在汇报开始时，先为听众提供一个整体的工作背景，包括项目的起始时间、目标、主要任务、团队成员及分工等。这样可以帮助听众快速了解整个工作的全貌。

案例：在汇报市场营销项目时，可以先介绍项目的启动时间、预期目标（如提高品牌知名度10%）、主要推广渠道（如社交媒体、线下活动等）以及团队成员的分工。

2. 成果与问题

在此部分，详细列举项目或工作中取得的具体成果，如销售额的增长、用户数量的增加等，并坦诚地提出在工作中遇到的问题和困难。

案例：可以这样汇报："通过本季度的市场推广活动，我们成功吸引了5000名新用户，销售额同比增长了20%。但在活动过程中，我们也发现用户留存率较低，且部分用户对产品的某些功能表示不满。"

3. 原因分析

对取得的成果和遇到的问题进行深入的原因分析，有助于团队更好地理解工作过程中的成功与失败因素。

案例：可以这样汇报："经过分析，我们认为销售额的增长主要得益于精准的市场定位和有效的推广策略。而用户留存率低的原因可能是产品功能尚不完善，用户体验有待提升。"

4. 改进措施

基于上述原因分析，提出具体的改进措施，旨在解决已发现的问题并提升工作效率。

案例：可以这样汇报："为了提高用户留存率，我们计划在下一个版本中对产品进行以下优化：①增加用户引导功能，帮助新用户更快地上手；②针对用户反馈，优化部分功能；③增加用户激励机制，如积分兑换等，以增强用户黏性。"

5. 总结与展望

在汇报结束时，对整个工作进行一个简短的总结，提炼出主要的经验教训。同时，对未来的工作进行展望，设定明确的目标和规划。

案例：可以这样汇报："总的来说，本次市场营销活动取得了一定的成果，但也暴露出我们在产品功能和用户体验上的不足。未来，我们将继续努力优化产品，提高用户满意度，并计划在下一个季度实现销售额增长 30% 的目标。"

二、汇报的独门秘籍

1. 提供选择题

当需要领导做决策时，提供几个备选方案，并详细分析每个方案的优缺点，以帮助领导更快地做出决策。

案例：可以这样汇报："关于下一步的市场推广策略，我们有两个备选方案：一是加大在社交媒体的广告投放力度；二是与知名网红进行合作。前者成本较低但效果可能较为有限；后者成本较高但影响力大。请领导定夺。"

2. 突出重点，逻辑清晰

在汇报时要确保内容条理清晰、重点突出。可以使用标题、图表来帮助组织信息，以便于领导更好地理解。

案例：在汇报中，使用醒目的标题来区分不同的部分，如"一、工作概述”“二、主要成果”等。在每个部分下，再使用列表或图表来详细展示相关信息。

3. 先讲结论，再具体说明

先给出结论或观点，然后再提供详细的数据或事实来支撑这一结论。这样可以帮助领导迅速抓住你的核心观点。

案例：可以这样汇报：“本季度我们的销售额同比增长了20%。这主要得益于我们精准的市场定位和有效的推广策略。接下来，我将详细展示我们的销售数据和推广效果。”

4. 提前演练

对于重要的汇报，应该提前进行多次演练，确保自己对内容熟悉并能够流畅地表达。

案例：在汇报前一天，找同事帮忙听自己演练汇报内容，并根据反馈进行调整和改进。这样，在正式汇报时就能够更加自信和流畅地表达。

5. 及时弥补失误

如果在汇报过程中出现失误或遗漏，应迅速利用后续的机会进行补充和修正，以确保汇报的完整性和准确性。

案例：在汇报结束后，如果发现自己遗漏了重要数据或信息，可以在问答环节或后续的交流中及时补充和说明。

6. 言简意赅概括主旨

在汇报开始时，用简洁明了的语言概括整个工作的主旨和核心要点。

案例：可以这样汇报：“本次汇报的主要内容是关于我们本季度的市场营销活动。通过精准定位和有效推广，我们取得了一定的销售增长。接下来，我将详细介绍我们的活动策略、成果以及未来的改进计划。”

7. 结合实际拟订方案

在提出解决方案或改进措施时，要结合实际情况进行拟定，确保方案的可行性和有效性。

案例：可以这样汇报："针对用户留存率低的问题，我们计划结合用户反馈和产品特点，优化部分功能并增加用户激励机制。这些措施将基于我们的用户调研和数据分析来制定，以确保其有效性和针对性。"

10.3 汇报时的互动：和领导聊得来很重要

汇报工作是与领导沟通的重要机会，以下是一些建议和案例，帮助你与领导更自然地沟通。

一、创造积极的交流氛围

与领导汇报时，可以先用轻松的话题暖场，让气氛不那么紧张。

案例 1：小张在汇报前，看到领导桌上的足球摆件，灵机一动说："领导，您也是足球迷啊，昨晚的球赛看了没？那个绝杀球真是太精彩了！"领导一听，立马来了兴趣，两人聊了几句球赛，接下来的汇报自然顺利多了。

案例 2：小李知道领导喜欢旅游，于是开口说："领导，听说您喜欢旅行，我最近去了 ×× 地，那里的风景真是太美了！"领导好奇地问了几句，小李顺势分享了自己的旅行经历，为汇报创造了一个轻松愉快的开场。

二、主动邀请领导参与

别总是"一言堂"，让领导也说说看法。这样不仅能避免你唱独角戏，还能让领导感受到被尊重和重视。

案例 1：小王在汇报项目进展时，故意卖了个关子："领导，您觉得我们这个项目下一步该怎么做才能更上一层楼呢？"领导一听，便开始思考并给出了宝贵建议。

案例 2：在讨论市场推广策略时，小赵主动邀请领导："领导，您经验丰富，觉得我们这次推广活动的主题应该怎么定呢？"领导思考片刻后给出了自己的见解，整个团队都受益匪浅。

三、灵活回应领导的问题与反馈

在领导提出问题或反馈时，要灵活点，根据实际情况给出合适的回应。

案例1：当领导对小刘的汇报内容提出疑问时，小刘回应："领导，您是不是觉得这部分数据不够准确？我明白您的担忧，我会尽快核实并给您一个明确的答复。"这样的回应既尊重了领导的观点，又展现了自己的专业素养。

案例2：面对领导突如其来的难题，小陈不慌不忙地说："领导，这个问题我之前确实没考虑过，但您提得很对。我会马上研究并给您一个满意的解决方案。"这样的回答既避免了尴尬，又让领导看到了小陈的应变能力和责任心。

四、用实例和数据增强说服力

要想让领导信服你的观点，需要用数据和实例来支持。

案例1：为了证明销售策略有效，小周特意准备了一份详细的销售数据和客户反馈报告："领导，您看这是我们的销售数据和客户满意度调查结果。自实施新策略以来，销售额明显上升，客户满意度也大幅提高。"

案例2：在汇报新产品的市场前景时，小吴用了一个类似的成功案例来支持自己的观点："领导，您看××公司推出的类似产品，在市场上取得了巨大成功。根据他们的数据报告，这款产品上市后销量一路飙升。我相信我们的产品也有同样的潜力！"

五、注意倾听与观察

汇报时别光顾着自己说个不停，也得注意倾听领导的想法，观察领导的表情、动作，判断领导对你的汇报是否感兴趣。

案例1：小何在汇报中发现领导开始皱眉并频繁看表。他意识到可能自己说得太冗长，于是赶紧收尾："领导，我看时间也差不多了，那我就先汇报到这里。如果您有任何问题或需要进一步的解释，请随时告诉我。”这样的调整让领导对他的专业素养和应变能力大为赞赏。

案例 2：在汇报过程中，小杨注意到领导对他的某个观点特别感兴趣并频频点头。他趁机深入讲解了这个观点并给出了更多实例和数据支持：“领导，看来您对这个观点很感兴趣。其实我们还做过一些相关的市场调研和分析……”这样的互动让领导对他的汇报更加满意并给予了高度评价。

加个餐：汇报完别急着走，还有这些事要做

汇报工作并不是说完“谢谢聆听”就结束了，汇报之后的环节同样重要。下面，我们就来聊聊汇报结束后还需要做的几件事情，以确保你的工作得到完整、有效的呈现，并为后续工作打下坚实基础。

1. 询问反馈和意见

汇报结束后，切勿急于离开。应主动向领导询问对你的汇报有何反馈或建议。这不仅能让你及时了解自己的表现如何，还能为你指明改进的方向。

可以这样问：“领导，您对我的汇报有什么建议或反馈吗？”或者“大家觉得我的汇报有哪些方面还有改进的空间？”

2. 总结并确认下一步行动

根据领导的反馈和团队的讨论结果，总结汇报中的关键点和待解决的问题。明确下一步的行动计划和时间表，确保团队成员都清楚自己的职责和任务。

可以这样说：“经过今天的汇报和讨论，我们已明确了下一步的行动计划。我将在本周内完成 ×× 任务，并会及时与大家分享进展。大家是否还有疑问或建议需要补充？”

3. 整理并分享汇报资料

如果汇报中使用了 PPT、数据报告或其他辅助材料，记得在汇报后及时整理并分享给相关人员。这样既能方便大家回顾和参考，又能确保信息的准确性和一致性。

可以通过邮件、共享文件夹等方式分享资料，并附上简短的说明或摘要，

以便接收者快速了解资料内容和重点。

4. 关注后续跟进

汇报的结束并不意味着工作的完结。需要关注后续的跟进情况，确保汇报中提到的问题和计划得到落实和执行。如果需要，可定期与相关人员进行沟通和协调。

可以制订一个跟进计划，明确时间节点和责任人，以确保工作的顺利进行。

5. 反思并提升自己

每次汇报都是一个学习和提升的机会。汇报结束后，应抽出时间反思自己的表现，包括语言表达、逻辑结构、时间把控等方面。找出不足并制订改进计划，为下次汇报做好充分准备。

可以写下自己的反思和心得，与同事、导师等进行交流，共同探讨如何提升汇报效果。

场景十一

被同事误会，这样做可以轻松化解

在职场中，同事间产生误会在所难免，但如果我们不去化解其中的误会，就可能造成更多不良后果。因此，学会如何去化解这些误会变得尤为重要。

11.1 误会发生了？先别急，稳住心态是关键

一、误会产生的常见原因

（1）**沟通不畅**。当沟通中的信息不具体、不明确时，接收者可能会根据自己的理解和经验来填补信息的空白，从而导致误会产生。

案例：在一个紧急的项目会议上，小张提出需要加强对某个功能模块的测试，但未详细说明具体测试内容，导致测试团队的小李误以为要对整个模块进行重新测试，而实际上小张只是想增加几项针对性的测试。

（2）**信息不对等**。信息的及时更新或共享对于团队的协同工作至关重要。当某些关键信息没有得到及时更新或共享时，团队成员可能会基于错误的信息做出决策，进而产生误会。

案例：小王负责一个关键项目的进度更新，但他没有及时将最新的延期信息告知团队其他成员，导致其他团队成员按原计划进行工作时发现实际进度与预期严重不符。

（3）**文化差异与语言障碍**。不同的文化背景和语言习惯可能导致对同一词汇或表达方式的理解产生差异，这在跨国或跨文化团队中尤为明显。

案例：在一个国际化的团队中，小赵（来自中国）在会议上用“差不多”来形容项目的进度，这在他的文化中表示“即将完成”，但他的美国同事却误以为“还有很多工作要做”，因此没有为即将到来的项目截止

日期做好充分准备。

（4）**个人情绪与偏见**。个人的情绪和心态会影响与他人的沟通和合作。当情绪不稳定时，容易对他人的言语和行为产生误解。

案例：某天，小刘因个人问题心情不佳，在团队会议上对同事的提议表现出冷淡甚至抵触的态度，这被其他同事误解为他对提议本身有异议。

（5）**角色与责任不明确**。清晰的职责划分对团队的高效运作至关重要。当团队成员对各自的角色和责任存在模糊认识时，容易导致工作遗漏或重叠，进而产生误会。

案例：在一个新成立的项目组中，由于成员之间的职责划分不明确，小李和小王都误以为对方会负责某个关键任务的跟进，结果任务未能按时完成。

（6）**期望与理解不一致**。不同的角色和层级之间可能存在对工作期望和理解上的差异。这种差异如果不及时沟通和明确，容易导致实际工作方向与预期产生偏差。

案例：新项目启动时，领导期望团队能够自主解决一些问题，而团队成员却误以为领导会提供详细的指导和支持，导致在项目初期遇到问题时表现出一定的被动和依赖。

（7）**技术或专业知识的差异**。在技术或专业领域，不同的知识和经验背景可能导致对同一问题的看法和解决方案产生分歧。这种分歧如果不加以妥善处理和沟通，很容易转化为误会和冲突。

案例：在开发一个新功能时，由于团队成员的技术背景和专业知识不同，对某个技术难题的解决方案产生了分歧。

二、认识稳住心态的重要性

（1）**保持冷静思考**。稳住心态是保持冷静的关键，能有效防止情绪化。在误会发生时，情绪容易波动，但冷静思考才是解决问题的关键。只有保持冷静，才能更清晰地分析问题，找到化解误会的方法。

（2）**避免冲突升级**。当误会引发紧张氛围时，稳住心态能够防止情绪失控，从而避免冲突进一步升级。保持平和的心态有助于缓和紧张氛围，为双方创造一个理性沟通的环境。

（3）**维护专业形象**。在职场中，个人形象尤为重要。稳住心态有助于维护自身的专业形象，避免因情绪波动而做出不恰当的行为或发表不当的言辞，给人留下不成熟或不专业的印象。

（4）**促进有效沟通**。稳住心态是保障沟通顺畅和高效的基础。在平和的心态下，人们更容易倾听对方的观点，理解对方的立场，进而找到双方都能接受的解决方案。

（5）**提高工作效率**。误会和冲突往往会分散人们的注意力，降低工作效率。稳住心态有助于快速消除误会，让员工能够迅速回归工作状态，保持高效的工作节奏。

（6）**增强团队协作能力**。稳住心态有助于增强团队协作能力。在面对误会时，保持冷静和理性能够促进团队成员之间的相互理解和信任，从而加强团队的凝聚力和协作能力。

（7）**培养解决问题的能力**。稳住心态也是一项重要的职场技能。通过冷静应对误会和冲突，员工可以逐渐培养出解决问题的能力，为未来面对更复杂的工作挑战奠定坚实的基础。

三、如何调整面对误会的心态

（1）**认知重构**。在面对误会时，需要认识到误会是常见的，不必过于惊慌或沮丧。提醒自己，误会并不代表个人价值的降低，而是沟通中的常态。

（2）**情绪管理**。学会识别并控制自己的情绪。当感到愤怒、沮丧或焦虑时，通过深呼吸、短暂休息或进行放松练习来平复情绪。避免不良的情绪影响判断和行为，保持冷静才能更好地解决问题。

（3）**积极的自我对话**。在内心进行积极的自我对话，鼓励自己相信能够妥善处理误会。提醒自己具备解决问题的能力，并且过去的成功经验可以支持自己面对当前的挑战。

（4）**寻求支持**。与信任的同事、朋友或家人分享自己的感受和困境。

他们的支持和鼓励可以帮助你调整心态，增加面对误会的勇气和信心。

（5）**保持开放心态**。对于同事的误解，保持开放和包容的心态，愿意倾听他们的观点。避免过早下结论或做出负面判断，给予对方解释和澄清的机会。

（6）**专注解决问题**。将注意力集中在解决问题上，而不是过分纠结误会本身或对方的意图。制定明确的解决步骤，并积极采取行动，以实际行动和成果来证明自己的价值。

（7）**自我肯定**。肯定自己的价值和能力，相信自己能够克服困难和误会。提醒自己，职场中的误会只是暂时的，不会定义自己的整体职业生涯。

11.2 小技巧大智慧，化解误会就靠这5招

一、意识到误会并找到矛盾点

要化解误会，首先需要明确误会的具体内容。这通常涉及识别和理解双方之间的沟通差异或信息误解。操作步骤如下。

（1）回顾交流过程，识别可能的误解点。

（2）通过直接沟通或第三方了解对方的看法和感受。

（3）对比双方信息，确定误会的关键点。

案例：张华和李明是同事。张华误以为李明故意不参加团队会议，对此感到不满。后来，张华通过与李明直接沟通，了解到李明那天因家庭紧急情况而缺席会议，从而消除了两人之间的误会。

二、主动沟通与解释

一旦识别了误会，下一步是主动与对方沟通，解释自己的观点和意图，同时倾听对方的看法。操作步骤如下：

（1）安排一个合适的时间和地点与对方交流。

（2）用平和的语气解释自己的观点和目的，同时倾听对方的反馈，避免打断或争论。

案例：王刚和赵敏是项目团队成员。王刚误以为赵敏对他的工作方案不感兴趣，后来王刚主动找到赵敏，解释了自己方案的重要性和目的。通过沟通，赵敏表示她之前只是需要更多时间来考虑，并非不感兴趣。

三、巧妙化解与给对方台阶

在某些情况下，直接指出误会可能会让对方尴尬。此时，可以采用更巧妙的方式来化解误会，给对方台阶下。操作步骤如下。

（1）找到双方都能接受的共同点或话题。

（2）以轻松的方式引入误会的话题，避免直接指责。

（3）提供合理的解释或建议，让对方自然接受。

案例：陈红误以为同事刘晓拿走了她的文件，导致工作受阻。后来，在团队聚餐时，陈红以开玩笑的方式提到自己最近“丢三落四”，并借此机会询问刘晓是否看到过她的文件。刘晓随即表示他并未看到，但可以帮忙一起寻找。这样，误会得以巧妙化解。

四、寻求第三方协助或调解

当双方无法直接解决误会时，可以寻求第三方的协助。操作步骤如下。

（1）选择一个可信赖的第三方，如共同信任的同事或上级。

（2）向第三方详细解释误会的经过和自己的观点。

（3）请第三方帮助沟通和调解，找到双方都能接受的解决方案。

案例：杨杰和韩雪在工作中产生了严重的误会，导致两人的合作受阻。后来，他们请求部门经理作为第三方进行调解。经理听取了双方的意见后，提出了中肯的建议和解决方案，帮助两人化解了误会并恢复了良好的合作关系。

五、提供证据以支持自己的立场

在误会发生时，如果能够提供客观、确凿的证据来支持自己的观点，将大大增强说服力，有助于澄清误解。操作步骤如下。

（1）**收集证据**。回顾与误会相关的交流记录、电子邮件、文件或其他形式的证据。确保这些证据能够清晰地表明自己的观点或意图。

（2）**收集并整理证据**。将收集到的证据进行整理，以便在沟通时能够清晰地展示给对方。这可以是打印出来的文件、电子邮件截图或其他形式的展示资料。

（3）**适时使用证据**。在与对方沟通时，应适时地使用这些证据，以支持自己的观点。同时，保持冷静和客观的态度，避免情绪化的表达。

（4）**解释证据**。在展示证据的同时，详细解释这些证据如何支持自己的观点，并邀请对方提出问题和看法，以促进进一步的沟通和理解。

案例：林浩和孙莉是同事，林浩误会孙莉故意拖延了一个重要的报告。为了澄清这一误会，孙莉提供了电子邮件往来记录、工作日志以及草稿修改记录等证据。这些证据明确地表明她一直在积极推进报告的完成，并没有故意拖延的行为。通过展示这些证据，孙莉成功地消除了林浩的误会，并恢复了双方之间的信任。

11.3 未雨绸缪，提前预防误会发生

与其在误会产生之后去处理，更好的方法是未雨绸缪，将误会扼杀在摇篮中。那么，有哪些方法可以帮助我们预防误会的发生呢？

一、建立清晰的沟通渠道

（1）**明确沟通方式**。与同事协商并确定最有效的沟通方式，如电子邮件、即时通讯工具或定期会议。

（2）**确保信息传达准确**。在传递重要信息时，尽量使用书面形式，以避免口头传达可能引起的误解。

案例：在某科技公司，项目经理李明与团队成员约定每周通过电子邮件进行项目进度的同步，确保每个人对项目状态有清晰的认识，从而减少了因沟通不畅导致的误会。

二、制定明确的职责与工作流程

（1）**分工明确**。确保团队成员之间的工作职责划分清晰，以减少工作重叠和职责不清的情况。

（2）**规范工作流程**。建立标准化的工作流程，明确各个环节的责任人和完成时间。

案例：在某制造企业，生产线上的每个岗位都有明确的操作指南和职责说明，员工按照指南操作，并接受定期的培训和考核，从而减少了因职责不清或操作不当引起的误会和冲突。

三、培养团队文化与信任

（1）**营造开放的氛围**。鼓励团队成员提出问题和建议，创造一个开放、包容的工作环境。

（2）**增强团队凝聚力**。定期组织团队进行团建，以增进成员之间的了解和信任。

案例：某咨询公司每月都会组织一次团建活动，如户外拓展、聚餐等。通过这些活动，团队成员之间建立了深厚的友谊和信任，从而减少了因个人情绪或偏见引起的误会。

四、及时反馈与解决问题

（1）**给予及时反馈**。当发现可能有误会的情况时，应及时与相关人员进行沟通，并寻求共识。

（2）**有效解决问题**。当误会发生时，不逃避、不推诿，而是积极寻求解决方案。

案例：在某设计公司，设计师小张发现客户对设计方案有误解后，他立即与客户进行沟通，解释设计理念的同时认真听取客户的反馈。通过双方的共同努力最终达成了一致意见，避免了更大的误会和纠纷。

五、重要信息的书面确认与备份

（1）**书面确认**。在达成重要协议、决定或共识后，应尽快以书面形式（如电子邮件、备忘录等）进行确认。这样可以确保所有相关方对讨论的结果有明确的记录和理解。

（2）信息备份。将所有重要的书面沟通和确认文件进行备份，存储在安全可靠的地方，如公司服务器、云存储或个人计算机中的专门文件夹。

（3）定期回顾。定期回顾和更新这些文件，以确保它们仍然能准确地反映当前的工作状态和期望。

案例：在一家市场营销公司，销售团队与市场团队经常需要协作制订推广计划。为了确保双方对计划的理解和执行保持一致，他们每次会议后都会通过电子邮件发送会议纪要和行动计划，并要求所有参与者回复确认收到并同意其中的内容。这些电子邮件被妥善保存在公司的共享文件夹中，以便随时查阅。通过这种方式，销售团队和市场团队成功避免了多次潜在的误会和冲突，确保了项目的顺利进行。

场景十二

用这种方式批评对方，换作是谁都能听进去

当同事犯错并造成了一些工作上不可挽回的损失时，我们可以适当地给予批评，但批评绝不是无脑的谩骂和宣泄，其最终目的是让这样的错误不会再发生，同时保障整个项目的运转效率。因此，我们要让对方听得进去，并有所改进。

12.1 批评得当的原则和要领

当我们提到“批评得当”时，实际上是在谈论如何在尊重和理解的基础上，有效地向对方传达我们的观察和建议。这不仅仅是一种沟通技巧，更是一种人际关系的处理方式。

一、明确性与具体性

批评需要明确和具体。这意味着我们不能仅仅说一些笼统的话，例如，“你最近工作不太上心”或“你的态度有问题”，这样会让对方感到困惑，不知道具体哪里出了问题，也不知道如何改正。相反，我们应该明确指出问题所在。

案例：“在上周的项目会议中，我发现你没有提出任何新的想法或建议，而且在分配任务时显得有些消极”。这样的批评既明确又具体，能让对方清楚地知道问题所在。

同时，我们还要明确指出期望的改进方向。例如，“我希望在未来的会议中，你能更积极地参与讨论，提出自己的见解，这样我们的团队才能更加高效和有创新力”。

二、建设性与正面性

批评应该是建设性的和正面的。我们批评的目的是帮助对方成长和

进步，而不是打击他们的自信心和积极性。因此，在批评时，我们要尽量用正面的语言来表达，让对方感受到我们的关心和支持。

案例：我们可以说："我注意到你最近在项目中的参与度有所下降，这可能是因为你最近比较忙碌或有些其他的事情分散了你的注意力。不过，我相信你有能力克服这些困难，重新找回之前的状态。如果你需要帮助或支持，请随时告诉我"。

同时，我们还要提供具体的改进建议或方案。例如，"为了提高你的参与度，我建议你在每次会议前都准备一些想法或建议，这样在讨论时你就能更自信地表达自己的观点"。

三、尊重与公正

同样重要的是，批评应该是尊重和公正的。我们要时刻保持尊重的态度，避免使用攻击性或贬低性的语言。我们的目标是帮助对方改进，而不是让他们感到羞愧或愤怒。

在批评时，我们要确保内容的客观性和公正性。不能因为个人偏见或情绪而做出不公正的批评。同时，我们也要给予对方解释和反馈的机会，听取他们的想法和感受。

案例："我觉得我们有必要就最近的工作情况进行一次坦诚的交流。我注意到你在某些方面的表现可能还有提升的空间。当然，这只是我的个人观察，我也很想听听你对自己的评价以及有什么改进的想法"。

总之，"批评得当"需要我们在明确性、具体性、建设性、正面性、尊重和公正等方面下功夫。只有这样，我们才能确保批评是有效的、有益的，并且能够促进对方的成长和进步。

12.2 让批评听起来更舒服

一、选择"人话"来说

（1）别用高大上的词汇。避免使用过于专业或晦涩的词汇，用通俗易懂的语言来传达批评意见。

案例：不要说“你的工作效能有待提升”，可以说“你做事的速度和质量还可以再提高一些”。

（2）**举个例子更直观**。通过具体例子来支持批评观点，让对方更清晰地理解问题所在。

案例：比如对方经常迟到，可以说“上周三那个会议，你迟到了 10 分钟，大家都在等你，这样会影响团队效率的”。

（3）**先扬后抑，甜甜圈效应**。在提出批评之前，先肯定对方的优点或努力，以缓解批评带来的冲击。

案例：对方提交了一个有创意但不够完善的方案，可以说“你这个方案很有创意，如果能再细化一下实施步骤就更好了”。

二、换个角度想问题

（1）**试试“如果我是你”**。设身处地地考虑对方的处境和感受，以更温和的方式提出批评。

案例：对方因为私事耽误了工作，可以说“我理解每个人都有急事，但如果我是你，我会尽量提前安排好工作或找人帮忙，这样工作就不会受到太大影响”。

（2）**倾听很重要**。在提出批评之前，先倾听对方的观点和感受，以增加理解和共鸣。

案例：对方对工作安排不满，可以先听他说完，然后回应“我明白你的困扰，我们可以一起讨论如何优化工作安排”。

（3）**提升共情能力**。表达对对方情绪和处境的理解，使批评更加贴近人心。

案例：在对方因为失误导致项目延期时，可以说“我知道你现在很自责，但错误已经发生了，我们一起找出解决方案，避免下次再犯”。

三、找个合适的时间和地点

（1）**别在大家面前让人下不了台**。选择适当的场合提出批评，避免在公共场合让对方尴尬。

案例：想要指出对方某个错误，可以私下找他说："我注意到你最近在 ×× 方面有些小失误，我们私下聊聊怎么改进吧。"

（2）**看好时机再出手**。选择对方较为轻松或心情好的时机提出批评，以增加接受度。

案例：对方刚完成一个重要项目，这时可以提出"你这个项目做得很好，但我想和你讨论一下如何提高效率"。

四、尊重隐私，保护尊严

（1）**避免公开批评**。尊重对方的隐私，不在公共场合或他人面前进行批评。

案例：如果发现对方在工作中出现问题，可以在私下场合提醒，而不是在团队会议上公开指出。

（2）**使用恰当的语气和措辞**。批评时使用平和、尊重的语气，避免伤害对方的尊严。

案例：可以采用"我觉得我们在这个问题上可以做得更好，你有没有什么想法？"这样的方式来表达，而不是直接指责对方做得不好。

五、用积极的语言表达

强调正面的改进方向。使用积极的语言表达批评意见，关注问题的解决。

案例：不要说"你总是做不好"，而是说"我相信你有能力改进，下次我们可以尝试这样做……"。

六、明确表达期望

清晰、准确地传达期望。给予对方具体的改进方向和期望。

案例：你可以说："在这次项目中，我希望你能更加注重细节，下次提交前，请务必仔细检查。"

12.3 复盘批评与调整策略

一、观察对方的改变与进步

（1）**行为调整**。观察被批评者是否根据我们的批评调整了其行为。

案例：在对团队成员小刘提出其沟通方式需要改进的批评后，我们注意到他开始更加耐心地倾听他人，减少了打断别人发言的情况。

（2）**技能提升**。留意被批评者是否在受批评的技能或知识领域有所进步。

案例：在批评了小张在报告中的数据分析能力后，他开始积极学习相关技能，并在后续报告中展现了更精准和深入的数据分析能力。

（3）**态度改善**。关注被批评者的工作态度是否因批评而变得更加积极和主动。

案例：小李在被指出工作态度消极后，开始积极参与项目讨论，展现出更加乐观向上的工作态度。

二、反思批评的效果与方式

（1）**批评的针对性**。思考我们的批评是否具体、明确，且直接针对实际问题。

案例：在批评小王的项目管理能力时，我们具体指出了他在时间规划和资源分配上的问题，这样的批评帮助他明确了改进方向。

（2）**批评的接受度**。评估我们的批评方式是否容易被对方接受，是否尊重并保护了对方的自尊心。

案例：在对小赵进行批评时，我们采用了先扬后抑的方式，先肯定他的努力，再指出不足，这样的方式让他更容易接受批评。

（3）**后续跟进**。思考我们在批评后是否有必要的跟进措施，以确保对方真正理解和改正问题。

案例：在批评小陈的沟通能力后，我们安排了一次一对一的辅导，帮助他理解和练习有效的沟通技巧。

三、共同促进成长与改进

（1）**增强的互动与反馈**。观察批评后是否与对方建立了更频繁、更有效地互动和反馈机制。

案例：批评小周后，我们开始定期与他进行一对一的沟通，及时了解他的工作进展和遇到的困难，提供必要的支持和建议。

（2）**个人与团队的协同发展**。评估批评是否促进了个人能力的提升与团队整体的协同发展。

案例：在对团队成员进行一系列针对性的批评后，我们注意到团队成员之间开始更加主动地相互学习和支持，团队整体效能得到了提升。

（3）**持续改进的文化培育**。观察批评是否有助于在团队中培育持续改进的文化氛围。

案例：通过定期的批评与反馈，团队成员开始习惯于不断反思和改进自己的工作方式和方法，这种持续改进的文化逐渐在团队中生根发芽，成为团队发展的重要动力。

场景十三

与同事意见不合产生冲突时，要如何解决

在职场中，我们会因为意见不合而与同事产生冲突，这个时候怎么办呢？可能有人会觉得，这与被同事误会的情况类似，可以采用同样的方法，但其实并非如此。

“与同事意见不合产生冲突”的本质：冲突是显性的，双方对于某个问题或决策持有不同的观点或立场，导致明显的分歧或争论。

“被同事误会”的本质则不同：误会更多是隐性的，可能并不涉及直接的争论或对抗，而是由于信息沟通不畅或误解导致的心理隔阂。

两者虽然都需要通过有效的沟通和协商来解决，但解决方法和侧重点却有所不同。前者可能需要更多的逻辑分析和事实论证来达成共识；而后者则可能需要更多的倾听、解释和澄清来消除误解。

13.1 识别与分析冲突

一、明确冲突内容

（1）**梳理双方不同观点**。在冲突发生时，首要任务是明确双方各自持有的观点和立场。通过仔细倾听和记录，可以系统地梳理出双方的不同看法，进而理解冲突的本质。

案例：在一个软件开发项目中，小王和小李对于是否采用新技术产生了分歧。小王认为新技术可以提高开发效率，而小李则担心新技术的稳定性问题。双方各执一词，导致项目进展受阻。

在这个案例中，通过梳理双方的不同观点，我们可以清晰地看到冲突的核心在于对新技术的认知和期望的差异。

（2）**界定冲突的范围和程度**。了解冲突的具体范围和程度是解决问题的关键。明确哪些问题是冲突的核心，哪些问题是附带产生的，有助

于更好地集中精力解决主要问题，避免冲突扩大化。

案例：在市场营销团队中，小张和小赵对于即将进行的促销活动有不同的想法。小张提议进行大规模的线上折扣活动，而小赵则认为应该更侧重于线下体验活动。双方就活动形式产生了激烈的讨论。

在这个案例中，通过界定冲突的范围，我们发现分歧主要集中在活动形式上，并未涉及更深层次的预算或市场定位问题，这有助于将冲突控制在一个可控的范围内。

（3）识别关键分歧点。在冲突中，往往存在一个或多个关键的分歧点，这些分歧点是阻碍双方达成共识的主要原因。准确识别这些关键分歧点，有助于找到解决问题的突破口。

案例：在设计部门中，小陈和小刘对于新产品的设计方案意见不一。小陈偏好简洁现代风，而小刘则倾向复古风。双方在设计会上展开了多次争论。

在本案例中，关键分歧在于对设计风格的选择。识别出这一核心分歧后，团队可以更有针对性地寻找解决方案，如进行市场调研或尝试风格融合，以期达成双方共识。

二、探究冲突原因

（1）分析沟通障碍。沟通障碍是导致冲突的常见原因之一。沟通不畅可能源于表达不清、语言差异、情绪干扰或信息传递过程中的失真等。

案例：假设市场部和设计部之间存在冲突。市场部希望设计部能按照其要求制作宣传海报，但设计部常无法理解市场部的具体需求。在这种情况下，双方之间的沟通障碍直接导致了冲突。市场部可能使用了过于专业的术语，而设计部对这些术语并不熟悉，从而造成了误解。

为了解决这类冲突，双方需要坐下来澄清专业术语，确保使用简单明了的语言进行沟通。此外，还可以采用图表、草图或其他视觉辅助工具来帮助信息传递，减少沟通障碍。

（2）考察目标与利益的不一致性。当双方的目标或利益不一致时，很容易产生冲突。这种不一致可能源于个人目标与公司目标不符，或部门之间对资源的争夺。

案例：在一个销售团队中，两个销售人员因争夺同一个大客户而产生了冲突。他们都希望获得这个大客户的订单，以提升自己的销售业绩。

在这种情况下，管理层需要介入，明确销售目标和资源分配原则。可以考虑根据两人的历史业绩、客户关系等因素来合理分配客户资源，从而避免直接的利益冲突。

（3）**探讨个性差异和团队文化差异**。个性差异和团队文化差异也可能导致冲突。不同的人有不同的工作风格、价值观和决策方式，这些差异在团队合作中可能引发摩擦。

案例：在一个开发团队中，有的成员喜欢按部就班地完成任务，而有的成员则更倾向于灵活变通。这两类成员在项目执行过程中产生了冲突，因为他们对工作进度的理解和期望不一致。

为了解决这类冲突，团队需要建立明确的工作流程和沟通机制。同时，团队成员也需要学会尊重和欣赏彼此的差异，通过有效的沟通来协调不同成员的工作风格和价值观。此外，团队建设活动也有助于增强团队成员之间的理解和信任，从而减少个性差异引发的冲突。

三、评估冲突影响

（1）**确定冲突对工作流程的影响**。工作流程的顺畅与否直接关系到团队效率和项目进展。冲突可能导致某些工作环节受阻，延误项目进度，甚至影响整个团队的工作计划。

案例：假设在一个软件开发团队中，前端开发人员和后端开发人员就接口设计产生了冲突。双方各持己见，导致接口设计迟迟无法确定，进而使得前端和后端的开发工作停滞不前。这不仅延长了该部分工作的完成时间，还可能因为这一环节的延误而推迟整个项目的上线时间。

（2）**评估团队成员间的信任关系的损害**。冲突往往伴随着情绪的波动和信任的破裂。当团队成员之间产生冲突时，原本建立的信任关系可能受到损害，导致未来合作中出现隔阂和不信任。

案例：在一个市场部门中，两位同事因一次促销活动的策略选择而产生了争执。由于双方都不愿妥协，争执逐渐升级，最终导致两人关系紧张。在未来的合作中，他们可能会因为这次冲突而对彼此的工作能力和态度产生质疑，从而影响团队的整体协作。

（3）**预测冲突对团队士气的影响**。团队士气是团队成员对团队工作的积极态度和热情。冲突可能导致团队成员感到沮丧、失望或愤怒，从而降低团队士气，影响工作效率和创造力。

案例：在一个销售团队中，两位销售员因为客户资源的分配问题产生冲突。由于这一冲突没有得到及时妥善的解决，整个销售团队的氛围变得紧张，其他成员也开始对团队的管理和公平性产生质疑。这种负面情绪逐渐蔓延，导致整个团队的士气低落，最终影响销售业绩。

13.2 建立有效的沟通机制

一、设定沟通规范

在解决与同事的冲突时，设定明确的沟通规范至关重要。这有助于确保双方能够在平等、尊重和有效的沟通环境中交换意见，从而促进冲突的解决。

（1）**明确沟通的目的和预期结果**。在开始沟通之前，双方应明确沟通的目的和期望达到的结果。这有助于聚焦讨论的主题，避免偏离核心议题，提高沟通效率。

案例：假设市场部门和设计部门之间因为产品宣传册的设计产生了冲突。市场部门希望产品宣传册的设计简洁明了，而设计部门则倾向于创意和艺术性。

双方决定进行沟通以解决分歧。在这次沟通中，市场部门和设计部门首先明确了沟通的目的：找到一个既能体现产品特点又具有吸引力的宣传册设计方案。双方也设定了预期结果：达成一个共识，确保宣传册既能满足市场需求，又能体现设计的创意。通过这样的目的设定，沟通更加聚焦，最终双方找到了一个平衡点，成功解决了冲突。

（2）**制定沟通的时间表和频率**。设定沟通的时间表和频率可以确保双方有足够的时间和机会来充分讨论问题，避免沟通中断或延误。

案例：在一个项目团队中，开发人员和测试人员因为项目进度产生了冲突。开发人员认为测试人员提出的 bug 太多，影响了开发进度；而测试人员则认为开发人员修复 bug 的速度太慢。

为了解决这个冲突，双方决定每周安排一次固定的沟通会议。在会议上，开发人员和测试人员共同审查 bug 列表，讨论优先级和解决方案。通过定期沟通，双方增进了理解，开发人员更了解测试人员的关注点，测试人员也对开发过程中的难点有了更多体谅。最终，项目进度得到了有效推进。

（3）**确保双方遵守的沟通礼仪**。沟通礼仪是确保沟通顺畅进行的重要因素。双方应遵守基本的沟通规则，如尊重对方、保持耐心、避免使用攻击性语言等。

案例：在一个销售团队中，销售经理和销售助理因为客户分配问题产生了冲突。销售经理认为销售助理在分配客户时存在偏见，而销售助理则觉得自己是在公平分配。

为了解决这个冲突，双方决定进行一次面对面的沟通。在沟通开始前，他们共同制定了沟通礼仪：保持冷静、不使用攻击性语言、尊重对方的观点。在沟通过程中，双方都严格遵守了这些沟通礼仪。尽管讨论激烈，但双方始终保持着尊重和理性。最终，他们找到了一个更加公平的客户分配方案，成功解决了冲突。

二、创造沟通环境

在冲突解决过程中，创造一个良好的沟通环境至关重要。一个适宜的环境可以促进开放、诚实的对话，有助于双方更好地理解彼此的观点和需求。

（1）**选择适当的沟通场所和形式**。选择合适的沟通场所和形式对沟通效果具有显著影响。一个安静、私密且舒适的环境有助于双方放松心情，更坦诚地交流。同时，根据冲突的性质和双方的关系，选择面对面的对话或线上会议等形式也很重要。

案例：在一个软件开发团队中，项目经理和技术负责人因为项目延期产生了冲突。项目经理认为技术团队进度缓慢，而技术负责人则抱怨需求频繁变动导致工作难以推进。

为了解决这一冲突，双方选择了一个安静的会议室进行面对面沟通。在这样的场所中，双方能够更直观地理解对方的立场和难处，最终达成了解决项目延期问题的共识。

（2）**保证沟通的私密性和安全性**。确保沟通的私密性和安全性对于冲突双方尤为重要。这不仅可以保护双方的隐私和利益，还能让双方更愿意敞开心扉，分享真实的想法和感受。

案例：一家咨询公司的两位合伙人因为公司业务发展方向产生了分歧。其中一位合伙人倾向于维持现状，稳步发展；而另一位则希望拓展新领域，以寻求更多业务机会。

为了解决这一冲突，两位合伙人选择了一个私密的会所进行沟通，并确保会谈内容不会外泄。在这样安全的环境中，他们能够更自由地表达各自的想法和担忧。经过深入交流，他们最终找到了一个折中方案，该方案既满足了稳步发展的需求，又为未来拓展新领域预留了空间。

（3）**营造开放和非对抗性的氛围**。开放和非对抗性的氛围能够鼓励双方表达不同意见，减少防御心理，促进共同寻找解决方案。通过积极的倾听和表达理解，可以建立信任和理解的基础。

案例：在一个市场营销团队中，创意部门和执行部门因广告方案的实施细节产生了争执。创意部门坚持自己的设计理念，而执行部门则考虑实际操作的可行性。

为了调和这一冲突，双方决定召开一个研讨会。在会议上，他们特意营造了一个开放和非对抗性的氛围，通过互相倾听和尊重对方的观点，逐渐理解了彼此的难处和需求。最终，他们成功地将设计理念与实际操作相结合，制定出了一个既具有创意又可行的广告方案。

三、促进深入理解

在冲突解决过程中，促进双方深入理解对方的观点和立场至关重要，这有助于消除误解，找到共同的解决方案。

（1）**使用倾听技巧来理解对方观点**。有效的倾听不仅仅要听到对方说的话，更要理解对方的感受和需求。在冲突解决中，使用倾听技巧，如保持眼神接触、重复对方的话语以确保理解，以及通过提问来澄清模糊之处等，是非常有帮助的。

案例：假设在一个项目团队中，项目经理和技术负责人因项目进度的延误产生了冲突。项目经理认为技术团队没有按计划完成工作，而技术负责人则认为资源和时间分配不足。

在沟通中，项目经理使用了倾听技巧，耐心听取了技术负责人的抱怨和困难，并通过提问深入了解问题的根源。技术负责人感受到了项目经理的真诚和理解，于是也更详细地解释了团队面临的挑战。最终，双方共同调整了项目计划，成功解决了冲突。

（2）**通过提问以澄清误解和模糊之处**。当双方存在冲突时，很多时候是因为存在误解或对某些信息的理解不一致。通过提问，可以帮助双方澄清误解或模糊之处，确保对方的理解一致。

案例：在市场部门中，营销经理和创意团队因广告策略的方向产生了分歧。营销经理希望广告更加直接明了，而创意团队则坚持广告的创意和独特性。

为了解决这个冲突，营销经理向创意团队提出了一系列问题，以澄清彼此之间的误解。例如，“你们觉得我们的广告策略应该更注重哪些方面？”以及“我们能否在保持创意的同时，也确保信息的清晰传达？”通过这些提问，创意团队意识到营销经理的担忧，并开始考虑如何在保持创意的同时，确保广告的实效性。最终，双方达成了一致，成功推出了既具有创意又能有效传达信息的广告。

（3）**反馈以确保信息被正确理解**。反馈是沟通中的一个重要环节，它可以帮助我们确认信息是否被正确理解。在冲突解决中，及时的反馈能确保双方步调一致，避免进一步的误解和冲突。

案例：在人力资源部门中，招聘经理和培训师因为新员工培训计划产生了分歧。招聘经理希望新员工能够尽快上岗，而培训师则认为新员工需要全面的培训以保障工作质量。

在沟通中，培训师向招聘经理详细介绍了培训计划，并主动询问招聘经理的意见。招聘经理在听取培训师的计划后，给出了自己的反馈和建议。通过这种方式，双方都能够确保信息的准确传递和理解，并根据对方的反馈进行调整。最终，他们共同制订了一个既满足工作需要又能确保新员工得到全面培训的计划。

13.3 冲突解决技巧与方法

一、探索双赢解决方案

在冲突解决过程中，双赢的解决方案能够让冲突双方都能满足，实现共同利益的最大化。

（1）**识别双方的共同目标和利益**。在冲突双方之间找到共同点和共同目标是解决冲突的第一步。这有助于建立一种合作的基础，使双方能够从一个更宽广的视角来看待冲突，寻找到能够同时满足双方利益的解决方案。

案例：一家公司的销售部门和市场部门因资源分配问题产生了冲突。销售部门希望获得更多资源来推广产品，而市场部门则认为资源应该平均分配以支持所有的市场活动。

在这个案例中，双方首先识别了他们的共同目标：提高公司的销售额和市场占有率。基于这个共同目标，他们开始探讨如何更有效地分配资源。最终，他们找到了一种资源分配方案，既保证了销售部门的推广活动得到足够的支持，也确保了市场部门的其他市场活动能够顺利进行。

（2）**提出让双方都能接受的建议**。在识别了共同目标和利益后，下一步便是提出具体的解决方案。这个方案应充分考虑双方的诉求，力求找到一个平衡点，使双方都能从中受益。

案例：在一个项目团队中，开发人员和测试人员因为项目交付时间产生了冲突。开发人员希望有更多的时间来完善功能，而测试人员则需要在规定的时间内完成测试工作。

在这个案例中，双方通过协商提出了一个折中的建议：开发人员同意在规定的时间内提交一个基本功能完善的版本供测试人员测试，而测试人员则同意在后续版本中继续测试新增功能。这样，既保证了项目的按时交付，也为开发人员留出了足够的时间来完善产品。

（3）**协商并调整方案以达到共赢**。在提出初步解决方案后，双方需要进一步协商和调整，以确保方案能够切实满足双方的需求。虽然这个过程可能涉及一些妥协和让步，但双方都应该保持开放和合作的态度，以实现共赢的目标。

案例：两个部门之间因预算分配问题产生了冲突。A部门希望获得更多的预算来支持新项目的开发，而B部门则需要更多的预算来维持现有的运营。

在这个案例中，双方经过多轮协商，最终决定调整预算分配方案。A部门同意在新项目启动初期减少一部分预算，以确保B部门能够维持正常运营；而B部门则承诺在项目取得初步成果后，适当增加A部门的预算。通过这种协商和调整，双方找到了一个既能够满足新项目需求又能保障现有运营的预算分配方案，实现了共赢。

二、运用妥协与折中策略

在解决冲突时，妥协与折中策略常常是一种非常有效的方法。通过寻找双方都能接受的中间点，可以达成双赢的结果，从而缓解紧张氛围并恢复合作关系。

（1）**明确各自可接受的让步范围**。在冲突双方开始协商之前，了解各自愿意做出哪些让步是非常重要的。这有助于双方明确谈判的底线，并为后续的折中方案奠定基础。

案例：假设一家公司的生产部门和销售部门因为产品定价问题产生冲突。生产部门希望提高价格以保证利润，而销售部门则认为低价能吸引更多客户。

在这个案例中，生产部门和销售部门私下讨论了各自可接受的让步范围。生产部门表示，他们可以在一定程度上缩减利润空间，但坚决不能低于某个特定价格销售产品。销售部门则保证在保持价格吸引力的同时，也会顾及生产成本和利润空间。通过这样的讨论，双方明确了各自的底线，为后续的协商奠定了基础。

（2）**找到双方都能接受的中间点**。在明确了双方的让步范围后，下一步便是寻找一个能够满足双方利益的中间点。这个点应该是双方都可以接受且相对公平的解决方案。

案例：在上一个案例中，生产部门和销售部门在明确了各自的底线后，开始寻找一个双方都能接受的中间价格点。

经过几轮协商，双方发现将产品价格定在生产部门可接受的最低价格与销售部门期望的最高价格之间的某个点上，既能保证一定的利润空间，又能吸引足够多的客户。这个点就是双方都能接受的中间点，也是解决冲突的关键所在。

（3）**确保妥协方案的公平性和可持续性**。达成妥协方案后，需要确保该方案的公平性和可持续性。公平性是指双方都认为解决方案是公正的，而可持续性则意味着该方案能够在长期内有效执行且不会引起新的冲突。

案例：在上面的产品定价冲突中，生产部门和销售部门最终达成了一个妥协方案。

为确保妥协方案的公平性和可持续性，双方联合制订了详细的执行计划和监督机制。他们定期评估销售数据和客户反馈，根据实际情况灵活调整价格策略。同时，双方还建立了有效的沟通渠道，以便在出现问题时能迅速解决。这些措施确保了妥协方案的顺利实施，并为公司带来了稳定的利润增长和客户满意度的提升。

三、引入第三方协助

在解决冲突时，有时双方可能难以达成共识或情绪过于激动，这时引入一个中立的第三方来协助调解就显得尤为重要。第三方的中立意见和专业知识往往能推动冲突的解决。

（1）**确定何时需要第三方介入**。并非所有冲突都需要第三方的介入。一般而言，当双方无法就关键问题达成共识，或情绪化的争执影响到正常工作关系时，第三方的中立协助就显得尤为必要。第三方的介入可以在双方情绪高涨、沟通受阻或需要专业知识来解决问题时，提供有效的缓冲和引导。

案例：在一家科技公司，两个团队因项目资源的分配问题产生了激烈的争执。双方各执一词，都认为自己的团队应该获得更多的资源。在多次内部讨论无果后，公司决定请一位经验丰富的项目经理作为第三方来调解冲突。

在这个案例中，项目经理利用自己的专业知识和中立地位，帮助双方厘清了问题的关键，并提出了一个公平的资源分配方案。最终，双方都接受了这一方案，项目得以顺利进行。

（2）**选择合适的第三方调解者**。选择合适的第三方调解者是冲突解决的关键。调解者应具备相关的专业知识、丰富的经验和良好的沟通技巧。他们不仅需要深入理解冲突的根源，还需要能够巧妙地引导双方找到共同的解决方案。

案例：一家制造企业的两个部门因生产流程的改动产生了分歧。生产部门希望通过改动流程以提升效率，而质检部门则担忧这会影响产品质量。双方无法就改动方案达成一致，于是公司请来了一位行业内的生产管理专家作为调解者。

在这个案例中，专家在了解双方的需求和担忧后，运用自己的专业知识对改动方案进行了细致的评估和优化。他不仅提出了一个既能提升效率又能保证产品质量的解决方案，还协助双方建立了更加有效的沟通机制。最终，双方都对解决方案表示满意，冲突得到了妥善解决。

（3）**协助双方达成有约束力的协议**。第三方的最终目标是帮助冲突双方达成一个有约束力的协议，以确保冲突得到长期且有效的解决。这通常要求第三方具备法律或相关领域的专业知识，以便在制定协议时能够充分考虑法律约束和各种可能的执行问题。

案例：一家餐饮连锁企业的两个加盟商因地域扩张计划产生了冲突。一方认为另一方的扩张计划侵犯了自己的利益范围。双方多次协商无果后，决定请一位法律顾问作为第三方来协助解决冲突。

在这个案例中，法律顾问不仅帮助双方厘清了各自的权利和义务范围，还根据相关法律法规提出了一个具有法律约束力的解决方案。在法律顾问的协助下，双方最终达成了一个明确且具体的协议，明确了各自的扩张范围和经营权限，成功解决了当前的冲突。

四、采用角色扮演与换位思考

（1）**理解角色扮演与换位思考的概念与价值**。角色扮演是一种让参与者站在他人立场，通过模拟不同角色的行为和思维方式来增进彼此之间的理解的方法。而换位思考则是一种心理过程，通过想象自己处于他人的位置，来深刻理解他人的感受、想法和需求。这两种方法都能够帮助我们更好地了解他人的立场，减少误解，为冲突的有效解决奠定基础。

案例：在一个市场营销团队中，销售人员和市场人员常因推广策略的不同而产生冲突。销售人员倾向通过增加促销活动来吸引客户，而市场人员则担心过度促销会损害品牌形象。

为了解决这个问题，团队决定尝试角色扮演和换位思考的策略。销售人员和市场人员分别扮演对方的角色，模拟对方的日常工作和决策过程。通过这种方法，他们开始逐渐理解对方的担忧和实际需求。销售人员开始意识到维护品牌形象的重要性，而市场人员也能深刻体会到销售人员面临的销售压力以及完成销售目标的紧迫性。这种深入的理解最终促使双方找到了一个平衡点，共同制定出一套既能提升销售业绩又能保护品牌形象的推广策略。

（2）实施角色扮演与换位思考的步骤。实施角色扮演与换位思考需要明确的步骤来确保过程的有效性和秩序。首先，要确定角色扮演的场景和角色分配，以便参与者能够充分投入。其次，进行角色扮演练习，让参与者真实体验不同角色的感受。最后，通过分享和讨论来加深理解，并从中获得新的认识。

案例：在一个软件开发团队中，开发人员和测试人员经常因软件功能和测试进度产生冲突。开发人员追求快速交付新功能，而测试人员则强调需要更多时间来确保软件质量。

为了解决这个问题，团队决定通过角色扮演来增进双方的理解。团队精心设计了角色扮演的场景，并明确了任务分配，让开发人员扮演测试人员，测试人员则扮演开发人员。在角色扮演过程中，开发人员深刻体会到了测试工作的复杂性和细致性，而测试人员也理解了开发工作的压力和创新性。通过后续的分享和讨论，他们不仅增进了对彼此工作的理解，还找到了一种更为高效的协作模式。

（3）将角色扮演与换位思考的成果应用于冲突解决。角色扮演与换位思考不仅能够加深我们对他人立场和需求的理解，还能为我们提供新的视角来审视和解决冲突。通过这种方法获得的新认识，可以转化为实际的解决方案，从而推动冲突的妥善解决。

案例：在一个跨部门项目团队中，不同部门的成员因项目资源分配和优先级设置产生了冲突。每个部门都希望获得更多的资源和支持以完成自己的任务。

为了解决这个问题，团队决定采用角色扮演和换位思考的策略让不同部门成员了解彼此的工作内容和面临的挑战。通过换位思考，他们意识到每个部门的工作都很重要且具有紧迫性。在此基础上，他们重新分配了项目资源，并制订了更合理的项目计划。这不仅成功解决了当前的冲突，还为未来团队的合作奠定了坚实的基础。

五、利用团队建设活动增进理解与信任

团队建设活动不仅可以增强团队的凝聚力，还能在轻松愉快的氛围

中增进成员之间的理解与信任，这对于解决团队内部的冲突非常有帮助。下面我们将对每个分点进行详细讲解。

（1）**选择适合的团队建设活动**。不同的团队有着不同的特点和需求，因此，在选择团队建设活动时，需要充分考虑团队的文化、成员的性格以及当前存在的冲突性质。活动的目的在于让成员在轻松的环境中相互了解，建立信任，所以活动应该具有趣味性和互动性，以吸引大家积极参与。

案例：某销售团队内部存在竞争压力大、成员间沟通不畅的问题。为了缓解紧张的氛围，团队领导选择了户外拓展训练作为团队建设活动。

户外拓展训练通常包括攀岩、绳网、团队接力等项目，这些活动不仅能让团队成员暂时放下工作压力，还能在合作中增进对彼此的了解。特别是在攀岩项目中，团队成员需要相互鼓励和支持才能完成挑战，这样的经历能够极大地增强团队成员之间的信任。

（2）**开展团队建设活动并观察成员互动**。在开展团队建设活动时，除了让团队成员享受活动本身，更重要的是观察他们在活动中的表现和互动方式。这有助于团队领导更好地了解成员间的关系动态，以及哪些成员之间可能存在潜在的冲突或误解。

案例：在一次烹饪比赛的团队建设活动中，团队成员被分为几个小组，每个小组需要合作完成一道菜。在活动过程中，团队领导注意到某个小组的成员虽然在合作中出现了分歧，但最终还是共同完成了任务。

通过烹饪比赛这样的团队建设活动，团队领导能够观察到团队成员在合作中的真实表现。一旦发现某个小组内部出现分歧，团队领导可以及时介入，引导他们通过沟通来解决问题。这样的观察不仅有助于解决当前的冲突，还能预防未来可能出现的问题。

（3）**利用团队建设活动成果促进冲突解决**。团队建设活动的目的是将活动中培养的理解与信任转化为实际工作中的动力。通过活动后的分享和讨论，可以强化成员对团队合作重要性的认识，进而推动他们在实际工作中更加注重沟通和协作，有效解决冲突。

案例：在一次信任背摔的团队建设活动后，团队成员围坐在一起分享自己的感受。许多人表示，在活动中体验到了被团队成员全力支持和保护的感觉，这让他们更加信任彼此。

成员们不仅表达了对团队的感激之情，还纷纷表示将在未来的工作中更加注重团队合作和沟通。这种积极的氛围为团队内部冲突的解决奠定了良好的基础。通过这种方式，团队建设活动的成果得以在实际工作中发挥作用，进一步促进了团队内部的和谐与稳定。

PART

第三篇

进阶沟通：成就高手

从这一篇开始，我们将深入探索职场进阶的沟通场景，包括如何巧妙地结束同事间无聊的话题、如何妥善应对他人背后的非议，以及在被同事恶意语言攻击时如何进行有力的反击等。这些场景相较于之前可能更复杂且更难处理，但请相信我，随着你逐一攻克这些难关，你会发现一切都变得简单而自然。

场景十四

同事聊天的话题很无聊，如何巧妙结束对话

在职场中，和同事闲聊是很常见的场景。然而，由于每个人的成长环境或认知水平的差异，有些话题可能很无聊，继续下去只会浪费时间。因此，学会巧妙地结束这类话题很重要。

14.1 识别和应对无聊话题的策略

一、识别无聊话题的特征

无聊话题让人提不起兴趣，只想快点结束。它们往往有着一些共同的特征。了解这些特征，有助于我们及时识别并有效应对无聊话题，从而让对话更加有趣且高效。

（1）**特征一：内容重复性高**。无聊话题往往围绕着相同的内容反复打转，如反复抱怨工作中的琐事，或者重复讲述相同的段子，使听众感到厌倦。

案例：小王和小李在休息时聊天，小王不停地抱怨公司的食堂菜品单一，每天都是一样的菜。小李开始还能附和几句，但随着小王的不停抱怨，小李逐渐失去了兴趣，开始走神。

（2）**特征二：与实际工作和生活关联度低**。无聊话题往往远离实际工作和生活。这类话题可能涉及一些过于抽象、理论化或者不切实际的内容，让人难以产生共鸣，也无法从中获取有价值的信息或经验。

案例：小张和小赵在聊天时，小张突然开始谈论外星人和UFO的存在。虽然这是一个有趣且神秘的话题，但它与小张和小赵的实际工作和生活并无太大关联。小赵对此并不感兴趣，很快就陷入无聊且尴尬的境地。

（3）**特征三：缺乏吸引力**。无聊话题往往缺乏吸引力，这类话题可

能涉及一些枯燥无味的细节或者过于专业的知识，难以激发听众的兴趣或共鸣。

案例：小陈和小刘在午休时聊天，小陈开始详细介绍他最近在研究的一种新型材料的技术细节和性能指标。然而，小刘对此并不感兴趣也难以理解其中的专业术语和技术细节。因此他很快就失去了继续交流的热情和耐心，开始敷衍地回应小陈的讲述。

二、调整心态与保持礼貌

（1）**避免显露不感兴趣的情绪**。当话题无趣时，直接显露厌烦的情绪可能会让对方感到尴尬。因此，我们应学会隐藏真实感受，以维护和谐的交流氛围。

案例：小吴和小杨是同事。某天，小杨兴致勃勃地向小吴讲述他昨晚看的一部科幻电影。然而，小吴对科幻电影并不感兴趣。尽管如此，小吴还是尽量保持中性的表情和语气，避免给小杨带来负面情绪。

（2）**微笑面对**。微笑作为一种非言语的沟通方式，能够传达出友善和尊重的信息。即使对话题不感兴趣，也应微笑倾听，展现基本的尊重和友善，从而维护友好关系。

案例：小陈和小李在聊天时，小李开始谈论他最近对瑜伽的热爱和体验。小陈虽然对瑜伽并不感兴趣，但他始终保持着微笑，认真倾听小李的分享。这种微笑面对的态度让小李感受到了尊重和认可，两人的聊天氛围很愉快。

（3）**耐心倾听**。耐心倾听是人际交往中的重要技能。即使对话题不感兴趣，也应给予对方充分的时间来表达自己的观点和想法，避免打断或转移话题，让对方感受到我们的关注和尊重。

案例：小张和小王是同事。某天，小王开始向小张分享他最近的一次旅行经历。虽然小张对小王描述的景点并不感兴趣，但他还是耐心倾听了小王的分享，没有打断或急于转移话题。这种耐心倾听的态度让小王感到非常满意和舒适。

三、灵活且不失礼貌的应对策略

（1）**巧妙转换对话焦点**。当发现当前话题无趣或可能引起争议时，一个高情商的做法是巧妙地转换对话的焦点。这不仅能避免尴尬，还能保持对话的流畅性。转换对话焦点并不意味着突然打断对方或强行改变话题，而是在合适的时机，通过提问或分享相关但不同的话题来引导对话走向。

案例：假设在闲聊中，同事开始谈论某个敏感的政治话题，你感觉这个话题可能会引发争议。此时，你可以巧妙地插话："说起来，我最近看到一部很有趣的纪录片，讲的是人与自然的关系。你们有没有兴趣听听？"这样，你就成功地转移了对话的焦点。

（2）**使用委婉语言提出新的话题或观点**。直接打断或反驳话题可能会让对方感到尴尬或被冒犯。因此，使用委婉的语言来提出新的话题或观点是一种高情商的做法。这样既能表达自己的想法，又不会让对方感到不适。

案例：在同事讲述一个你不感兴趣的故事时，你可以委婉地说："你的故事真有意思，让我想到了最近读到的一本书。那本书里讲的故事也挺吸引人的，或许我可以给你们分享一下那本书里的故事？"通过这种方式，你不仅表达了对同事话题的尊重，还巧妙地引入了新的话题。

（3）**借助幽默或轻松的话题来缓解尴尬氛围**。当话题尴尬或沉闷时，借助幽默或轻松的话题可以迅速拉近人与人之间的距离，让对话变得更加愉快和轻松。

案例：假设在聊天过程中，大家突然沉默下来，气氛变得有些尴尬。此时，你可以开个玩笑来打破沉默："哎呀，看来我们的话题太深沉了，把大家都'冻'住了！要不我们聊聊别的吧，比如最近的热门电影或者好吃的餐厅？"这样的幽默言辞往往能迅速缓解尴尬的气氛，让对话重新变得活跃起来。

14.2 巧妙结束对话的 3 个方法

一、通过话题转移来巧妙结束对话

在与同事聊天时，遇到一些无聊或尴尬的话题时，巧妙地转移话题不仅可以避免尴尬，还能让对话更加流畅和自然。下面，我们将详细讲解如何通过话题转移来巧妙结束对话，并结合具体案例进行分析。

（1）**找到合适的时机引入新话题**。想要巧妙地转移话题，首先需要找到一个合适的时机。这个时机可以是对话中的自然停顿、对方表达完毕时刻或者出现短暂沉默的间隙。在这样的时机下引入新的话题，可以让对话过渡得更加自然，避免突兀和尴尬。

案例：假设你和同事在午休时聊天，同事一直在谈论他的宠物猫，而你对此话题并不太感兴趣。当同事描述完猫咪的可爱之处后，你可以趁机说："说到宠物，我突然想起来，上周末我去了一家很有趣的动物园，看到了好多稀奇的动物。"这样，你就成功地转移了话题，而且新的话题也足够吸引人。

（2）**借助新话题引导对话结束**。在成功引入新话题后，通过控制对话的节奏和方向，逐渐降低对话的热度和频率，或者提出一些总结性的观点，引导对话结束。

案例：继续上面的例子，在分享了几个有趣的动物故事后，你可以适时地说："动物园真的很有趣，不过时间也差不多了，我们得回去工作了。"这样，你就借助新话题自然地引导了对话的结束。

（3）**在转移话题的过程中保持自然流畅**。转移话题时，保持自然流畅至关重要。这要求你在引入新话题时语气要自然、内容要贴切，避免让对方感到突兀或不解。同时，你还需要注意对方的反应，以便及时调整自己的策略，确保对话的顺畅进行。

案例：在与同事聊天时，如果同事突然提到了一个你不太熟悉的话题，如某款新游戏，你可以顺势说："哦，那款游戏啊，我听说过但还没玩过。不过我最近在看一部很有趣的科幻电影，里面的特效和剧情都非常棒。"然后，你可以简单介绍一下这部电影的内容。这样，你既能自然地转移了话题，又能保持对话的流畅性。

二、优雅地退出对话

（1）**以工作或私人事务为借口暂时离开**。以工作或私人事务为借口退出对话，通常被认为是合理且不可抗拒的。

案例：小王正在与同事闲聊，但话题逐渐变得无聊且重复。此时，小王看了一眼手表，然后说：“哎呀，我差点忘了，我还有个报告需要赶紧完成，得马上去处理一下。你们继续聊，我先失陪了。”说完，小王便礼貌地离开了。在这个案例中，小王以工作需要为借口，成功地退出了无聊的对话，既保持了礼貌，又避免了尴尬。

（2）**逐渐减少回应，降低对话热度**。当你发现对话变得无聊时，可以通过逐渐减少回应来降低对话的热度。这种方法需要一定的技巧和耐心，但能够有效地让对话自然结束。

案例：小李正在与同事讨论一部最近上映的电影，但小李对这部电影并不感兴趣。于是，他开始逐渐减少回应，只给出“嗯”“哦”等简单回应，而不是积极地参与讨论。渐渐地，同事也感觉到了小李的兴致不高，于是话题就自然而然地结束了。

（3）**使用委婉语气表达歉意和肯定**。在退出对话时，使用委婉的语气表达歉意和肯定是非常重要的。这样不仅能保持礼貌，还能让对方感受到你的尊重和认可。

案例：小张正在与同事闲聊，但话题逐渐偏离了他的兴趣范围。于是，他决定退出对话。在退出前，他说：“真的很抱歉，我对这个话题不太了解，可能无法给出有价值的建议。不过，我很欣赏你们的观点和热情。如果以后有需要，我会尽力提供帮助的。”说完，他礼貌地离开了。在这个案例中，小张通过委婉的语气表达了自己的歉意和肯定，让对方感受到了他的尊重和认可。这种退出方式既保持了礼貌，又避免了尴尬和冲突。

三、引导对话深入或明确结束

（1）**提出有深度的讨论点**。当话题无法继续深入时，可以提出一个更有深度的讨论点，激发对话双方的兴趣，使对话更加有意义。

案例：小张和小李在午休时聊天，原本的话题是关于最近的天气。当这个话题变得乏味时，小张提出了一个关于环境保护的问题："你觉得我们个人能为环保做些什么？"这个话题立刻引起了小李的兴趣，两人开始深入讨论如何在日常生活中进行环境保护。

（2）**分享个人见解激发兴趣**。通过分享自己的独特见解或经历，可以激发对方对话题的兴趣，从而使对话更加深入。

案例：小王和小赵在谈论最近的电影时，发现两人对某部新上映的电影评价不一。小王分享了自己对电影中某个角色的独特理解，以及这个角色如何与自己的生活经历产生共鸣。这激发了小赵的好奇心，两人开始更深入地探讨这部电影以及各自的观影体验。

（3）**直接表达结束对话的意愿**。当对话无聊或者需要结束时，可以直接而礼貌地表达结束对话的意愿。这样做既尊重了对方，也避免了尴尬或不必要的拖延。

案例：小陈和小刘在休息时聊天，但话题逐渐变得无聊。小陈注意到小刘似乎对当前话题不感兴趣，于是她微笑着说："看来这个话题我们聊得差不多了，要不我们下次再聊点别的？"小刘听后也表示同意，两人友好地结束了对话。

14.3 培养良好技巧预防无聊对话

一、提升自我沟通能力

提升自我沟通能力是预防无聊对话的关键，这不仅能够帮助你更有效地表达自己的想法，还能让你更好地理解他人，从而避免陷入尴尬或无趣的交谈中。下面，我们将从三个方面详细讲解如何提升自我沟通能力。

（1）**清晰、准确地表达观点**。在沟通中，能够清晰、准确地表达自己的观点至关重要。这不仅可以避免误解和冲突，还能让对话更加高效和有意义。为了做到这一点，你需要组织好语言，明确自己的观点，并用简洁明了的方式表达出来。

案例：小张在团队会议上提出了一个新的项目想法，由于他事先做了充分的准备，所以条理清晰地阐述了项目的可行性和预期效益，赢得了团队成员的认可和支持。

（2）**学会倾听**。沟通不仅仅是说话，更重要的是倾听。学会倾听并理解对方的观点和感受，能够更好地回应对方，避免无聊的对话。

案例：小李和小王是同事，他们在讨论一个工作问题。小李耐心地倾听小王的观点，并试图理解他的立场和考虑。在听完小王的陈述后，小李提出了自己的看法，并结合了小王的意见。这样的沟通方式让双方都感到被尊重和理解，有效地避免了无聊的争论。

（3）**掌握沟通技巧**。学习并掌握如何开始对话、如何提出问题、如何回应对方等技巧，可以让你更加自信地进行沟通，避免陷入尴尬的沉默或无趣的交谈。

案例：小赵是一名销售经理，他经常需要与各种客户进行沟通。为了更好地完成任务，他学习并掌握了多种沟通技巧。在与客户的交流中，他能够灵活地运用这些技巧，引导对话的方向，使对话更加有趣和有意义。这不仅提升了他的工作效率，还赢得了客户的赞赏和信任。

二、精选话题和交流时机

在人际交往中，选择合适的话题和恰当的交流时机，对于预防无聊对话至关重要。这不仅能提升沟通的效率和质量，还能增进彼此之间的了解和信任。接下来，我们详细探讨如何精选话题与交流时机。

（1）**了解并尊重同事的兴趣点**。了解并尊重同事的兴趣点是建立有效沟通的基础。选择与对方兴趣相关的话题，能够激发对方的谈话热情，使对话更加有趣和深入。

案例：小刘和小张是同事，小刘知道小张是足球迷。在一次午休时，小刘主动提起最近的足球比赛，这立刻引起了小张的兴趣。两人就足球赛事、球员表现等话题展开了热烈的讨论，不仅增进了彼此的了解，还避免了无聊的对话。

（2）**根据场合选择适宜的话题**。不同的场合需要不同的交流方式。在正式场合应选择严肃、专业的话题；而在休闲场合则可以选择轻松、有趣的话题。根据场合选择合适的话题，能够使对话更加得体且有针对性。

案例：小王在公司团建活动期间，主动与同事们聊起了旅游、美食等轻松话题，缓解了活动的紧张氛围，让大家在轻松愉快的交流中增进了友谊。

（3）**避免在繁忙时段进行闲聊**。选择合适的交流时机对于预防无聊对话同样重要。在同事忙碌或工作压力大的时候进行闲聊，很可能会引起对方的反感或不耐烦。

案例：小李注意到同事小张最近工作压力很大，经常加班到深夜。为了不打扰小张的工作，小李特意选择在小张休息的时候与他交流。这样，两人都能在轻松的氛围中畅谈，既避免了无聊对话，又增进了彼此的了解和友谊。

三、营造积极的沟通氛围

（1）**鼓励开放且坦诚的交流**。开放且坦诚的交流能够促进信息的有效传递，减少误解，并帮助团队成员建立信任。在这样的氛围中，每个人都愿意分享自己的想法和感受。

案例：在某公司的一次项目会议上，小李提出了一个可能存在的问题。尽管这个问题可能会带来额外的工作负担，但团队成员都非常欣赏他的坦诚，并立即展开讨论，共同寻找解决方案。这种开放的交流不仅有效地预防了后期可能出现的大问题，还极大地增强了团队的凝聚力。

（2）**尊重多元观点，减少冲突**。尊重多元观点能够鼓励团队成员从多个角度思考问题，从而丰富对话内容。同时，减少冲突能够确保对话在和谐、友好的氛围中进行，防止对话变得紧张或无聊。

案例：某市场营销团队在讨论新产品推广策略时，领导鼓励大家充分表达，并强调要尊重每个人的观点。最终，团队制订出了全面且富有创新性的推广计划。

（3）**通过团队活动增强了解与信任**。团队活动为成员提供了深入了解彼此、建立深厚信任的机会，进而促进他们在日常工作中更愿意分享和交流。基于这种了解与信任，能够为团队营造一个更加积极、有趣的沟通氛围。

案例：某软件开发团队定期组织团建活动，如户外拓展、团队聚餐等。在这些活动中，团队成员不仅得到了身心上的放松，还加深了彼此之间的了解。回到工作岗位后，团队成员之间的沟通变得更加顺畅和有趣，无聊对话的情况明显减少。

场景十五

被职场“小人”背后说坏话，要如何应对

在职场中，我们有时会遇到所谓的“小人”，他们可能会在背后说人坏话，损害他人的名誉。面对这种情况，我们需要冷静、理智地应对，以维护自己的权益和职场环境。

15.1 学会识别与评估职场小人

一、职场小人的6种类型

（1）**善于伪装与两面派**。这类人在你面前表现得非常友好和热情，但在背后却可能对你进行诋毁或中伤。

案例：小王在公司里总是对人笑脸相迎，但私下里却常常对同事说其他人的坏话。有一次，他在小李面前称赞小张的工作能力强，但背后却告诉其他人小张的工作都是靠关系得来的，导致小张在团队中的形象受损。

（2）**爱抢功与推卸责任**。这类人常常抢占他人的功劳，同时在出现问题时迅速推卸责任。

案例：在项目完成后，小赵在团队会议上大肆宣扬自己在项目中的关键作用，但实际上很多工作都是其他团队成员完成的。当项目中出现问题时，他却推卸责任，声称是其他人的失误。

（3）**制造并散布谣言**。这类人喜欢制造和散布不实之言，破坏团队和谐和同事之间的信任。

案例：小陈在团队中经常散布关于同事的不实传言，如某某同事即将离职、某某同事与领导有矛盾等。这些谣言导致团队内部出现了不必要的紧张和猜疑。

（4）**善于奉承与巴结**。这类人常常通过奉承和巴结上级来获取利益，

而忽视团队的整体利益。

案例：为了得到晋升的机会，小刘经常奉承和巴结领导，甚至不惜损害团队其他成员的利益来突显自己的重要性。他的这种行为导致团队内部出现了严重的不和谐。

（5）**情绪化且缺乏职业素养**。这类人情绪容易波动，常常将个人情绪带入工作中，影响团队氛围和效率。

案例：小吴在工作中经常因为小事大发雷霆，严重影响了团队的工作效率和氛围，让其他同事感到难以与其合作。

（6）**表面合作，背后拆台**。这类人在公开场合表示支持与合作，但私下里却进行破坏或阻碍。

案例：在团队讨论中，小周公开表示支持小杨的方案，并承诺会提供帮助。然而，在背后他却向其他团队成员散布关于方案的负面信息，试图阻止方案的通过。

二、评估职场小人言论带来的影响

1. 影响范围评估

（1）**传播广度**。观察言论在团队、部门或公司内部传播的范围。如果小人的言论通过社交媒体、电子邮件或私下聊天迅速传播给多人，则其影响范围广泛。

（2）**涉及人员层级**。分析受言论影响的员工的层级。如果高层管理人员也被卷入，那么影响可能更为深远。

2. 影响深度评估

（1）**对个人名誉的损害**。具体评估言论对个人名誉和职业形象造成的直接损害。比如通过员工满意度调查或同事间的反馈来量化名誉受损情况。

（2）**对团队凝聚力的破坏**。观察言论是否导致团队成员间信任减少，合作意愿下降。这可以通过团队项目的执行效率和团队成员的互动情况来评估。

3. 工作效率和士气的影响评估

（1）**工作效率下降**。通过对比言论出现前后的工作效率、项目完成时间等指标，量化言论对工作效率的具体影响。

（2）**员工士气变化**。利用员工满意度调查、缺勤率、员工离职率等数据来评估员工士气的变化。

4. 对业务关系的潜在破坏

（1）**客户关系**。评估言论是否影响到公司与客户的关系，特别是当言论涉及客户或合作伙伴时。

（2）**供应链关系**。检查言论是否对供应链中的合作伙伴关系（如供应商、分销商等）造成负面影响。

5. 法律与合规风险评估

（1）**诽谤与侵权行为**。分析言论内容是否涉及诽谤、侵犯隐私或知识产权等法律问题，并评估可能带来的法律风险。

（2）**合规性问题**。检查言论是否违反公司内部政策、行业规定或相关法律法规。

6. 长期影响预测

（1）**组织文化变迁**。预测言论是否可能引发更深层次的组织文化变革，如信任缺失、沟通障碍等。

（2）**人才流失风险**。评估言论是否可能导致关键人才流失，以及这种流失对公司长期发展的潜在影响。

15.2 被说坏话的 4 个应对策略

一、保持冷静与理智

面对恶意攻击，情绪化的反应可能会让你陷入更被动的境地。保持冷静有助于更明智地应对，具体步骤如下。

（1）当得知负面评论时，保持冷静，避免情绪化的反应。

（2）不要立即回应或反驳，给自己时间冷静思考。

（3）分析评论的来源和动机，判断其真实性。

案例：小杨听说同事在背后说他“不负责任且工作态度差”。他没有立刻发火，而是冷静下来分析情况，决定用实际行动和工作成果来回应这些不实之言。

二、积极澄清与反驳

面对恶意攻击，积极澄清和反驳是必要的。通过展示证据，可以让谣言不攻自破，具体步骤如下。

（1）收集证据，如工作记录、项目成果等，以证明自己的价值和能力。

（2）在合适的场合，如团队会议上，以事实和数据为依据进行澄清。

（3）必要时，可以私下与造谣者沟通，表明自己的态度和立场。

案例：小陈被同事诬陷“泄露公司机密”。他立即收集了与项目相关的所有通信记录和文件，以证明自己的清白。在随后的团队会议上，他详细展示了这些证据，成功反驳了不实指控。

三、寻求第三方支持

有时，单凭个人之力难以对抗恶意攻击。寻求第三方支持可以增强你的力量，让真相大白于天下，具体步骤如下。

（1）与信任的同事或上级沟通，让他们了解真实情况。

（2）请求他们在合适的时机为你发声或提供支持。

（3）若公司内部无法解决问题，可以考虑寻求法律途径来维护自己的合法权益。

案例：小赵发现同事散布关于他的不实言论，严重损害了他的名誉。他选择与信任的上级沟通，并得到了上级的支持。在团队会议上，上级公开澄清了事实，为小赵正名。

四、增强自身防范意识

增强防范意识可以有效减少被恶意攻击的风险。同时，保持良好的人际关系也有助于更好地应对各种职场挑战。具体步骤如下。

（1）注意保护个人隐私和工作信息，避免被有心人利用。

（2）与同事保持良好关系，但也要保持警惕，防止被卷入不必要的纷争。

（3）定期回顾自己的工作表现和人际关系，及时调整策略。

案例：小刘在项目中表现出色，引来了某些同事的嫉妒。他开始更加注意保护自己的工作成果和隐私，避免被有心人利用来制造谣言。同时，他也积极与同事沟通合作，建立了良好的人际关系。

15.3 面对背后恶意中伤的自我调整和提升

面对职场小人的背后中伤，我们不仅要学会应对外部的挑战，更要关注自身的成长和提升。自我调整与提升是一个持续不断的过程，有助于我们更好地适应职场环境，增强抗压能力，并在困难面前保持冷静和理智。

一、增强心理素质

心理素质的强弱直接关系到我们面对困难和挫折时的应对能力。在职场中，面对小人的攻击，坚韧不拔的心态至关重要。

（1）培养坚韧心态。我们需要学会在面对负面言论和攻击时保持镇定，不被流言蜚语所动摇。这需要我们不断地进行心理调适，通过实践和学习来增强心理承受能力。

（2）自我调节与压力释放。职场中的压力无处不在，特别是当我们成为小人攻击的目标时。因此，学会自我调节，找到适合自己的压力释放途径至关重要，如运动、冥想、与朋友交流等。

二、提升专业技能和社交能力

除了心理素质，提升专业技能和社交能力也是应对职场小人攻击的重要手段。

（1）**不断学习新知识**。在专业技能方面，我们应持续学习新知识，跟上行业发展的步伐。这不仅能提升我们的工作效率，还能增强我们在职场中的不可替代性。当我们的专业能力得到认可时，小人的攻击自然也会减弱。

（2）**提高社交能力**。在社交方面，我们要更好地与同事沟通和协作，建立良好的人际关系，以获得更多的支持和理解。通过积极参与团队活动、主动帮助他人、真诚地与他人交流等方式，我们可以逐渐建立起稳固的人际关系。

加个餐：释放压力的 7 个小方法

为了更有效地缓解和释放职场中的压力，我们在这里“加个餐”，聊聊以下 7 个小方法。

（1）转移注意力。当感到巨大压力时，可以尝试将注意力从工作上暂时转移，聚焦于其他事物。

（2）呼吸新鲜空气。长时间工作后，到户外深呼吸，吸入新鲜空气。

（3）向他人倾诉。遇到难题或感到压力过大时，找信任的人倾诉。

（4）寻找放松方式。探索个人喜欢的放松活动，如听音乐、阅读或冥想等。

（5）保持健康的生活方式。保证充足的睡眠，均衡饮食，并适度锻炼。

（6）及时调整心态和思维方式。积极乐观地看待问题，将挑战视为成长的机会。

（7）寻求专业帮助。在自我调节无效时，可以考虑咨询心理医生或其他专业人士。

场景十六

被同事当面恶意语言攻击，如何硬气反击

“被同事当面恶意语言攻击”与“被职场小人背后说坏话”这两者虽然看似都是在职场中遭受了负面评论，但实际上两者之间存在很大的区别。

首先，发生的方式和环境不同。前者通常发生在公开、面对面的环境中，受害者可以及时感知并作出反应；而后者通常发生在受害者不在场的情况下，这种背后的议论难以察觉，受害者甚至全然不知。

其次，两者的影响范围不同。前者主要影响在场的同事，会立即对受害者的心理和情绪产生强烈影响；而后者则可能在更大的范围内传播，尤其是在社交媒体发达的今天，这种背后的议论可能对受害者的声誉和职业前景造成更深远的影响。

关键在于，如果我们对当面恶意攻击未能妥善处理，易引发其他同事误解甚至跟风议论，导致更为严重的后果。

16.1 明确什么是恶意语言攻击

我们需要明确区分恶意语言攻击与一般普通批评之间的界限。

一、恶意攻击的特征

（1）**情绪化言辞**。恶意攻击往往伴随着强烈的负面情绪，如愤怒、嘲讽或蔑视。攻击者可能会使用侮辱性语言或过度夸张的表述。

（2）**缺乏事实依据**。恶意攻击通常缺乏事实依据，多为个人攻击或无端指责。

（3）**持续性和重复性**。如果某人反复针对你进行负面言论，且这些言论缺乏建设性，那么这可能是恶意攻击。

（4）**无视你的反驳**。当你尝试解释或辩护时，恶意攻击者往往会无视你的观点，继续他们的攻击。

二、一般批评的特征

（1）**基于事实的反馈**。一般批评通常是基于具体事件或行为的反馈，批评者会指出问题所在，并可能提供改进建议。

（2）**建设性目的**。一般批评的目的在于帮助个人改进或提高，而不是为了伤害个人的感情或损害名誉。

（3）**尊重的态度**。在提出批评时，对方通常会保持尊重和理解的态度，愿意倾听被批评者的解释和反馈。

（4）**双向沟通**。一般批评伴随着双向的沟通，批评者会期望被批评者能够理解并接受其观点，同时也愿意听取被批评者的看法。

我们要弄清楚，别人恶意语言攻击背后的可能原因。

（1）**情绪失控**。某些同事可能在工作压力下情绪失控，通过恶意语言攻击来发泄不满和愤怒。他们可能无法妥善处理自己的情绪，因此选择用攻击性的言辞来对待他人。

（2）**竞争与嫉妒**。职场竞争环境和晋升压力可能引发同事间的嫉妒心理。他们可能通过恶意语言攻击来贬低他人，以提升自己的优越感或削弱竞争对手的自信心。

（3）**个人冲突与矛盾**。同事之间可能存在个人冲突或历史矛盾，这些负面情绪可能通过恶意语言攻击来释放。攻击者可能试图通过言辞上的伤害来解决问题或报复对方。

（4）**自卑感与自我肯定**。有些同事可能因自卑感而采取攻击性行为，试图通过贬低他人来提升自我价值感，以获得心理上的优越感。

（5）**缺乏沟通技巧**。并非所有的语言攻击都出于恶意，有时同事可能只是缺乏有效的沟通技巧。他们可能不知道如何以更积极、更有建设性的方式表达自己的观点，而选择了攻击性的言辞。

需要注意的是，这些原因并不是互相独立的，多种因素可能同时导致恶意语言攻击的发生。此外，每个人的行为背后都有其复杂的心理动机，因此具体原因可能因个体而异。

了解这些原因有助于我们更好地理解恶意语言攻击的背后动机，从而制定更全面的应对策略。在面对恶意语言攻击时，我们可以更加冷静地分析情况，选择合适的回应方式，并积极寻求解决问题的方法。

16.2 被恶意攻击时的即时应对策略与长期应对策略

一、即时应对策略

1. 保持冷静

（1）深呼吸，避免情绪立即升温。

（2）暂时离开现场，给自己冷静思考的时间。

案例：小张在面对同事的讥讽时，选择短暂离开办公室，到茶水间喝了杯水，让自己冷静下来。

2. 明确而简短的回应

（1）用平和的语气明确表达自己的立场。

（2）不必详细反驳，简短回应表明态度即可。

案例：小李被同事无端指责工作效率低，他平静地回应："我尊重你的意见，但我的工作成绩有目共睹，我们可以私下讨论如何提高效率。"

3. 避免卷入冲突

（1）避免卷入不必要的争论。

（2）转移话题或提出解决问题的建议。

案例：小王被同事嘲笑穿着，他微笑回应："我们每个人的审美都不同，我更关心的是如何完成手头的工作。你觉得这个项目的下一步该怎么做？"

二、长期应对策略

1. 记录证据

（1）在受到攻击时，详细记录时间、地点和具体内容。

（2）保存相关聊天记录或邮件，作为日后维权的证据。

案例：小赵经常受到同事的诋毁，她开始记录每次攻击的情况，并在必要时向人事部门展示这些记录。

2. 寻求支持

（1）与信任的同事分享经历，获得情感上的支持。

（2）在情况严重时，向上级或人事部门反映情况。

案例：小陈在多次受到同事的恶意攻击后，选择向自己的直属上级反映情况，并得到了上级的支持和及时介入。

3. 增强心理素质

（1）学习并掌握情绪调节技巧，如冥想、深呼吸等。

（2）培养积极的心态，增强自我认同感和自信心。

案例：小刘开始积极参加心理健康讲座，学习如何调节情绪，并在面对攻击时更加从容不迫。

16.3 真实的职场恶意攻击案例以及正反应对拆解

一、错误应对的案例及拆解

1. 错误应对的案例

李华是一家科技公司的项目经理，他工作勤奋，但性格较为内向。某天，在项目会议上，同事张强公开指责李华管理不善，导致项目进度滞后。张强言辞尖锐，甚至带有人身攻击的意味。李华当时感到非常尴尬和愤怒，他立刻反击，与张强产生了激烈的争吵。这场争吵导致会议中断，其他同事也感到十分尴尬。

2. 错误应对拆解

（1）**情绪失控**。李华在面对恶意攻击时，没有能够控制好自己的情绪，立即与张强产生了冲突。

（2）**缺乏冷静分析**。李华没有冷静分析张强的攻击是否基于事实，也没有考虑如何更恰当地回应，而是直接采取了争吵的应对方式。

（3）**破坏团队氛围**。这场激烈的争吵不仅损害了李华的个人形象，也破坏了团队的和谐氛围，对项目的进展产生了负面影响。

二、正确应对的案例及拆解

1. 正确应对的案例

王莉是一家市场营销公司的部门经理，她工作能力出色，深受上级信任。然而，部门同事刘刚因嫉妒王莉的成就，经常在团队会议上对她进行恶意攻击，质疑她的管理能力和决策。

2. 正确应对拆解

（1）**保持冷静**。当刘刚在会议上对王莉进行恶意攻击时，王莉保持冷静，没有立即反击或表现出愤怒，而是通过深呼吸稳定自己的情绪。

（2）**明确而坚定的回应**。在冷静之后，王莉以平和但坚定的语气回应刘刚的攻击："刘刚，我注意到你对我的工作提出了一些质疑。我很愿意在会后与你单独讨论这些问题，以便我们更好地理解彼此的观点。现在，让我们先回到会议的主题上来。"这样的回应，既表达了王莉愿意沟通的态度，又避免了在会议上产生不必要的冲突。

（3）**记录并寻求支持**。在会议结束后，王莉详细记录了刘刚的攻击言论和会议的具体情况，作为后续应对恶意攻击的重要证据。同时，她适时向上级反映了这一情况，并得到了上级的理解和支持，上级承诺会介入处理。

（4）**积极沟通，寻求解决方案**。在上级的支持下，王莉主动邀请刘刚进行了一对一的沟通。在沟通过程中，她耐心倾听了刘刚的想法和担忧，并尝试从刘刚的角度理解问题。同时，王莉也明确表达了自己的立场和期望，希望团队能够保持和谐与高效，并愿意与刘刚共同寻找解决方案。

（5）**增强心理素质与自我调适**。为了更好地应对类似的恶意攻击和压力，王莉积极参加心理培训课程，学习如何调节情绪、保持冷静，并提升自己的抗压能力。此外，她还注重自我调适，通过锻炼、冥想等方式来放松身心，保持良好的工作状态。

通过这一系列的应对策略，王莉不仅成功化解了刘刚的恶意攻击，还改善了与刘刚的关系，团队的氛围也逐渐变得更加和谐。

场景十七

同事提出了无理的要求，如何拒绝不伤和气

你有没有遇到过这样的情况：某个同事突然向你提出一个极其无理的要求，让你瞬间感到头疼不已，不知道该如何回应。别担心，我来给你支支招，教你如何巧妙地拒绝这些无理要求，而且还不伤和气。

17.1 明确拒绝的策略

一、了解无理要求的本质

1. 识别无理要求的特征

无理要求通常具有一些明显的特征，这些特征可以帮助我们快速识别并作出应对。

（1）**模糊性**。同事可能提出一些模糊的任务要求，如“你能帮我处理一下这个文件吗？”但不具体说明需要做什么处理。这种缺乏具体性的要求往往让人无从下手，容易造成工作上的混乱。

（2）**不合理性**。同事可能要求你加班到深夜完成一个并不紧急且非你职责范围内的项目。这种超出正常工作时间和职责范围的要求显然是不合理的。

（3）**强迫性**。同事可能以命令的口吻要求你立即放下手头的工作去帮助他完成一个紧急任务。这种不顾及他人工作安排，强行要求协助的行为具有强迫性。

2. 分析同事提出要求的动机

了解同事提出无理要求的动机，有助于我们更好地应对和拒绝。

（1）**推卸责任**。同事赵某在面临一个棘手问题时，试图将任务推给

你，说："这个问题太复杂了，我处理不了，你帮我解决吧。"这实际上是一种推卸责任的行为。

（2）**寻求便利**。同事陈某因为自己不想加班而要求你代替他完成一项需要加班的任务。这种为了个人便利而提出的要求显然是不合理的。

（3）**权力滥用**。在某些情况下，具有领导地位的同事可能会滥用权力提出一些无理要求，如要求员工在周末参加一个非工作相关的活动。这种要求超出了工作职责范围，且侵犯了员工的个人时间。

3. 判断要求是否合理与可行

面对同事的要求，我们应结合工作实际、职责范围及个人能力等因素判断其合理性与可行性。

（1）**超出职责范围**。如果同事提出的要求明显超出了你的职责范围，如要求你处理与你的专业领域完全不相关的任务，那么这种要求显然是不合理的。

案例：同事要求你（市场营销人员）帮忙编写复杂的程序代码，这显然超出了你的专业能力范围。

（2）**时间上的不可行性**。如果同事在紧迫的时间内提出需要大量时间和精力的任务，而你手头已有其他紧急工作，则此要求在时间上不可行。

案例：在项目的最后期限前一天，同事突然要求你帮忙完成一个大型报告。

（3）**资源上的不合理性**。如果同事提出的要求需要消耗大量资源（如资金、人力等），而这些资源的投入与预期的回报明显不成比例，那么这种要求也是不合理的。

案例：同事提议为一个小型项目购买昂贵的专业设备，而该项目的预算和收益都相对较低。

二、掌握温和的拒绝技巧

在拒绝同事的无理要求时，采用温和而巧妙的拒绝方式至关重要。

这不仅可以维护良好的职场关系，还能有效避免因直接冲突产生的尴尬和紧张氛围。

1. 使用委婉的语气表达拒绝

案例：同事小李经常请求你帮忙处理他的工作任务，但这些任务并不属于你的职责范围。

应对方式：你可以委婉地说："小李，我明白你现在可能很忙，但我手上也有紧急的项目需要处理。你看能不能找其他同事帮忙分担一下，或者我们可以一起向领导汇报，看是否能调配一些人来协助你？"

2. 说明拒绝的具体原因

案例：同事小王邀请你参加周末的团建活动，但你计划利用这个时间陪伴家人。

应对方式：你可以坦诚地告诉小王："真的很感谢你的邀请，但这个周末我已经安排好了与家人一起度过，所以不能参加了。希望你们能玩得开心，期待下次有机会再一起参加活动。"

3. 提供替代性的解决方案

案例：同事小张希望你能在下班后帮他购买一些生活用品，但你下班后已经有了其他安排。

应对方式：你可以说："小张，很抱歉我下班后需要去接一个朋友，可能没办法帮你买东西了。不过，我可以给你推荐几个靠谱的线上购物平台，你可以在上面选购需要的生活用品，它们通常都能提供快速送货上门的服务。"

三、保持坚定且友好的态度

1. 避免过度解释或辩解

案例：小张的同事小李经常请求他帮忙完成一些本不属于小张职责范围内的工作。小张在初次拒绝时，详细解释了自己的工作量已经很饱和，但小李似乎并不理解。后来，小张学会了简洁明了地表达自己的拒绝，不再过多解释，只是坚定地表示自己无法帮忙。这样做反而让小李更快地接受了小张的决定。

2. 表达理解与同情，但坚持立场

案例：小王的同事因为家庭原因需要请假，希望小王能替他完成一项重要报告。虽然小王理解同事的困境，但他也知道自己手头的工作已经很多。于是，他表达了对同事情况的理解，并建议同事找其他可能有空闲的同事帮忙，或者与上级沟通调整工作安排。

3. 强调团队合作的重要性

案例：在一个项目团队中，小赵经常被其他团队成员要求承担额外的工作。小赵明白这些要求并不合理，因为每个人都有自己的分工。

在拒绝这些要求时，他强调了团队合作的重要性，并指出只有大家各司其职，项目才能顺利完成。通过这种方式，小赵不仅坚守了自己的立场，还无形中提升了整个团队的协作意识。

17.2 如何让你的拒绝彰显高情商的智慧

1. 掌握有效沟通的基础

有效沟通是拒绝无理要求的关键，它能帮助我们更好地理解对方的需求，并清晰地传达自己的观点和感受。

（1）**倾听并理解同事的需求**。在拒绝之前，先倾听同事的请求，理解其背后的真实需求和期望。这种理解有助于我们更精准地回应，而不是简单地一口回绝。

案例：小陈的同事希望他能帮忙完成一个报告。在拒绝之前，小陈耐心听取了同事的解释，了解到同事因家中突发情况确实无法按时完成工作。小陈虽然因自身工作量已饱和而无法直接帮忙，但他提供了其他解决方案，如找其他同事帮忙或者向领导反映情况以调整工作分配。

（2）**明确表达自己的观点和感受**。在拒绝时，清晰地表达自己的观点和感受非常重要。我们需要用平和、明确的语言阐述自己为何不能满足对方的要求，并表达自己的感受，让对方理解我们的决定，减少误解和冲突。

案例：小刘的同事希望他能够加班帮忙完成一个紧急项目。然而，小刘已经连续加班多日，感到非常疲惫。他明确告诉同事，自己需要休息以恢复精力，无法再继续加班。同时，他也表达了自己对项目的重视，并建议同事寻找其他可行的解决方案。通过这种方式，小刘既坚守了自己的立场，又保持了与同事的良好关系。

（3）**确保信息准确传达，避免误解**。在沟通过程中，确保信息的准确传达至关重要。我们需要使用清晰、简洁的语言来表达自己的观点，避免使用模糊或含糊不清的表述。同时，我们还可以通过重复或确认对方的理解来确保信息没有被误解。

案例：小王的同事希望小王能够协助他完成一个技术难题。在仔细听完同事的请求后，小王用自己的话复述了同事的需求，以确保自己完全理解了对方的意图。然后，他明确地表达了自己对这个问题的看法及建议。通过这种做法，小王不仅确保了信息的准确传达，还展示了自己的专业素养和解决问题的能力。

2. 用智慧化解冲突

（1）**提出双方都能接受的妥协方案**。当同事提出无理要求时，可以尝试提出一个既能满足同事部分需求，又不至于过分影响自己工作的妥协方案。这样做既能显示自己的诚意和合作精神，又能有效地维护个人边界。

案例：小陈的同事希望他能在周末加班完成一个紧急项目，但小陈已计划好与家人共度周末。于是，他提出可以在周一早上提前到岗完成这项工作，或者在周末远程工作几个小时。这样，他既没有完全拒绝同事的请求，也保留了自己的周末时间。

（2）**借助第三方的意见或协助**。在某些情况下，引入第三方的中立意见或请求上级、人力资源部门的协助，可以帮助解决争议。第三方的专业性和权威性往往能推动双方达成更合理的共识。

案例：小刘的同事坚持要求他承担一项不属于他职责范围的工作。在多次沟通无果后，小刘请求了部门经理的介入。部门经理在了解情况后，明确了各自的职责范围，并协调了其他资源来帮助那位同事，从而解决了问题。

（3）**灵活应对，避免僵化思维**。面对无理要求时，灵活的思维和应对方式能够帮助我们找到双方都能接受的解决方案。这要求我们能够跳出固有框架，从不同角度思考问题。

案例：小王的同事提出希望他每天都能提前到岗帮忙准备会议资料。小王虽然不能直接满足这个要求，但他提议建立一个共享文件夹，大家都可以往里面上传和更新会议资料，这样就不需要他每天提前到岗了。这个提议得到了同事的认可，问题得到了有效解决。

3. 注重长期关系的维护和修复

拒绝同事的无理要求后，如何维护与修复长期的工作关系，是职场中一项重要的能力。

（1）**在拒绝后保持积极的互动**。拒绝同事的要求后，很容易产生尴尬或紧张的气氛。为了缓解这种氛围，应主动与同事保持积极的互动。这包括在日常工作中主动打招呼、询问同事的感受，或是在休息时间与同事闲聊，以显示自己的友好态度。通过这些积极的互动，可以逐渐消除因拒绝而产生的隔阂。

案例：小王拒绝了同事小李的加班请求后，第二天上班时，小王主动与小李打招呼，并询问小李昨晚的工作是否顺利。小王的态度让小李感到被拒绝并不是出于恶意，两人的关系也因此得以维持。

（2）**寻找机会修复可能产生的裂痕**。如果拒绝导致了关系的紧张，应寻找合适的机会来修复。可以邀请同事参加团队活动、聚餐或是共同承担某个项目，通过这些合作来增进了解和信任。此外，当同事遇到困难时，主动提供帮助也是修复关系的有效方法。

案例：小张拒绝了同事小赵的私人请求后，感觉两人之间的关系变得有些微妙。为了改善这种情况，小张主动邀请小赵参加团队的户外拓展活动。在活动中，两人通过合作完成了多个任务，增进了对彼此的了解，之前的尴尬也烟消云散了。

17.3 应对各种无理要求的实操案例拆解

实操案例一：加班无理要求

李华是一家科技公司的项目经理，最近公司接到了一个紧急项目，需要在短时间内完成。李华的团队已连续加班多日，大家都有些疲惫。然而，在项目的关键时刻，李华的同事王明向他提出了加班的无理要求。王明希望李华及其团队能够连续通宵加班三天，以确保项目能够按时完成。

无理要求的特征：

（1）**不合理的时间安排**。王明提出的连续通宵加班三天的要求显然超出了正常的工作时间和强度，对团队成员的身心健康构成了潜在威胁。

（2）**忽视团队成员的承受能力**。王明没有考虑到团队成员已经连续加班多日，体力和精力都已接近极限，这样的要求缺乏对团队成员基本的人文关怀。

（3）**缺乏合理解释**。王明没有给出为什么要连续通宵加班三天的充分理由，只是简单地以项目按时完成为由，缺乏合理性。

王明的动机：

（1）**项目压力**。王明可能面临着来自上级或客户的巨大压力，希望尽快完成项目以避免可能的延误。

（2）**个人业绩**。王明可能希望通过这个项目的成功来提升自己的业绩和在公司中的地位。

（3）**对团队能力的误判**。王明可能高估了团队成员的承受能力和工作效率，认为通过加班可以完成更多的工作。

拒绝技巧：

（1）**明确表达立场**。李华可以首先感谢王明的努力和投入，然后明确表达自己对加班无理要求的反对态度。

案例：“王明，我很感谢你对项目的热情和投入，但我认为连续通宵加班三天对团队成员的身心健康不利，我们不能接受这样的要求。”

（2）**提供替代方案**。李华可以提出一些替代性的解决方案，在满足项目需求的同时又不损害团队成员的利益。

案例：“我们可以考虑优化工作流程，提高工作效率，或者申请额外的资源支持，以确保项目按时完成。”

（3）**强调团队利益**。李华可以向王明解释，过度的加班会对团队成员造成负面影响，从而影响整个团队的士气和效率。

案例：李华可以说：“我们是一个团队，需要共同面对挑战。过度加班不仅会影响团队成员的健康和家庭生活，还可能降低工作效率和创造力。我们应该寻找更合理的方式来完成项目。”

（4）**寻求上级支持**。如果王明仍然坚持无理要求，李华可以考虑向上级汇报情况，并请求上级的支持。他可以向上级解释团队成员的实际情况和加班的负面影响，并请求上级给予指导和帮助。

实操案例二：超出职责范围的任务

假设你是一家科技公司的项目经理，负责管理软件开发项目。有一天，你的同事小王（市场部门的员工），希望你能帮忙设计一个市场营销活动的网页，因为市场部门最近要推出一项新产品，而他认为你具备相关的技术背景，可以迅速完成这项任务。

无理要求的特征：

（1）**不属于你的职责范围**。作为项目经理，你的主要职责是管理软件项目的开发进度和资源，而不是设计市场营销活动的网页。

（2）**缺乏正式的任务分配**。小王的要求并没有通过正式的工作流程或上级的指示来分配给你，而是一个非正式的请求。

（3）**时间和资源不足**。你可能已经有一系列的项目管理任务需要处理，没有额外的时间和资源来承担这项设计工作。

小王的动机：

（1）**提高效率**。小王可能认为你具备相关技术背景，你能更快地完成任务，从而提高市场活动的准备效率。

（2）**资源紧张**。市场部门可能缺乏专业的网页设计人员，或者现有的设计人员工作量已经饱和。

（3）**职责边界误解**。小王可能对你的具体职责不够了解，误以为这项任务在你的工作范围之内。

拒绝技巧：

（1）**明确表达职责范围**。你可以礼貌地解释你的主要职责是项目管理，并不包括市场营销活动网页的设计。

案例："小王，我很感谢你的信任，但我的主要职责是确保软件项目的顺利进行，我并不负责市场营销活动网页的设计。"

（2）**提供替代方案**。你可以建议小王联系公司的设计团队，或寻找专业的网页设计师来完成这项任务。

案例："我建议你联系我们的设计团队，他们在这方面有专业的技能和经验，肯定能为你们的市场活动提供出色的设计方案。"

（3）**强调团队合作与沟通**。你可以表达对小王工作的支持，并强调团队合作的重要性。

案例："我很愿意在项目管理的范围内提供帮助，比如协调开发团队与市场部门的合作。如果有任何与项目相关的事宜需要协助，请随时告诉我。"

实操案例三：个人私事的帮忙请求

小玲和小明是同事，两人都在同一家公司的市场部门工作。某天，小玲找到小明，希望他能帮自己一个忙。小玲解释说，她最近遇到了一些家庭问题，她的丈夫正在与她闹离婚，她希望小明能帮她调查丈夫的行踪和财务状况，以便在离婚过程中争取更多的权益。

无理要求的特征：

（1）**侵犯隐私**。小玲的请求涉及调查他人的私人信息，这侵犯了他人的隐私权。

（2）**超出职责范围**。小明作为市场部门的员工，其职责并不包括私人侦探或法律咨询等工作。这个请求明显超出了他的工作职责范围。

（3）**潜在法律风险**。调查他人行踪和财务状况可能涉及违法行为，小明若答应帮忙，可能会卷入不必要的法律风险中。

小玲的动机：

小玲可能因家庭问题感到焦虑和无助，她希望获取关于丈夫的更多信息，以便在离婚过程中保护自己的利益。然而，她可能没有意识到这种请求对小明来说是不合理的，也可能没有考虑到这种行为可能带来的法律后果。

拒绝技巧：

（1）**表达理解与同情**。小明可以首先表达对小玲家庭问题的理解和同情，让她感受到自己的关心。小明可以说："小玲，我听说你最近遇到了一些家庭问题，我非常理解你现在的感受，也希望能帮到你。"

（2）**明确拒绝无理要求**。小明需要明确地拒绝这个无理要求。他可以解释说："但是，你的请求涉及调查他人的私人信息，这不仅超出了我的职责范围，还可能触犯法律。因此，真的很抱歉，我不能帮你做这件事。"

（3）**提供替代性帮助**。为了保持友好关系，小明可以提供一些替代性的帮助。小明可以说："不过，我可以帮你找专业的法律人士或者陪你聊聊天，分担你的一些压力。你觉得怎么样？"

场景十八

在公司被同事排挤孤立，如何逆袭

当我们在职场中遭遇同事的排挤与孤立时，可能会感到困惑、沮丧甚至无助。然而，这并非绝境，而是一个逆袭的契机。通过深入反思、调整策略并积极行动，我们不仅能够改善人际关系，还能展现个人价值，实现职业生涯的华丽转身。

18.1 自我反思与心态调整

一、要先识别被排挤孤立的原因

当我们感受到同事的排挤与孤立时，需要冷静分析并识别导致这种情况的具体原因。这一过程涉及自我反思和对职场环境的深入理解。

1. 分析自身行为与态度

（1）**职场礼仪与沟通方式**。检查自己在职场中的言谈举止，确保遵守基本的职场礼仪。在沟通时保持尊重和礼貌，避免使用过于直接或可能引起冲突的言语。

（2）**工作态度与效率**。反思自己的工作态度和效率是否达到了团队或公司的期望。消极的工作态度或低下的效率，可能给同事留下不良印象。

（3）**合作精神与团队协作能力**。评估自己在团队合作中的表现，包括是否积极参与讨论、是否愿意分享专业知识和经验，以及能否有效协调与其他团队成员的关系。

2. 探究与同事的互动模式

（1）**交流频率与质量**。回顾与同事的交流情况，如交流的频率、内容和质量。如果与同事的沟通不足或存在误解，可能导致关系疏远。

（2）**支持与帮助**。思考自己在同事需要帮助时是否给予了足够的支持。缺乏相互支持可能导致同事间的隔阂。

（3）**冲突处理方式**。分析自己在处理与同事之间冲突时的方式，不当的冲突处理方式可能加剧关系的紧张。

3. 识别工作环境因素

（1）**团队文化与价值观**。了解所在团队的文化和价值观，判断自己是否与团队文化相契合，不符合团队文化可能会导致被孤立。

（2）**组织结构与管理风格**。考察公司的组织结构和管理风格，这些因素可能影响同事间的互动和沟通。

（3）**竞争与压力**。识别职场中的竞争程度和压力水平，高度的竞争和压力有时会导致同事间的紧张关系。

4. 审视自身可能存在的问题

（1）**性格与情绪管理**。反思自己的性格特点和情绪管理能力，如是否过于敏感、易怒或缺乏自信，这些都可能影响与同事的相处。

（2）**专业技能与知识水平**。评估自己的专业技能和知识水平是否满足工作要求。若存在不足，可能导致同事的不信任或轻视。

（3）**职业目标与价值观的差异**。思考自己的职业目标和价值观是否与团队或公司相符。职业目标和价值观不一致可能导致隔阂和孤立感。

二、要调整心态保持自信

在面对同事的排挤与孤立时，调整心态至关重要。一个积极的心态不仅能帮助我们更好地应对当前的困境，还能为我们逆袭提供强大的心理支撑。

（1）**正视现实，接受当前处境**。要清楚地认识到自己正面临的处境，不逃避、不否认。理解排挤与孤立是职场中可能遇到的情境之一，这并不代表个人失败或存在缺陷。

（2）**保持乐观，避免过度自责**。不要将同事的行为归咎于自己，陷入自责和负面情绪的漩涡。保持乐观态度，相信困境只是暂时的，未来仍有改善和出现转机的可能。

（3）**树立自信，强化自我价值感**。回顾自己的职业成就和个人优点，增强自信心。明确自己的职业目标和价值观，坚持自己的原则，不因他人的态度而轻易动摇。

（4）**培养韧性，学会应对压力**。将困境视为成长的机会，通过挑战来锻炼自己的韧性。学习并掌握应对压力的技巧，如深呼吸、冥想等，以保持内心的平静与坚定。

（5）**设定小目标，逐步实现自我价值**。制定可实现的短期目标，通过不断达成这些目标来积累成就感和自信心。关注个人成长与进步，而非过分在意他人的看法和评价。

三、寻求专业的心理辅导

在面对同事的排挤与孤立时，我们可能会遭遇情绪波动、自信心受挫等问题。此时，寻求专业心理辅导是一个重要的自我救赎途径。

1. 认识心理辅导的重要性

（1）**情绪疏导**。心理辅导可以帮助我们有效地疏导负面情绪，如焦虑、抑郁等，防止这些情绪对工作和生活的进一步影响。

（2）**增强心理韧性**。通过心理辅导，我们可以学会如何更好地应对压力和挑战，提高在逆境中的自我调适能力。

（3）**明确问题根源**。专业的心理辅导能够帮助我们更清晰地认识问题的根源，从而更有针对性地解决问题。

2. 寻找合适的心理辅导资源

（1）**选择专业机构**。寻找具有专业资质和丰富经验的心理咨询机构或心理咨询师，确保接收到的辅导服务具有专业性和针对性。

（2）**了解辅导方式**。根据个人需求和偏好，选择适合的心理辅导方式，如面对面咨询、电话咨询等。

（3）**考虑费用问题**。在选择心理辅导服务时，要充分考虑费用问题，选择适合自己经济状况的辅导服务。

3. 通过心理辅导提升逆境应对能力

（1）**学会情绪管理**。在心理辅导过程中，学会并掌握有效的情绪管理技巧，避免情绪失控对工作和生活造成负面影响。

（2）**重建自信心**。通过心理辅导师的引导和帮助，重建自信心，相信自己有能力克服当前的困境。

（3）**掌握应对策略**。学习并掌握一些实用的应对策略，如积极面对问题、寻求社会支持、调整自我期望等，以便更好地应对未来的挑战。

4. 建立长期的心理健康维护机制

（1）**定期回顾与调整**。心理辅导是一个持续的过程。定期回顾自己的心理状态，根据实际情况进行调整和改进。

（2）**培养积极的生活习惯**。通过保持健康的生活方式，如规律作息、均衡饮食、适度运动等，来维护心理健康。

（3）**构建社会支持网络**。与家人、朋友和同事保持良好的沟通与交流，构建一个稳固的社会支持网络，以便在需要时寻求帮助和支持。

18.2 改善人际关系与沟通策略

一、主动建立与同事的沟通桥梁

1. 积极参与团队活动与讨论

（1）**主动参与**。无论是团队聚餐、户外活动还是内部研讨会，都应积极参与，这不仅有助于增加曝光率，还能促进与同事的互动。

（2）**展现诚意与热情**。在活动中，应展现出对团队活动的兴趣和热情，这有助于拉近与同事的距离。

案例：小王加入新公司后，发现自己在团队中被边缘化。他选择积极参与每次的团建活动，并在活动中主动与同事交流，逐渐赢得了同事的好感。

2. 主动寻求合作机会，展示团队精神

（1）**寻找合作契机**。在工作中，主动寻找与同事合作的机会，如共同完成项目、分享资源等。

（2）**展现团队合作精神**。在合作中，要强调团队的目标和共同利益，避免个人英雄主义。

案例：被孤立的小李主动请缨加入项目，通过共同的努力，他们成功完成了项目，并因此建立了深厚的友谊。

3. 学习有效沟通技巧，提升交流效果

（1）**倾听与表达**。学会倾听同事的意见，同时清晰、准确地表达自己的想法。

（2）**非语言沟通**。注意肢体语言、面部表情等非语言信号的传递，它们同样承载着重要的沟通信息。

案例：小赵在与同事沟通时，总是耐心倾听并适时给予反馈，他的沟通技巧因此赢得了同事的尊重和信任，逐渐改善了被孤立的情况。

4. 主动寻求反馈与改进

（1）**定期自我反思**。反思自己在沟通中的表现，识别存在的问题和改进的空间。

（2）**寻求他人反馈**。勇于向同事寻求反馈，了解他们对自己的看法和建议。

（3）**持续改进**。根据反馈调整沟通策略，不断提升沟通能力。

5. 利用社交媒体与即时通信工具

（1）**建立线上联系**。通过社交媒体和即时通信工具，如企业微信、钉钉等，与同事保持线上联系。

（2）**分享有价值的信息**。在线上平台分享行业动态、工作心得等有价值的信息，增加与同事的互动机会。

二、倾听与理解同事的观点

（1）**积极倾听，展现诚意**。要全神贯注地倾听同事的意见和看法。通过积极的肢体语言和面部表情，如点头、微笑等，真诚地表达对同事的尊重和关注。

（2）**深入理解，探寻根源**。尝试深入理解同事的观点和立场，探究他们对你产生误解或偏见的原因。通过有效的提问和积极的反馈澄清可能的误会。

（3）**展现同理心，建立连接**。站在同事的角度思考问题，理解他们的感受和需求，展现你的同理心，以建立情感连接，减少隔阂和敌意。

（4）**寻求共识，化解冲突**。在倾听和理解的基础上，积极寻求与同事的共识和妥协点，化解潜在的冲突。

（5）**持续努力，展现改变**。倾听和理解是一个需要持续投入的过程，需要时间和耐心。通过持续努力和积极改变，展现你的诚意和决心，逐步改善被排挤的处境。

三、建立个人品牌与信誉

（1）**明确个人品牌定位**。在被排挤孤立的困境中，要明确自己的个人品牌定位，如自己的专业技能、性格特点以及能够为团队和公司带来的价值。通过自我反思和市场调研，确定自己在职场中的独特卖点，以便更好地展现个人品牌。

（2）**展示专业能力与工作成果**。在工作中，积极争取机会展示自己的专业能力，通过高质量的工作成果来证明自己的价值。同时主动承担具有挑战性的任务，并努力完成任务，以此展现自己的能力和责任心。

案例：虽然小张在公司中被某些同事排挤，但他选择专注于工作，成功完成了一个重要项目，并获得了客户的高度评价。这一成就让同事们开始重新评估他，也逐渐改变了对他的态度。

（3）**保持诚信与责任感**。在任何情况下，都要坚守诚信原则，不参与办公室政治，不传播谣言。对自己的工作负责，不推诿责任，勇于承认错误并积极寻求解决方案。

案例：小李在被孤立的情况下，依然在工作中坚守诚信原则，当项目出现问题时主动承担责任，并积极解决问题。这种责任感赢得了同事的尊重，改善了他的人际关系。

（4）**通过社交网络扩大影响力**。利用公司内部和外部的社交网络，如企业微信、行业论坛等，积极分享自己的见解和经验。通过线上线下的交流活动，与更多的人建立联系，拓宽自己的社交圈子。

案例：小王在被孤立后，开始在行业论坛上积极发言，分享自己的专业知识和独到见解。这一举动不仅提升了他的知名度，还为他带来了更多的合作机会。

（5）**持续学习与自我提升**。不断学习和提升自己的专业技能和知识，以保持在行业内的领先地位。通过参加培训、研讨会等活动，拓宽视野，增强自己的竞争力。

案例：小赵在被孤立期间，选择参加了一个与工作相关的培训课程。通过这次学习，他不仅提升了自己的专业能力，还结识了同行，拓宽了自己的人脉。

18.3 采取行动与展现价值

接下来，我们详细探讨在面对职场的排挤和孤立时，应该采取的行动。

一、积极参与项目展现能力

1. 主动争取参与重要项目

（1）**了解公司项目情况**。要对公司当前和未来的项目进行深入了解，包括项目的目标、重要性、预期成果等。这有助于你判断哪些项目具有挑战性，能够展现你的能力。

（2）**表达参与的意愿和决心**。一旦确定了目标项目，要主动向上级或项目负责人表达自己的参与意愿，并阐述你为何对这个项目感兴趣，以及你能为项目带来哪些独特贡献。

案例：虽然小王在公司被部分同事排挤，但他并未因此气馁，而是积极寻求转机。他了解到公司即将开展的一个重要研发项目，他向项目经理表达了强烈的参与意愿。在申请过程中，他详细阐述了自己在技术领域的专长和对项目的理解，最终成功加入了项目团队。

2. 在项目中展现专业能力和创新思维

（1）**充分准备与深入研究**。在加入项目之前，要做好充分的准备，包括了解项目背景、市场需求、技术难点等。通过深入研究，能在项目中提出有针对性的建议和解决方案。

（2）**发挥创新思维**。在项目中，不要仅仅满足于完成任务，还要发挥创新思维，探索更高效、更优质的解决方案。这不仅能提升项目质量，还能让你的能力得到更多认可。

案例：在研发项目中，小王凭借自己的技术专长，针对一个关键模块提出了创新的算法优化方案。该方案不仅提高了系统的性能，还缩短了研发周期。小王的创新能力和专业技术得到了团队和上级的高度评价。

3. 通过项目成果赢得同事的认可与尊重

（1）**确保项目成功交付**。项目的成功交付是衡量工作成果的重要标志，要确保在项目周期内按时、高质量地完成各项任务，为项目的整体成功贡献力量。

（2）**分享经验与成果**。在项目结束后，应积极分享自己的经验和成果，通过内部分享会、团队讨论等形式，让更多人了解你的贡献和价值。

案例：项目结束后，小王在项目总结会议上详细分享了自己在研发过程中的经验和创新点。他的分享不仅得到了同事们的热烈反响，还为公司后续的项目提供了宝贵的经验。通过这个项目，小王成功逆转了被排挤孤立的局面，赢得了同事们的广泛认可和尊重。

二、建立自己的支持网络

1. 主动与同事建立互助关系

（1）**深入了解团队成员特点**。通过观察和交流，了解团队中每个成员的性格特点、专业专长和工作习惯，以便找到共同话题和合作点。

（2）**积极参与团队活动**。利用团建的机会，加强与同事之间的互动，展现自己的亲和力和团队协作精神。

（3）**主动提供帮助**。当同事遇到困难时，及时伸出援手，展现自己的善意和乐于助人的品质。

2. 寻求与同事的合作

（1）**识别共同兴趣和目标**。通过与同事的交流，发现彼此之间的共同点和兴趣，并以此为基础建立更紧密的关系。

（2）**搭建合作平台**。主动提出合作建议，将共同的兴趣和目标转化为具体的项目或任务，以加强彼此之间的合作。

（3）**共同学习与成长**。与同事分享知识和经验，相互学习，共同成长。

3. 在团队中形成积极的影响力

（1）**保持积极态度**。无论面对何种困难或挑战，都应保持乐观和积极的态度，为团队传递正能量。

（2）**分享成功经验**。当自己取得成就时，应主动分享成功经验，以激励团队成员共同进步。

（3）**倡导团队协作精神**。在团队中倡导相互支持、共同进步的精神，以营造和谐的团队氛围。

三、通过实际行动改变他人认知

1. 以身作则，高效决策，展现责任心

（1）准时完成工作，不拖延。

（2）对工作中的问题积极寻求解决方案。

（3）在团队中主动承担责任，不推诿。

案例：小张在项目中遇到了一个技术难题，他没有选择放弃或寻求他人的直接帮助，而是利用业余时间自学相关知识，最终成功解决了问题，赢得了团队领导及成员们的赞赏。

2. 主动承担责任，解决团队中的问题

（1）关注团队中的问题和挑战。

（2）主动提出解决方案并实施。

（3）不怕困难，坚持到底。

案例：小李注意到团队在项目管理上很混乱，他主动提出了项目管理流程的优化方案，并负责实施。经过一段时间的努力，项目管理流程得到了明显的改善，小李也因此得到了团队领导及成员们的认可。

3. 通过实际行动赢得同事的信任和尊重

（1）保持诚信，不背后议论他人。

（2）在工作中展现自己的专业素养。

（3）通过持续的努力和成果来证明自己。

案例：小王在工作中始终保持着诚信和专业的态度。他从不参与办公室的斗争，而是专注于提升自己的专业技能。经过一段时间的努力，他在项目中取得了显著的成果，赢得了同事们的尊重和信任。

场景十九

电梯里遇到领导，如何轻松应对不尴尬

电梯里突然碰到领导，是否总让你感到有些手足无措？别担心，这种情况都会碰到，关键是要知道怎么应对。其实，偶遇领导并不一定是坏事，处理得当，反而能给领导留下好印象。

19.1 即时反应与心态调整

一、保持冷静，避免惊慌失措

1. 常见错误应对

（1）**惊慌失措**。有些人遇到领导会突然变得很紧张，表现出明显的局促不安，这会给领导留下不专业的印象。

（2）**语无伦次**。紧张的情绪可能导致言语混乱，无法清晰地表达自己的意思，这会严重影响与领导的沟通效果。

（3）**过度热情或冷淡**。有人可能会因紧张而表现得过于热情，也有人可能会因不知所措而显得过于冷淡，这两种极端反应都不利于建立良好的职业形象。

（4）**逃避眼神接触**。如果避免与领导进行眼神交流，那么会给领导留下不自信或不尊重他人的印象。

2. 应对建议

为了避免上述错误，我们应该学会保持冷静并做出恰当的反应。以下是一些建议。

（1）**深呼吸，稳定情绪**。当发现领导在电梯里时，要深呼吸，缓解紧张感，使自己能够更冷静地应对接下来的交流。

（2）**保持微笑，展现自信**。微笑是一种有效的社交工具，即使在紧张的情况下，也要尽量保持微笑，向领导展现出你的从容和自信。

（3）**快速整理思绪**。在保持稳定情绪的同时，快速整理自己的思绪，思考如何与领导进行简洁、恰当的交流。

（4）**保持正常语速和音量**。与领导交流时，要注意保持正常的语速和音量，确保沟通的清晰度和舒适度。

二、快速评估，选择适当的话题或问候方式

（1）**观察领导的状态**。注意领导的表情、动作以及可能的随行人员，以判断领导是否处于忙碌、沉思或其他特定状态。如果领导显得疲惫或匆忙，简短的问候可能是更合适的选择。

（2）**选择合适的话题**。如果领导显得轻松且愿意交流，可以选择一些轻松、中性的话题，如最近的天气、即将到来的假期计划或公司最近的活动等。避免涉及敏感的工作话题，如人事变动、项目进展等，以免让领导感到不适。

（3）**灵活调整问候方式**。根据与领导的熟悉程度，选择正式或非正式的问候语。对于不太熟悉的领导，使用更为正式的问候，如“早上好，王总”；对于较为熟悉的领导，可以稍微随意一些，如“嗨，王总，早啊”。

（4）**准备简洁的自我介绍**。如果与领导并不熟悉，可以在问候后简洁地自我介绍，以便给领导留下印象。

（5）**注意语言和语调**。保持语言清晰、语调友好，以传达出积极、自信的态度。

三、调整心态，把偶遇当作交流机会

（1）**视为展示自我的机会**。尽管在电梯里的交流时间短暂，但你可以通过得体的言行给领导留下良好印象，比如保持微笑，展现自信。如果有机会交谈，可以简洁明了地表达自己的观点或询问领导的感受。

（2）**积极把握建立关系的契机**。如果条件允许，可以简短提及当前

工作的进展或遇到的挑战，以此引起领导的关注。这样做不仅有助于增进领导对你的了解，还可能为未来的工作合作或晋升打下基础。

（3）**作为了解领导风格的机会**。领导在电梯里的简短交流可能会透露出他们的管理风格、关注重点或沟通习惯。这些信息对于你未来与领导的互动非常有价值。

（4）**转换为学习的机会**。如果领导在电梯里提及了某个行业趋势、管理理念或工作经验，不妨在之后的工作中加以实践或进一步探讨。这样不仅能提升自己的工作能力，还能加深与领导的共鸣，促进双方关系的进一步发展。

（5）**避免过度解读和紧张**。在电梯里的偶遇往往时间短暂且环境特殊，领导的反应可能并不完全代表他们的真实态度。因此，无须过分紧张或猜测，保持自然和真诚即可。

19.2 简洁高效的沟通策略

一、礼貌而简短的问候

在电梯中偶遇领导时，一个礼貌而简短的问候不仅能够缓解尴尬的气氛，还能够展现自己的职业素养以及对领导的尊重。

（1）**问候的及时性**。在电梯里遇到领导时，应立即主动问候，避免让领导先开口或造成冷场的尴尬情况。

案例：小张在电梯门开启的瞬间认出了里面的总经理，他立刻微笑着说："总经理好，没想到会在这里遇到您。"这样的及时问候让总经理感到被尊重和认可。

（2）**问候的得体性**。在问候时要保持微笑，进行眼神交流，声音清晰且音量适中，确保问候既不过于热情也不过于冷淡。可以使用"您好""早上好""下午好"等礼貌用语，根据时间场合选择合适的问候方式。

案例：李华在电梯里遇到了领导，她微笑着用清晰的声音说："下午好，副总。"她的得体问候让副总感到舒适，也展现了李华的职业素养。

（3）**问候的简洁性**。在电梯里的问候应简短明了，避免冗长的寒暄或不必要的交谈。

案例：赵明在电梯里遇到董事长，他简洁地问候："董事长好！"没有多余的言语，既表达了尊重又不失效率。

（4）**问候的个性化**。如果与领导有一定的熟悉度，可以在问候中加入领导的名字或适当的称呼，以增加亲切感。

案例：王刚与部门经理关系不错，在电梯里相遇时，他热情地打招呼："刘经理，早上好！"这样的问候拉近了彼此的距离。

（5）**问候之后的姿态**。问候之后，应保持适当的距离和姿态，避免过度贴近或背对领导站立，以显示你的尊重和礼貌。

案例：陈芳在问候完总监后，自然地站到电梯的一侧，与总监保持适当的距离，既不显得拘谨也不显得唐突。

二、若有机会，进行简短且积极的交谈

（1）**选择恰当的话题**。可以谈论当前的工作进展、团队氛围或最近的行业新闻，以保持交谈的轻松氛围。

案例：小张在电梯里遇到了总经理，他巧妙地提及了最近公司举办的一次成功活动，并感谢总经理的支持。这样的话题既正面又与工作紧密相关，使交谈氛围十分融洽。

（2）**简洁明了地表达**。避免冗长的叙述和无关紧要的细节，快速传达核心信息，让领导能够迅速理解你的意思。

案例：小李在电梯里向部门经理简要汇报了一个重要项目的最新进展，仅用几句话就清晰地说明了项目的关键阶段和预期成果，部门经理听后表示了肯定和鼓励。

（3）**保持积极的态度**。即使面临挑战或困难，也要以解决问题的心态与领导交流，以展示你的主动性和抗压能力。

案例：小王在电梯里偶遇领导时，提到了最近遇到的一个工作难题，他没有抱怨，而是表达了正在积极寻找解决方案的决心，领导对他的这种积极态度表示了赞赏。

（4）**倾听与反馈**。即使时间紧迫，也要表现出对领导话语的尊重和

关注，通过点头、微笑或简短的回应来表示你的理解和赞同。

案例：小赵在电梯里与副总经理交谈时，认真倾听了副总经理对行业趋势的看法，并适时点头表示赞同。这种倾听和反馈让副总经理感受到了尊重。

三、避免涉及敏感或复杂的话题

在电梯里与领导进行简短交流时，应特别注意避免涉及敏感或复杂的话题。由于电梯内的交流时间有限且环境较为公开，不适合深入讨论可能引发争议或需要长时间解释的问题。

（1）**避免政治敏感话题**。政治话题往往具有争议性，容易引发不同的观点和情绪。在电梯这样短暂且公开的交流场合，讨论政治话题可能会造成尴尬或紧张的氛围，甚至影响与领导的关系。

案例：小张在电梯里遇到领导时，无意中提起了最近的一个政治热点事件。由于观点不同，两人很快陷入了尴尬的沉默。这次经历让小张意识到，在电梯等公共场合应避免涉及敏感的政治话题。

（2）**避免谈论公司内部纠纷**。公司内部纠纷往往涉及多方利益和复杂的关系，不适合在电梯里与领导进行简短交流时提及。这样做可能会给领导留下不专业的印象，甚至卷入不必要的纷争。

案例：小李在电梯里偶遇领导，顺口提起了最近公司内部的一次人事变动引发的争议。领导听后只是敷衍了几句，气氛变得很尴尬。小李后来意识到，这样的场合并不适合讨论公司内部纠纷。

（3）**避免深入探讨复杂项目细节**。在电梯里的交流时间有限，不适合展开复杂且保密性要求较高的项目讨论。因此，可以简要提及项目进展或成果，但避免深入探讨细节。

案例：小王在电梯里向领导汇报了一个正在进行的复杂项目。由于时间紧迫且环境嘈杂，他无法详细解释项目细节和技术难点。领导听后感到困惑不解，小王也意识到这样的场合并不适合深入探讨项目细节。

（4）**避免涉及个人隐私话题**。个人隐私是每个人的敏感区域，不适合在公共场合或与不太熟悉的人讨论。在电梯里与领导交流时，应尊重彼此的隐私边界，避免提及可能引起不适或尴尬的个人话题。

案例：小赵在电梯里遇到领导时，无意中问起了领导的家庭情况。虽然领导礼貌地回答了问题，但小赵能感到对方的不自在。他意识到自己的问题可能触及了领导的个人隐私，因此在之后的交流中更加注意避免此类话题。

19.3 礼貌告别与后续行动

一、电梯到达时礼貌告别

（1）**简洁明了的告别语**。在电梯门打开准备离开时，可以说“谢谢您的宝贵时间，再见”或者“感谢您的指导，祝您一天愉快”等。这样的告别既表达了对领导的尊重，又避免了烦琐。

（2）**保持微笑和眼神交流**。微笑能够传达友善和尊重，而眼神交流则能增强沟通的真诚性。在告别时，看着领导的眼睛微笑并点头示意，能够给对方留下积极的印象。

（3）**注意电梯礼仪**。若与领导一同走出电梯，应让领导先行；若自己先走出，可以礼貌地示意领导注意安全，并确保自己不会妨碍到其他乘客。

（4）**避免过度寒暄**。尽管礼貌的告别很重要，但也要考虑到电梯是公共场所，过度寒暄可能会造成他人的不便。因此，应控制告别的时间，保持高效。

（5）**灵活应对不同情况**。如果之前的交流非常愉快，可以在告别时表达期待未来有更多交流的机会；如果领导显得忙碌或不太愿意多谈，则应简洁告别，不给对方增加负担。

二、如有必要，可提出后续沟通的建议

（1）**判断是否需要进一步沟通**。如果在电梯中的交流涉及了工作的重要问题、待解决的难题或需要领导进一步指导的事项，那么提出后续沟通的建议就是合理的。

（2）**选择合适的沟通方式**。根据事项的紧急程度和领导的日程安排，灵活选择最合适的沟通方式。例如，对于紧急且重要的事项，可以提议尽快安排一个面对面的会议。

（3）**明确沟通的目的和内容**。这样可以让领导对即将进行的沟通有清晰的预期，提高沟通效率。同时，也能展现出自己的条理性和专业性。

（4）**尊重领导的时间和安排**。可以先询问领导何时方便进行沟通，再根据领导的时间来安排具体的沟通计划。这样做既体现了对领导的尊重，也有助于确保沟通的顺利进行。

（5）**准备充分的材料和议程**。这样可以确保在后续的沟通中更加高效、有序地讨论问题，避免浪费时间和降低沟通效率。

案例：小陈在电梯里遇到部门经理，他简短提到了最近正在推进的一个项目遇到的技术难题。部门经理表示会关注，并询问了具体情况。由于电梯即将到达楼层，小陈判断这个问题需要更深入的讨论，于是适时地提出了后续沟通的建议："经理，这个项目的技术难题可能需要您的进一步指导。您看明天上午您有时间吗？我可以准备材料，和您详细汇报。"部门经理同意了小陈的提议，并约定了第二天上午的时间进行面对面沟通。通过后续沟通，小陈成功地解决了项目中的技术难题，并得到了部门经理的认可和支持。

三、保持职业素养，不泄露偶遇的私人对话

（1）**尊重隐私，严守秘密**。职业素养要求我们对工作中接触到的敏感信息要保密。即使是无意中听到的私人对话，也应严格保密，不可作为闲聊时的话题。

（2）**避免传播非正式言论**。电梯里的对话往往较为随意，可能并不代表领导的最终决定或立场。因此，将这些非正式言论当作正式信息来传播是不恰当的。

（3）**谨慎处理偶然得知的信息**。在电梯或其他偶然场合获得的信息，尽管可能具有某种价值或重要性，但如何妥善处理和运用这些信息，需要展现出高度的职业素养和敏锐的判断力。

（4）维护专业形象，远离职场八卦。职场中的八卦往往无益于营造和谐、高效的工作氛围。作为职业人士，应避免参与或传播此类信息，以维护自身的专业形象。

加个餐：在电梯里获得了2000万的投资

我想分享一个发生在电梯里的真实故事。

1. 案例背景

梁建峰，真真海淘的创始人，曾在小米科技的电梯里遇到了小米科技的创始人雷军。在毫无准备的情况下，他迅速且本能地掏出手机，向雷军展示了自己的产品——真真海淘。在这次简短的电梯里的交谈后，梁建峰成功获得了小米科技2000万的投资。

2. 案例细节

（1）偶遇与即时反应。梁建峰在电梯里偶遇雷军，这完全是一个意外的惊喜。但他立刻意识到这可能是一个潜在的机会，因此立即采取行动，通过手机展示产品。

（2）简洁明了的展示。在电梯从1楼到12楼的短暂时间里，梁建峰没有过多时间进行详细的产品演示或复杂的商业计划讲解。因此，他的展示内容必须简洁、直接且吸引人。

（3）产品与市场契合。真真海淘的直播电商模式恰好与雷军对电商行业的兴趣相契合。雷军看到了真真海淘的潜力和市场前景，这也是他决定投资的重要因素。

（4）诚信与专业度。尽管是偶然相遇，但梁建峰展现出了极高的专业性和对产品的深刻了解，这加深了雷军对他的信任感。

3. 学习参考点

（1）抓住机遇。在商业战场上，机会往往稍纵即逝。梁建峰的故事提醒我们，要时刻保持警觉，随时准备好展示自己的创意和产品。

（2）精炼的沟通技巧。在短时间内有效传达核心信息至关重要。学会简洁、清晰地表达自己的观点和想法，能显著提高成功的概率。

（3）了解市场和投资者。深入了解市场和潜在投资者的兴趣、需求和期望，有助于更准确地定位产品，并找到最合适的投资者。

（4）专业性与充分的准备。无论何时何地，都应保持高度的专业性和充分的准备，因为你永远不知道机会何时会出现。

（5）勇气与决断。在关键时刻，勇于展示自己的想法和产品，并果断地采取行动，是成功的关键。

总的来说，梁建峰在电梯里争取到投资的成功案例，不仅展现了他敏锐的商业嗅觉和出色的沟通技巧，更体现了他对机遇的精准把握和勇于展示自己的非凡勇气。这些都是值得我们学习和借鉴的宝贵经验。

场景二十

阶段性述职报告，这样说让领导眼前一亮

接下来，我们聊一下述职报告。或许有些小伙伴会认为，述职报告不就是工作汇报吗？直接用之前工作汇报的方法和技巧不可以吗？

其实，述职报告和工作汇报之间存在着较大差异，主要有以下几点。

一、内容范围与重点

述职报告聚焦于个人层面，详细阐述个人在特定时间段内的工作表现、任务完成情况和个人的成长。它重点反映个人的工作内容、设定的目标、达成的计划以及面临的挑战，是对个人工作绩效的全面展示。而工作汇报则放眼于更广的视角，不仅关注个人的工作，还涉及团队或项目的整体进展、状态及存在的问题与解决方案，旨在提供全面的工作概况。

二、呈现的视角和风格

述职报告通常采用第一人称叙述，以“我”为主体，详细陈述个人在工作中的具体表现、收获与反思，具有较强的个人化和主观性。而工作汇报则往往采用更为客观的第三人称或集体视角，注重用数据和事实说话，对团队成员的贡献进行公正评价，凸显整体工作成效，风格更正式。

三、目标受众

述职报告主要面向直接上级或评审团队，旨在展示个人的工作成果，以获得认可、反馈，甚至是晋升机会，因此它更侧重于个人的表现和成就。而工作汇报的受众则包括直接上级、团队成员乃至合作伙伴等多方利益相关者，目标是通报工作进度，加强沟通与合作，促进整体工作的顺利推进。

四、使用情境与目的

述职报告常在特定的考核周期结束时提交，如在年度或半年度考核时，用于评价个人的工作表现，并作为晋升或奖励的依据。而工作汇报则更灵活，可能定期进行，如周报、月报，或者在重要项目节点进行，以及时反馈工作进展，解决当下问题，并推动项目或团队目标的达成。

既然述职报告和工作汇报有较大差异，那么如何才能做好述职报告呢？

20.1 开篇布局——精准把控，突出核心

一、简明扼要的总述

在述职报告的起始部分，简明扼要的总述至关重要。这部分内容应当高度概括，用精炼的语句阐述本阶段的核心工作内容、主要成果以及遇到的挑战，旨在为直接上级或评审团队提供一个快速了解你工作概况的窗口，同时引导他们进一步关注你工作的细节。

1. 注意事项

（1）避免冗长和复杂的句子，力求简洁明了。

（2）突出关键信息，避免过多的细节描述。

（3）保持客观中立的语气，避免个人主观意见的插入。

2. 报告文案参考

“本阶段，我主导了××项目的推进工作，通过优化流程与团队协作，实现了项目的高效完成，并成功应对了期间出现的多项挑战，整体工作取得了丰硕成果。”

“在过去的一段时间内，我专注于客户关系的深化与市场拓展，通过精准营销策略，有效提升了品牌知名度和市场占有率，同时也面临了市场竞争加剧的挑战。”

二、明确的工作目标回顾

在此部分，详细回顾并列出本阶段设定的工作目标及其达成的情况是必要的。通过具体的数据或指标来证明工作的进展和取得的成效，帮助领导清晰地了解你的工作目标、执行情况和最终结果。

1. 注意事项

（1）确保所列出的目标与公司的整体战略相一致。

（2）使用具体的数据或百分比来量化目标的达成情况。

（3）如果未达成目标，需简要说明原因及改进措施。

2. 报告文案参考

“本季度设定的目标是提高 20% 的销售额，实际达成 22% 的销售额增长，超额完成任务，这主要得益于销售策略的优化和客户服务体验的增强。”

“本阶段，我的主要目标是降低 10% 的生产成本，经过一系列成本管控措施的实施，我们成功地将生产成本降低了 11%，实现了既定目标。”

三、重点成果亮点

本部分应聚焦于你在本阶段工作中取得的重要成果和创新点。这些亮点能够凸显你的工作能力和对团队的贡献，同时也是让领导对你印象深刻的关键。

1. 注意事项

（1）选择的成果应具有代表性和影响力。

（2）强调创新性和解决问题的有效性。

（3）可以用具体案例来支撑你的亮点描述。

2. 报告文案参考

“在本阶段，我成功推动了 ×× 技术的研发与应用，该技术不仅提高了生产效率，还显著降低了运营成本，成为我们团队的一大亮点。”

“通过引入 ×× 管理系统，我们实现了项目流程的自动化与标准化，大幅提高了工作效率和质量，这一创新举措得到了领导和同事们的高度认可。”

20.2 深入分析——数据支撑，成果说话

一、详细数据对比

在本部分，应通过详细的数据对比来展示工作前后的改进与提升。提供具体的数据指标，对比之前和当前的工作效果，从而客观地反映工作的进展和取得的成效。

1. 注意事项

（1）确保数据的真实性和准确性。

（2）选择具有代表性的数据指标进行对比。

（3）结合图表或图像，以更直观的方式展示数据对比结果。

2. 报告文案参考

“通过对比本季度与上一季度的销售数据，我们发现销售额增长了30%，客户满意度也提升了15%，这充分证明了我们销售策略的有效性。”

“在引入新的生产管理系统后，产品不良率从之前的2%降到了0.5%，生产效率也提高了20%，这一数据对比清晰地展示了我们在生产流程改进方面所取得的成果。”

二、问题解决与风险应对

此部分应列举本阶段遇到的主要问题及采取的解决措施，并阐述解决效果，以体现你的问题解决能力和风险应对能力。

1. 注意事项

（1）清晰描述问题的性质和影响。

（2）详细说明采取的解决措施及其实施效果。

（3）如果问题尚未完全解决，那么应提出后续的改进计划。

2. 报告文案参考

“在本阶段，我们面临了供应链延迟的问题，通过及时调整采购策略和引入备用供应商，我们成功地将交货时间缩短了 30%，有效缓解了供应链压力。”

“面对市场竞争加剧的风险，我们积极调整市场策略，加大产品创新力度，并加强与客户的沟通与服务，从而稳固了市场地位。”

三、团队协作与资源整合

本部分应阐述团队协作的成效及资源优化配置的策略，展示你如何带领团队高效协作，实现资源的最大化利用。

1. 注意事项

（1）强调团队协作的重要性及取得的显著成果。

（2）描述资源优化配置的具体做法及取得的实际效果。

（3）可以结合具体案例来支撑你的描述，使内容更加生动、有说服力。

2. 报告文案参考

“通过加强团队内部的沟通与协作，我们成功完成了多个跨部门项目，实现了资源共享和优势互补，有效提高了整体工作效率。”

“在资源配置方面，我们根据项目优先级和紧急性进行合理分配，确保了关键项目的顺利推进，同时，我们优化了成本结构，实现了资源的高效利用。”

20.3 前瞻规划——展望未来，持续改进

一、下一阶段工作目标

在此部分，需要清晰地设定下一阶段的工作目标。这些目标应当具

体、可量化，并与公司整体战略相一致。在阐述目标时，要考虑可行性，并展示这些目标的实现将如何推动团队或公司的进一步发展。

1. 注意事项

（1）目标设定要具体、明确，避免模糊或过于笼统的描述。

（2）确保目标与公司的长期规划和战略方向保持一致。

（3）考虑目标的可实现性，避免设定过高或过低的目标。

2. 报告文案参考

“下一阶段，我计划将客户满意度提升5%，通过优化服务流程和增加个性化服务来实现这一目标。”

“在接下来的季度，我的主要目标是提高团队的工作效率，具体指标是将项目完成时间缩短10%。为此，我将引入新的时间管理工具，并加强团队内部沟通。”

二、个人能力提升计划

此部分应关注于个人能力提升的规划和策略。通过反思本阶段的工作表现，识别自身的不足之处，并提出具体的改进和提升方案。这展示了你对个人职业发展的重视和自我提升的决心。

1. 注意事项

（1）诚实地评估自己的不足，避免过度自夸或掩饰问题。

（2）提升计划应具有可操作性和针对性。

（3）可以结合公司提供的培训资源或个人学习计划来制定提升方案。

2. 报告文案参考

“为了提高我的项目管理能力，我计划参加公司组织的PMP（项目管理专业人士）培训课程，并在实际工作中积极应用所学知识。”

“针对我在沟通技巧上的不足，我打算定期参加沟通培训课程，并在团队会议上积极发言，以此锻炼自己的表达能力。”

三、团队发展与建议

在此部分，你需要对团队未来的发展方向提出建议，并阐述自己的观点和理由。这展示了你对团队整体发展的关注和前瞻性思考，同时也能为领导提供有价值的参考意见。

1. 注意事项

（1）建议应与团队的实际需求和公司整体战略相契合。

（2）提供具体的实施方案或行动计划来支持你的建议。

（3）考虑建议的可行性和可能带来的影响。

2. 报告文案参考

“我建议我们团队在未来的工作中加强跨部门协作，通过定期举行联合会议和分享会，促进信息共享和资源整合，从而进一步提高整体工作效率。”

“针对团队中年轻成员较多的情况，我建议开展一系列职业发展规划辅导和培训活动，帮助他们更好地规划个人职业生涯，并提高工作满意度和忠诚度。”

场景二十一

时机成熟的时候，如何大胆提升职加薪

职场就像一场马拉松，每个人都在奋力奔跑，升职加薪这些小目标，激励着我们不断前进。然而，有时我们可能会感到迷茫，不知道该怎么去争取这些小目标。

别担心，我将提供一个超实用的框架，教你如何在适当的时机，用巧妙的方式提出升职加薪。这个过程就像一场精心策划的“攻势”，从了解自己、找准时机，到巧妙沟通、应对谈判，再到跟进落实，每一步都至关重要。准备好了吗？让我们一起揭开这场“攻势”的神秘面纱！

21.1 自我评估与准备

一、明确个人职业目标与价值

在寻求升职加薪之前，首先要明确自己的职业目标和在团队及公司中的价值。这是为了确保你的请求不仅符合个人的职业发展路径，还能清晰地展示出你对公司的贡献和重要性。

1. 深入分析当前职业阶段和目标

（1）**了解自身职业发展阶段**。明确你目前处于职业生涯的哪个阶段，是初级员工、经验丰富的中坚力量，还是即将迈入领导岗位的候选人？这有助于你更准确地定位自己的职业需求。

（2）**设定具体职业目标**。基于当前阶段，设定明确的短期和长期职业目标。这些目标应具有可衡量性，如晋升到特定职位、获得某些专业技能认证或达到特定的业绩指标。

（3）**与公司战略对齐**。确保你的职业目标与公司的发展战略保持一致。了解公司的未来规划和业务重点，以便将自己的目标与公司的整体

方向相结合。

2. 全面评估个人在团队及公司中的价值

（1）**识别核心技能和专长**。明确你在工作中的核心技能和专长，如技术技能、领导能力、项目管理能力或特定的行业知识等。

（2）**量化个人贡献**。尝试用量化的方式展示你对团队和公司的贡献，如通过具体的数据或成果来体现你的工作效率、项目成功率或成本的节约等。

（3）**收集反馈和认可**。主动寻求同事、上级或客户的反馈，了解他们对你工作的认可程度。这些正面的反馈和评价将作为你升职加薪的有力支持。

3. 明确个人价值与公司需求的契合点

（1）**分析公司需求**。深入了解公司目前的需求和挑战，特别是与你所在部门或团队相关的方面。这有助于你找到个人价值与公司需求之间的契合点。

（2）**展示独特价值**。明确你在团队或公司中的独特价值，如创新思维、解决问题的能力、团队合作精神或领导能力等。展示这些独特价值将增加你在升职加薪谈判中的筹码。

（3）**准备案例**。准备一些具体的案例，展示你如何通过自己的努力和专长为公司带来实际的效益和改进。这些案例可以是成功的项目、创新的想法或解决复杂问题的过程。

二、梳理工作成绩与贡献

在提出升职加薪之前，系统地梳理自己的工作成绩和贡献至关重要。这不仅能帮助你更清晰地了解自己的价值，还能为升职加薪提供有力的支撑。

（1）**明确时间范围**。确定你要梳理的工作成绩的时间范围，包括你在当前职位上的整个工作期间，或至少是最近一段时间内的工作表现。

选择一个既能全面反映你的工作成果和进步，又不至于过长的时间范围。

（2）**列举关键项目和成果**。在这个时间范围内，列举你参与或主导的关键项目和重大成果。这些项目和成果应对公司有重要意义，能够直接体现你的工作价值。

（3）**量化工作成绩**。尽可能地量化你的工作成绩，用具体的数据和指标直观地展示你的贡献，如在某个项目中提高工作效率的百分比或节省的成本。

（4）**强调团队协作与领导能力**。在梳理工作成绩时，不要忽视你在团队协作和领导方面的贡献。可以提及你如何带领团队完成任务，或在团队中发挥的关键作用，以及如何提高团队的整体效率。

（5）**反思与改进**。在梳理工作成绩的过程中，也要进行反思，识别工作中存在的不足和需要改进的地方。这种自我批评的态度既能展示你的职业精神和成长意愿，又能让领导看到你对自己工作的清晰认识和规划。

（6）**整理成书面材料**。将你的工作成绩和贡献整理成书面材料，作为你升职加薪请求的附件，或与领导沟通的参考。确保材料结构清晰、条理分明，让领导能快速地了解你的主要工作成绩和贡献。同时，也要确保材料的真实性和客观性，避免夸大或虚构工作成绩和贡献。

三、准备充分的谈判材料

（1）**工作绩效与评价材料**。收集并定期整理工作绩效评价，包括定期的绩效评估报告、360度反馈评价等。突出自己在工作中的亮点和表现，如关键项目的完成情况、创新性的解决方案等。

（2）**成果展示与案例分析**。准备具体的工作成果展示，如项目报告、案例分析、业务增长图表等。选择几个典型的成功案例，详细说明你在其中的角色、所遇到的挑战以及你是如何克服这些挑战的。

（3）**专业技能与证书**。列出你所具备的专业技能和资格证书，特别是那些与职位相关、能够显著提升你工作价值的技能。如果可能，提供这些技能和证书在实际工作中发挥作用的实例。

（4）**市场薪酬调研数据**。进行市场调研，了解同行业相似职位的薪酬水平。收集并整理这些数据，将其作为请求加薪的参考依据，以证明你的请求是合理且符合市场标准的。

（5）**个人发展规划与目标**。明确你的个人职业发展规划，包括短期和长期目标。阐述这些目标如何与公司的整体战略和发展方向相一致，以及实现这些目标将如何为公司带来更大的价值。

（6）**预期贡献与价值提升计划**。说明如果获得升职加薪，你将如何为公司带来更大的贡献。提供一个具体的价值提升计划，包括你将如何利用新职位和更高的薪资来推动业务增长、提高效率等。

（7）**谈判策略与备选方案**。制定详细的谈判策略，包括如何开场、如何阐述请求、如何回应可能的问题或反对意见等。准备备选方案，以应对领导可能提出的各种情况，如部分加薪、延期加薪、其他福利补偿等。

21.2 升职加薪的谈判技巧

一、选择合适的沟通时机与方式

在提出升职加薪的请求时，选择合适的沟通时机与方式至关重要，因为这能增加沟通的有效性，提高请求被接受的可能性。

（1）**分析领导的日程安排和工作节奏**。在选择沟通时机之前，先要了解领导的日程安排和工作节奏。通过观察领导的工作习惯，找出其相对空闲或心情较好的时间段。这些信息可以通过与领导的秘书或助理沟通，或者留意公司内部通信工具上的领导日程安排来获取。

（2）**避开繁忙时段和敏感时期**。避免在领导特别忙碌或公司面临重大决策、项目截止等敏感时期提出升职加薪的请求。在这些时段，如月底财务报告期间、重要客户来访前、公司内部调整期等，领导可能没有足够的精力或心情来处理你的请求。

（3）**选择适合的沟通方式**。根据领导的偏好和公司文化，选择适合的沟通方式。面对面沟通通常更加直接有效，但也需要更多的准备和勇气。如果领导更倾向于书面沟通，可以考虑通过电子邮件或内部通信工具发送请求。无论选择哪种方式，都要确保表达清晰、准确。

（4）**预约沟通时间**。如果选择面对面沟通，最好提前与领导预约时间。这样可以确保领导有足够的时间和精力来处理你的请求，也显示出你对领导的尊重。在预约时，可以简要说明沟通的目的，以便领导有所准备。

（5）**考虑团队和公司状况**。在选择沟通时机时，还要考虑团队和公司的整体状况。如果团队近期有重大变动或公司业绩不佳，可能需要更加谨慎地选择时机。在这种情况下，可以先与领导进行非正式沟通，了解公司的整体战略和领导对团队的期望，再决定是否提出升职加薪的请求。

（6）**做好充分准备**。无论选择何时何地与领导沟通，都要做好充分的准备，如了解公司的晋升和薪酬政策、准备自己的工作成绩和贡献材料、明确自己的期望和理由等。充分的准备能够增加你的信心，使沟通更加顺畅和有效。同时，也能够展示你对这次沟通的重视以及对升职加薪请求的认真。

二、清晰阐述升职加薪的期望

（1）**明确期望的职位与职责**。在沟通之前，需要对自己期望的职位有清晰的认识。了解该职位的具体名称、级别以及在组织中的定位，并明确该职位所承担的责任和工作范围。这样在沟通时就能够准确地表达自己的期望，并让领导了解你对该职位的全面理解。

（2）**阐述期望薪资水平与调整理由**。在提出升职加薪请求时，需要明确自己的期望薪资水平。这个期望应该是基于你对当前市场薪资标准的了解，以及对自身价值和贡献的评估。同时，你需要准备充分的理由来支持你的薪资期望，如工作表现、承担的责任、专业技能的提升等。

（3）**强调个人价值与贡献**。在阐述升职加薪的期望时，重点强调个人价值和为公司做出的贡献。这可以通过列举在过去工作中取得的成果、解决的问题以及为公司带来的效益来体现。让领导明白，升职加薪请求是基于你对公司的实际贡献和未来的潜力，而非仅仅是个人的诉求。

（4）**展示未来规划与承诺**。除了强调过去的成绩，还需要向领导展示你对未来的规划和承诺。阐述你对未来职位的认识和打算，以及你将如何在新职位上继续为公司创造价值。这能够让领导看到你的远见和决心，从而提高升职加薪的成功率。

（5）**保持专业且诚恳的态度**。在沟通过程中，保持专业且诚恳的态度至关重要。避免过于激动或情绪化的表达，而是以事实和数据为依据，客观地阐述你的期望和理由。同时，表现出对领导的尊重和信任，以及对公司未来发展的关心和承诺。

（6）**准备应对领导可能的反馈**。在提出升职加薪请求之前，还需要预见领导可能的反馈和疑问，并提前准备好相应的回应。例如，领导可能会询问你对当前工作的满意度、对未来发展的具体规划等。准备好这些问题的答案，能够让你在沟通中更加自信和有说服力。

三、灵活应对领导反馈

（1）**保持冷静与专注**。在听到领导的反馈时，首先要保持冷静，切勿因领导的某些言论而情绪化。冷静的态度有助于你更清晰地分析和回应领导的观点。专注于领导所说的内容，不要急于打断或反驳，确保在完全理解领导的意思后再给出回应。

（2）**积极倾听与理解**。倾听是一种重要的沟通技巧。在沟通过程中，要全神贯注地倾听领导的反馈，捕捉其中的关键信息和潜在含义。通过点头、微笑或简单的肯定词来回应领导，以表示你在认真听取并理解他们的观点。

（3）**分析领导反馈的深层含义**。领导的反馈可能包含多层意思，除了表面的言语，还要分析其背后的意图和期望。考虑领导是否对你的工作表现有特定的期望，或者是否希望你在某些方面有所改进。

（4）**合理回应与解释**。针对领导的反馈，给出合理且具体的回应。如果领导提出疑问或担忧，用事实和数据来支持你的观点，解释你为何值得升职加薪。避免情绪化的回应，保持专业和客观的态度，让领导感受到你的诚意和专业素养。

（5）**调整策略与提出解决方案**。根据领导的反馈，灵活调整你的应对策略。如果领导对你的某些方面存在疑虑，提出具体的改进计划或解决方案，展示你的主动性和解决问题的能力，这有助于增加领导对你的信任和支持。

（6）**保持开放心态与准备备选方案**。在谈判过程中，保持开放的心态，对领导的反馈持积极态度，并愿意考虑不同的观点和建议。准备备选方案以应对可能的僵局或不利情况。如果初次提议被拒绝，能够灵活地提出其他可行的选项。

21.3 谈判后的跟进

一、总结谈判结果与制订行动计划

（1）**全面回顾谈判内容**。仔细回顾谈判过程中的所有讨论点，包括你提出的要求、领导的反馈、双方达成的共识以及存在的分歧。确保准确理解了领导的态度和公司的期望，这对你未来的工作方向至关重要。

（2）**明确谈判结果**。根据谈判内容，明确你与领导达成的具体协议或共识，并弄清楚领导是否同意你的升职加薪请求。如果同意，需明确具体的升职时间和薪资涨幅；如果未完全同意，则须了解领导的具体顾虑和期望。

（3）**分析谈判中的得失**。评估自己在谈判中的表现，识别自己的优点和不足。思考哪些策略有效，哪些需要改进，以便在未来的谈判中更加从容和高效。

（4）**识别改进与提升的空间**。根据领导的反馈，识别工作中需要改进和提升的方面，如技能提升、工作态度、团队协作能力等，明确这些方面将有助于你制订更具针对性的行动计划。

（5）**制订详细的行动计划**。基于谈判结果和识别的提升空间，制订详细的行动计划。行动计划应包括具体的改进步骤、时间表以及预期成果。如果领导提到你的项目管理能力有待提升，你可以计划参加相关的培训课程或在后续项目中注重这方面的实践。

（6）**设定衡量标准与建立监控机制**。为行动计划设定明确的衡量标准，以便追踪和评估进展。建立有效的监控机制，定期检查行动计划的执行情况，并根据实际情况进行调整和优化。

二、落实改进措施与展示成果

1. 明确改进措施

（1）**细化行动计划**。根据领导的反馈和建议，将行动计划进一步细化，明确每项改进措施的具体步骤和时间表。

（2）**设定优先级**。针对改进措施设定优先级，优先解决最重要或最紧迫的问题。

2. 执行改进措施

（1）**分配资源**。确保有足够的资源（时间、人力、资金等）来执行改进措施。

（2）**监控进度**。定期检查改进措施的执行情况，确保按计划进行。

（3）**调整策略**。如果遇到障碍或问题，及时调整策略，确保改进措施的有效性。

3. 记录和评估成果

（1）**设定评估标准**。设定清晰的评估标准，以便量化改进措施的成果。

（2）**记录数据**。详细记录改进措施实施前后的数据变化，如工作效率的提升、错误率的降低等。

（3）**定期自评**。定期对改进措施进行自评，分析哪些措施有效，哪些措施需要进一步优化。

4. 展示成果

（1）**准备报告**。将改进措施的执行情况和成果整理成报告，以便向领导展示。

（2）**使用数据和实例**。在报告中运用具体的数据和实例来证明改进措施的有效性。

（3）**强调对公司和团队的贡献**。阐述改进措施对公司和团队的积极影响，强调你的贡献和价值。

5. 反馈与调整

（1）**收集反馈**。向领导和团队成员收集对改进措施和成果的反馈。

（2）**持续改进**。根据反馈进行必要的调整和优化，确保改进措施能够持续产生积极效果。

三、持续沟通与反馈

（1）**确定沟通的频率和方式**。确定合适的沟通频率，如每月、每季度或根据项目进度灵活调整。选择合适的沟通方式，如面对面会议、电话交流、电子邮件或即时通信工具等，以确保沟通的高效和便捷。

（2）**及时反馈工作进展**。定期向领导汇报你的工作进展，包括已完成的任务、遇到的问题以及下一步的计划。展示你的工作成果，用具体的数据和事例来证明你的价值和贡献。

（3）**倾听领导的意见和建议**。在沟通过程中，积极倾听领导的意见和建议，保持开放态度，接受反馈，将其视为提升工作表现的机会。

（4）**明确改进方向和目标**。根据领导的反馈，明确自己需要改进的方向和目标，与领导共同制订可行的改进计划，确保工作与公司的整体战略一致。

（5）**分享团队动态和协作情况**。在与领导的沟通中，分享你所在团队的动态和协作情况，强调团队的合作精神和取得的成果，展示你作为团队一员的价值和贡献。

（6）**寻求进一步的职业发展机会**。利用与领导的沟通机会，探讨进一步的职业发展机会。表达对公司和个人职业成长的期望，寻求领导的指导和支持。

（7）**保持专业和积极的态度**。在沟通过程中，始终保持专业和积极的态度。坦诚接受领导的反馈和建议，并展示改进的决心和行动。

场景二十二

觉得公司不合适，如何大方提辞职

我们身处职场，有时会发现当前的环境可能与我们的期望或职业规划不匹配。在这种情况下，如何以一种大方且专业的方式提出辞职，成了我们需要面对的问题。

22.1 明确离职原因与心态调整

一、识别并确认离职原因

1. 识别个人价值观与公司文化的不符之处

（1）**文化冲突**。公司文化可能与你的个人价值观存在冲突，例如，你可能更偏好开放、创新的工作环境，而公司可能更注重传统和稳定。

（2）**决策方式不符**。公司的决策方式可能与你的期望不符，如过于保守或冒险，这会影响你的工作体验和满意度。

（3）**对员工关怀不足**。如果你感受到公司缺乏对员工的关怀和支持，这可能会成为你离职的一个重要因素。

2. 确认职业发展路径受阻或无法满足个人成长需求

（1）**晋升机会有限**。如果公司内部的晋升机会有限，或者你感觉到自己的职业发展受到制约，这可能会促使你寻求外部机会。

（2）**技能提升受阻**。如果你在当前职位上无法继续学习和掌握新技能，可能会感到职业发展停滞不前。

（3）**工作内容单调**。重复性和缺乏挑战性的工作可能会让你感到厌倦，从而寻求更有挑战性的职位。

3. 评估公司管理、团队氛围对工作效率和心情的影响

（1）**管理风格不匹配**。领导的管理风格可能与你的工作方式不匹配，导致沟通障碍和工作效率下降。

（2）**团队氛围不佳**。团队内部的氛围可能会影响你的工作积极性和心理健康，如缺乏支持、存在欺凌行为或过度竞争等。

（3）**工作压力过大**。如果工作压力超出了你的承受范围，且长期得不到缓解，这也可能是你考虑离职的原因之一。

二、调整积极心态

（1）**理解离职是正常职业选择**。认识到离职是职业发展过程中很正常的一部分，每个人在职业生涯中都可能面临多次离职。不要因为离职而感到愧疚或不安，重要的是要明白自己的职业需求和目标。

（2）**保持冷静和专业**。在离职过程中，无论遇到什么情况，都要保持冷静和专业的态度。避免因离职而产生负面情绪，如愤怒、沮丧等，这些情绪可能会影响你的判断和表现。

（3）**对未来充满信心和期待**。离职并不意味着失败，而是一个新的开始。要对未来充满信心和期待，相信自己能够找到更适合的工作机会。积极面对新挑战，将离职视为一个成长和学习的机会。

（4）**珍惜最后的职业时光**。在离职前的最后阶段，仍然要保持高效和专注的工作态度。尽力完成手头的工作，并确保工作的顺利交接，以展现你的职业素养和责任感。

（5）**感恩与尊重**。对公司、同事以及领导表示感恩，感谢他们在你职业生涯中的支持和帮助。尊重公司的文化和决定，避免以负面或抱怨的态度对待离职过程。

三、明确个人需求与期望

1. 清晰认知个人需求

（1）**职业发展追求**。明确你在职业发展上的追求，比如你是更看重技

术的深度挖掘，还是希望有更广泛的业务接触和管理经验。

（2）**工作内容与环境**。思考你对工作内容、工作环境以及团队文化的期望。是否希望有更自主的工作环境，或者更富有挑战性的工作任务。

（3）**工作与生活的平衡**。评估你对平衡工作与生活的需求。是否需要更多的个人时间，或者希望公司能够提供更多的灵活性和远程工作的机会。

2. 设定合理的期望

（1）**薪资与福利**。根据你的能力和市场标准，设定合理的薪资和福利期望。同时，也要考虑到不同公司或行业可能存在的差异。

（2）**职位与责任**。明确你期望的职位级别和工作职责。这有助于你在寻找新工作时更加精准地定位自己。

（3）**职业发展路径**。设想你的长期职业发展路径，并考虑新公司是否能提供更好的晋升机会和培训资源。

3. 保持开放心态

（1）**接受市场变化**。职场环境在不断变化，保持开放心态意味着你愿意接受新的工作模式和行业趋势。

（2）**积极面对挑战**。新工作总是伴随着新的挑战，以积极的心态去迎接这些挑战，将有助于你更快地适应新环境。

（3）**持续学习与成长**。无论身处何处，都应保持学习和成长的心态。这不仅能提升你的职业技能，还能增强你在职场中的竞争力。

22.2 准备辞职信与沟通技巧

一、撰写专业且诚恳的辞职信

（1）**明确表达离职意愿**。在辞职信的开头，直截了当地表明你的离职意愿。使用简洁明了的语言，避免模棱两可或含糊其词。例如，你可以这样写："经过深思熟虑，我决定辞去在公司的职位，以寻求更适合我个人职业发展的机会。”

（2）**阐述离职原因（可选）**。虽然辞职信中不必详细阐述离职原因，但如果你认为有必要，可以简洁地说明你的离职原因。避免在辞职信中表达对公司或同事的不满或抱怨，保持正面和尊重的态度。你可以强调个人职业发展需求、家庭原因或其他合理的个人情况。

（3）**感谢公司与团队**。在辞职信中，表达对公司和团队的感激之情，感谢公司给予你的工作机会，并提及与同事们的合作经历，感谢他们在工作中给予的支持和帮助。这种感激的表达有助于保持积极的离职氛围，并维护良好的职业关系。

（4）**明确离职日期与工作交接计划**。在辞职信中，明确提出你的离职日期，以便公司能够做好人员调整和交接工作的准备。如果可能，提供一个简要的工作交接计划，说明你将如何确保工作的顺利过渡。这可以体现你的责任感和专业性，有助于公司与你的继任者更好地接管工作。

（5）**保持礼貌与尊重的语气**。在整个辞职信中，务必保持礼貌和尊重的语气。避免使用过于直接或负面的言辞，以积极和建设性的方式表达你的离职决定，强调这是个人发展的选择，而非对公司的不满。

（6）**校对与格式化**。在发送辞职信之前，务必仔细校对，确保没有语法错误、拼写错误或格式问题。使用专业的信函格式，包括日期、称呼、正文、结尾敬语和签名等。

二、预约并准备与上级的沟通

1. 选择合适的时间和地点

（1）**时间选择**。挑选一个上级不太忙碌的时间段，以确保沟通能够不受打扰且深入进行。避免在紧急项目期间或公司重要活动前夕提出辞职。

（2）**地点选择**。选择一个安静、私密的会议室或办公室进行面对面沟通，以便双方能够在一个舒适的环境中深入交流。

2. 明确沟通目标和内容

（1）**清晰表达离职意愿**。简洁明了地阐述自己离职的决定，并解释离职的主要原因。

（2）**列出关键点和理由**。为了支持离职决定，准备一些关键的理由和解释，如个人职业发展规划与公司方向不符、寻求新的职业挑战等。

3. 准备应对可能的反应和问题

（1）**上级的挽留**。预料到上级可能会尝试挽留，提前准备好如何应对这些挽留。

（2）**对公司的贡献回顾**。回顾自己在公司的贡献和成就，以展示离职决定的成熟和理性。

（3）**未来的工作交接计划**。虽然具体的工作交接计划可以在后续详细讨论，但应准备一个初步的方案，以确保工作能够平稳过渡。

4. 调整心态和表达方式

（1）**保持冷静和礼貌**。无论上级的反应如何，都要保持冷静和专业的态度，避免情绪化的表达。

（2）**使用积极的语言**。即使离职，也要以积极的方式表达对公司和团队的感激之情，以及对未来的美好祝愿。

5. 准备书面材料作为辅助

（1）**辞职信草案**。虽然辞职信将在沟通后提交，但准备一份草案可以帮助自己更清晰地组织语言和思路。

（2）**工作总结和交接计划**。准备一份简短的工作总结，以及一份初步的工作交接计划，以展示自己对公司和工作的负责任态度。

三、有效应对挽留与谈判

（1）**明确离职原因和底线**。在沟通之前，再次确认自己离职的主要原因，并清晰认识到哪些条件是自己可以接受的，哪些是不可妥协的。对自己的职业规划和发展方向有清晰的认识，这样在谈判时才能够更坚定地表达自己的立场。

（2）**保持冷静与理性**。面对挽留，务必保持冷静，不要被情绪左右。

理性分析对方提出的条件和建议是否符合自己的期望和职业规划。避免在情绪激动时做出决定，给自己足够的时间思考。

（3）**礼貌而坚定地表达立场**。在沟通中，以礼貌和尊重的方式表达自己的离职决定和原因。即使对方提出挽留或更优厚的条件，也要坚定自己的选择。如果对方的挽留或条件确实非常吸引人，可以考虑提出一段时间的思考期，以便更全面地评估。

（4）**灵活应对谈判策略**。了解常见的谈判策略，如“分步让步”“红白脸”等，以便在谈判中灵活应对。如果对方提出某些具体条件，如加薪、晋升机会或更好的福利待遇，要根据自己的实际情况和需求进行评估，不要因为对方提出的条件而轻易改变决定。

（5）**注意保护自己的权益**。在沟通过程中，确保自己的权益不受损害。如果需要，可以寻求法律咨询或请专业人士协助。保留所有与离职相关的书面沟通记录，以备将来可能出现的争议。

（6）**以积极的方式结束沟通**。无论谈判结果如何，都要以积极和感谢的方式结束沟通。表达对公司过去的感激之情，并祝愿公司未来发展顺利。如果可能，可以提出一些建议或意见，以帮助公司改进相关政策或流程。

22.3 维护职业形象与未来关系

一、保持职业素养与形象

（1）**持续展现专业态度**。即使在离职期间，也应继续展现自己的专业能力。无论是处理剩余的工作任务，还是进行工作交接，都应保持一贯的高标准和严谨态度。这样不仅能确保工作的顺利过渡，还能赢得同事和上级的尊重。

（2）**避免负面言论**。离职时，很容易因为各种情绪而对公司和同事产生不满。然而，传播负面信息或参与对公司的非议不仅会损害个人形象，还可能对未来职业发展造成不利影响。因此，保持沉默或给予公司和同事正面评价是更为明智的选择。

（3）**强化个人品牌形象**。个人品牌是职业发展过程中不可忽视的资产。在离职过程中，通过保持专业素养和积极态度，可以进一步强化个人品牌形象。这种品牌形象的塑造，有助于在未来职业生涯中吸引更多机会和资源。

（4）**尊重公司文化和规定**。即使决定离职，也应尊重公司的文化和规章制度，如遵守工作时间、保护公司信息安全、不泄露公司机密等。这样的行为不仅体现了对公司的尊重，也是个人职业素养的重要体现。

（5）**确保工作交接顺利**。离职时，应确保工作交接的顺利进行。这包括详细列出工作进度、未完成的任务、相关文件资料等，并与接替者进行充分沟通。这样做不仅能体现责任心，也有助于维护个人在职场中的良好声誉。

（6）**保持与同事的良好沟通**。在离职期间，与同事保持良好的沟通至关重要。这不仅可以确保工作的顺利交接，还能避免因误解或沟通不畅产生的矛盾。通过与同事积极交流，可以维护个人形象，并为未来的职业发展留下良好的人脉基础。

二、妥善处理离职前的关系

（1）**主动沟通，减少误解**。在离职前，主动与同事沟通自己的离职原因和计划，避免他们通过非正式渠道得知消息后产生误解或猜测。通过开放、诚实的沟通，可以减少不必要的流言蜚语，从而维护团队的和谐氛围。

（2）**表达感谢与肯定**。向同事表达感激之情，感谢他们在过去的工作中给予的支持和合作。同时，肯定同事的贡献和价值，让他们感受到自己的重要性，增强团队的凝聚力。

（3）**处理潜在的冲突和矛盾**。如果在之前的工作中存在与某些同事的矛盾或冲突，离职前是一个化解的好时机。可以主动邀请这些同事进行面对面的沟通，坦诚地表达自己的看法和感受，寻求双方的理解及和解。

（4）**建立长期联系的桥梁**。尽管即将离职，但与同事保持联系对未来的职业发展可能非常有益。可以交换联系方式，如电子邮件、社交媒体账号等，以便在未来有机会进行合作或交流。

（5）**避免过度泄露个人信息**。在与同事沟通离职事宜时，避免过度泄露个人的未来计划或对公司的不满。保持专业和谨慎的态度，确保离职过程的顺利进行，同时维护个人的职业形象。

三、规划未来职业发展路径

1. 明确职业目标与兴趣方向

（1）深入了解自己的职业兴趣、优势和价值观，从而确定短期和长期的职业目标。

（2）考虑自己希望在哪些行业、职位或领域发展，并了解这些领域的市场需求和前景。

（3）根据自己的目标和兴趣，制定一个切实可行的职业规划，包括预期达成的里程碑以及相应的时间表。

2. 提升职业技能与知识

（1）识别当前和未来职业目标所需的关键技能和知识，如特定技术、行业知识或领导能力。

（2）通过参加培训课程、研讨会或在线学习平台来不断提升和更新自己的专业技能。

（3）积极参与行业内的专业组织和社交活动，以拓宽视野并了解最新的行业趋势和实践。

3. 建立并维护专业网络

（1）利用社交媒体、行业论坛和职业网站等平台，与同行建立联系并分享专业见解。

（2）参加行业相关的聚会和活动，以扩大人脉并了解新的职业机会。

（3）定期与你的专业网络成员保持联系，分享彼此的经验和资源，实现共同成长。

4. 准备并优化求职材料

（1）根据你的职业目标，更新简历和求职信，突出你的技能、经验和成就。

（2）使用量化数据和具体案例来支持你的职业成就，使你的材料更具说服力。

（3）针对不同的职位和公司定制求职材料，以显示你对每个机会的独特兴趣和契合性。

5. 持续关注市场动态与招聘信息

（1）订阅行业相关的新闻和招聘网站，以获取最新的市场信息和求职机会。

（2）了解行业内的薪资水平、职位要求和发展趋势，以便在求职过程中做出明智的决策。

（3）积极参与招聘会和职业展览，与潜在的雇主面对面交流，了解他们的需求和期望。

场景二十三

调岗或离职时，如何让工作交接顺畅而高效

无论是调岗还是离职，一个顺畅而高效的工作交接过程都至关重要。这不仅能够确保工作的连续性，减少因人员变动带来的损失，还能够为接任者提供一个清晰的工作起点，帮助其更好地融入团队和接手工作。

23.1 充分准备与细致规划

一、明确工作交接内容与时间表

（1）梳理工作职责与任务。工作交接方应详细列出自己当前负责的所有工作和任务，如项目管理、客户关系维护、文件整理等。对于每项职责和任务，须清楚地说明其重要性、紧急程度及相关注意事项。

（2）制定详细的工作交接清单。根据梳理出的工作职责和任务，制定一份详尽的工作交接清单。这份清单应包含每项任务的具体描述、相关文件或资料的存放位置、未完成工作的进度情况等。此外，清单还应包括常用联系人信息、系统登录账号和密码，以及工作中常用的工具或软件的使用方法。

（3）确定工作交接的起始和结束时间。根据工作交接内容的复杂程度和双方的时间安排，合理设定工作交接的起始和结束时间。时间表应确保双方都有足够的时间来准备和完成工作交接。考虑到可能出现的不确定因素，建议在时间表中留出一定的缓冲期，以应对可能出现的延误或突发情况。

（4）分阶段进行工作交接。如果交接内容较多或较复杂，那么可以考虑分阶段进行交接。先交接紧急且重要的任务，再逐渐过渡到其他常规工作。分阶段交接有助于双方更好地掌握进度，确保工作交接过程的有序进行。

（5）双方协商并确认工作交接进度。在工作交接过程中，双方应定期沟通，确认交接进度是否与预期相符。如有任何偏差或问题，应及时调整并解决。在工作交接完成后，双方应共同签署工作交接确认书，以

证明交接工作的顺利完成。

二、建立良好的沟通渠道

1. 设定定期的工作交接沟通会议

（1）**确定会议频率**。根据交接工作的复杂性和紧急性，设定合理的会议频率，如每周一次或每两周一次。

（2）**明确会议议程**。每次会议前，双方应共同确定会议议程，确保会议内容聚焦且高效。

（3）**记录并跟进**。应有专人记录会议要点和待办事项，并确保双方对会议内容有共同的理解。

2. 建立信息共享平台或工具

（1）**选择合适的工具**。根据团队习惯和需求，选择适合的信息共享平台，如企业微信、钉钉、飞书等。

（2）**共享关键信息**。在平台上共享与工作交接相关的关键文件、资料和信息，确保接任者能够随时查阅。

（3）**保持更新**。工作交接方应定期更新平台上的信息，确保接任者获取的是最新、最准确的数据。

3. 确保双方能够随时联系与反馈

（1）**提供多种联系方式**。工作交接双方应交换多种联系方式，如电话、邮箱等，以便在需要时能够快速联系到对方。

（2）**建立及时反馈机制**。当接任者遇到问题或困惑时，能够迅速得到交接方的回应和解答。

（3）**保持沟通渠道畅通**。交接方应主动关注接任者的工作进展，定期询问是否需要帮助，确保沟通渠道始终畅通无阻。

三、对交接工作进行优先级排序

1. 识别核心业务与关键任务

明确组织中的核心业务，并将其相关的交接工作放在首要位置，确保接任者能够迅速了解并掌握。同时，识别出对组织运营至关重要的任务，如客户关系管理、供应链协调等，确保这些任务的顺利交接。

2. 紧急事项与常规工作的区分

在工作交接过程中，优先处理紧急事项，如即将到期的项目、突发问题等。常规工作虽然也重要，但可以稍后交接，以便接任者优先集中精力处理紧急且重要的事务。

3. 安排工作交接顺序与时间表

根据任务的紧急程度和重要性，制定详细的工作交接顺序和时间表。将关键任务和紧急事项排在前面，确保这些工作能够优先完成交接。对于长期项目或周期性任务，可以与接任者协商一个合理的交接计划，以便在不影响工作进度的情况下顺利完成交接。

4. 建立工作交接进度的监控机制

在工作交接过程中，建立一个有效的监控机制，以确保工作交接按照既定的顺序和时间表进行。这可以通过定期的会议、报告或共享文档等方式来实现。通过监控机制，可以及时发现并解决交接过程中出现的问题，确保工作的顺利交接。

5. 灵活调整工作交接计划

根据实际情况对工作交接计划进行适时调整，与接任者保持密切的沟通，共同协商并调整工作交接计划，以确保整个交接过程的高效与顺畅。

加个餐：工作优先级分类方法

前文我们提到了工作优先级，接下来，我们将介绍两种常见的工作优先级分类方法。

1. 重要－紧急矩阵法

（1）重要且紧急。这类任务对工作目标有直接影响且时间紧迫，需要立即处理，如突发的客户问题或紧急的项目截止日期。

（2）重要但不紧急。这些任务对长期目标至关重要，但目前并不急迫，如制定战略规划、提升专业技能等。

（3）不重要但紧急。这些任务虽然时间紧迫，但对工作目标的贡献有限，如行政琐事或临时的会议安排。

（4）不重要且不紧急。这类任务既不会对工作目标产生显著影响，也没有时间压力，如处理无关紧要的邮件等。

2. ABC 法

（1）A 类任务。最重要的任务，对实现工作目标具有关键作用，如关键项目的推进、重要客户的维护等。

（2）B 类任务。具有一定重要性，但相对于 A 类任务而言，其紧迫性较低，如常规的报告编写、内部会议的筹备等。

（3）C 类任务。相对次要的任务，可在完成 A、B 类任务后处理，如整理文件、回复一般性的邮件等。

23.2 高情商沟通与团队协作

一、保持积极与专业的态度

在工作交接过程中，保持积极与专业的态度至关重要。这不仅有助于交接双方建立良好的合作关系，还能够提高工作交接效率，确保工作的平稳过渡。

1. 展现真诚与热情

（1）始终保持微笑，传递友善和合作的意愿。

（2）用积极的语言进行沟通，避免使用负面或抱怨的言辞。

（3）要耐心解答交接方提出的问题或疑虑，展现真诚的态度。

2. 保持冷静与专业

（1）在工作交接过程中遇到问题时，应冷静分析并寻求解决方案。

（2）维护专业的形象，避免个人情绪影响工作交接的进行。

（3）严谨处理工作交接中的敏感信息或重要数据，确保不泄露或误传。

3. 以解决问题为导向

（1）在工作交接过程中，主动发现问题并提出解决方案，而不是待问题出现后再去应对。

（2）与交接方共同面对挑战，积极寻找双方都能接受的解决方案。

（3）当遇到难以解决的问题时，及时向上级或相关部门求助，确保工作交接的顺利进行。

4. 尊重与理解

（1）尊重交接方的工作和意见，不要轻视或忽略他们的观点。

（2）理解交接方可能面临的压力和挑战，给予他们足够的支持和协助。

（3）通过积极的沟通和理解，建立与交接方的信任和合作关系。

5. 灵活应对变化

（1）由于工作交接过程中可能会出现各种预料之外的情况，因此需要保持灵活的思维和行动方式。

（2）在遇到变化时，及时调整工作交接计划，与交接方协商并找到最佳的解决方案。

（3）不要因为小的变化或挫折而影响整体的工作交接进度和效果。

二、倾听与理解工作交接方的需求

1. 深入了解工作交接方的关注点

（1）在工作交接初期，与交接方进行深入交流，明确他们最关心的问题和疑虑。

（2）询问工作交接方对于即将接手的工作的期望和目标，以便更好地满足他们的需求。

（3）通过开放性问题引导工作交接方表达自己的想法，如“你对接下来的工作有什么特别的期望或担忧吗？”

2. 提供必要的支持和协助

（1）根据工作交接方的需求，主动提供必要的文件、资料或系统访问权限。

（2）在交接过程中，保持耐心和细心，详细解答工作交接方提出的问题。

（3）如果工作交接方在某个环节上遇到困难，主动提供指导和帮助，确保工作能够顺利过渡。

3. 展现同理心，建立互信关系

（1）在工作交接过程中，展现对工作交接方压力的理解，并适时表达支持与理解。

（2）通过积极的沟通和合作，建立双方之间的信任，让工作交接方感受到诚意和善意。

（3）在交流中，可以适当分享自己的经验和见解，帮助工作交接方更好地适应新环境和新角色。

4. 明确沟通期望和方式

（1）与工作交接方讨论并确定双方都能接受的沟通方式和频率，以确保信息的顺畅传递。

（2）鼓励工作交接方提出问题和建议，以便及时解决工作交接过程中的疑惑和困难。

5. 关注工作交接方的情感变化

（1）注意观察工作交接方的情绪变化，及时给予安慰和鼓励。

（2）在工作交接方感到焦虑或不安时，主动提供心理支持，帮助他们缓解压力。

三、促进团队协作与知识共享

1. 鼓励团队成员主动分享

倡导开放的团队文化，鼓励成员主动分享自己的经验和知识。设立定期的分享会，让每个人都有机会展示自己的专长和见解，以促进知识的传递，增强团队的凝聚力。

2. 建立互助学习小组

根据团队成员的不同专长和兴趣，成立互助学习小组。在这些小组中，成员们可以就特定主题进行深入探讨和交流，通过互相学习和帮助，共同提升专业能力。

3. 利用非正式场合促进交流

除了正式的工作会议和培训，还可以利用午餐时间、休息时间或团队活动等非正式场合，促进成员间的交流和互动。这种轻松的氛围往往能够让人更愿意分享和倾听，从而加速知识的传递和团队的融合。

4. 搭建在线协作平台

利用现代科技手段，如建立团队内部的在线协作平台，方便共享文件、资料和经验。成员们可以随时在平台上提问、分享和讨论，形成一个持续学习和交流的环境。

23.3 后续支持与持续改进

一、提供必要的后续支持

1. 明确支持期限与沟通方式

设定明确的支持期限，如工作交接完成后的首月，确保接任者有足够的时间适应新角色并处理可能遇到的问题。确定多样化的方式，如电话、电子邮件、即时通信工具等，确保双方沟通顺畅。

2. 解答疑问与提供指导

对于接任者在工作中遇到的具体问题和困惑，原岗位人员应提供详细的解答和指导，帮助其快速掌握工作要领。分享过往的经验和实用技巧，让接任者能够更高效地处理工作任务。

3. 协助处理紧急或复杂情况

在支持期限内，在遇到紧急或复杂情况时，原岗位人员应提供必要的协助，确保工作的顺利进行。这可能包括共同参与重要会议、协助处理突发事件或提供关键资源的联系方式等。

4. 提供补充文档和资料

除了在工作交接过程中提供的文档，原岗位人员还应根据后续需求提供额外的文档和资料，如项目进展报告、历史数据、联系人列表等，帮助接任者更好地了解工作背景和现状。

二、收集反馈并持续改进

1. 建立有效的反馈机制

设立专门的反馈渠道，如在线问卷、电话访谈或面对面座谈会，以便工作交接双方能够方便地提供意见和建议。鼓励开放和诚实的反馈，确保收集到的信息真实可靠。

2. 定期评估交接效果

在工作交接完成后的一段时间内（如一个月、三个月），对接任者的工作情况进行评估，了解其适应情况。分析工作交接过程中出现的问题，如信息遗漏、沟通不畅等，并评估其对接任者工作的影响。

3. 及时调整工作交接流程

根据收集到的反馈和评估结果，对工作交接流程进行针对性的调整，如优化工作交接清单、改进沟通方式等。引入先进的工具或方法，如项目管理软件，以提升工作交接效率和效果。

4. 关注人员感受与需求

除了流程和工具的优化，还要关注工作交接双方在交接过程中的心理感受和实际需求。通过访谈、问卷调查等方式深入了解双方在工作交接过程中的体验，以便更好地满足双方的期望和需求。

三、保持长期沟通与联系

1. 设立多样化的沟通渠道

除了正式的电子邮件和工作电话，还可以利用即时通信工具（如企业微信、钉钉、飞书等）建立一个长期的沟通群组，便于双方随时沟通和交流。定期举办线下聚会或交流活动，增强情感联系，让沟通更加自然和顺畅。

2. 定期回顾与分享

双方可以约定每隔一段时间（如每季度）举行线上或线下交流会议，回顾过去的工作情况，分享彼此在工作中的心得和经验。这种定期的回顾不仅有助于解决工作交接后可能出现的问题，还能促进双方在工作方法和技能上的提升。

3. 建立互助机制

工作交接双方可以建立一个互助机制，当一方在工作中遇到困难时，另一方能够迅速提供必要的帮助和支持。这种互助范围不仅限于具体的工作问题，还可以包括行业动态、职业发展等方面的信息共享和咨询服务。

场景二十四

辞职时，要不要跟同事告别

辞职，作为职业生涯中的一个重要转折点，既标志着一段职业旅程的结束，也预示着新旅程的开始。在这个过程中，一个看似简单的行为——跟同事打招呼告别，却蕴含着深厚的职场智慧。这不仅仅是一种职场礼仪，更是对过去工作的尊重和对未来可能性的开放态度。

24.1 辞职时的职场礼仪与沟通艺术

一、告别的意义：为何要与同事告别

1. 职场礼仪的体现

在辞职时，与同事告别，是职场文化中的基本礼仪之一。它不仅体现了对过去共事时光的尊重，也是对自己职业形象的维护。一个简单的告别，可以传递出你对团队的感激之情，展示出你的职业素养和成熟度。

2. 对过去工作的尊重

通过告别，你向同事表达了对共同工作经历的珍视。这不仅仅是对同事的尊重，也是对自己过去付出的肯定。你可以提及一些共同完成的项目或克服的困难，以此表达对那段时光的怀念和对同事们的感激。

3. 维护良好的职业关系

职场中的关系网络对于个人职业发展至关重要。辞职时的告别是维护这些关系的重要一环。通过积极的沟通和友好的告别，你为未来可能的合作留下了良好的印象，也为自己的职业发展铺设了更广阔的道路。

二、如何恰当地与同事告别

1. 选择适当的时机和方式

（1）**避开忙碌时段**。选择在同事不太忙碌的时候进行告别，这样他们可以更专注地与你交流。

（2）**面对面沟通**。如果条件允许，尽量进行面对面的沟通，这样更加真诚和直接。

（3）**书面或电子邮件补充**。如果团队规模较大，可以考虑发送一封感谢信或电子邮件，表达你的感谢和告别之情。

2. 个性化的沟通内容

（1）**了解同事**。在与同事告别时，根据你对他们的了解和你们之间的关系，调整告别的语言和内容。

（2）**具体感谢**。提及具体的共事经历，表达你对他们帮助的感激之情。

（3）**避免模板化**。不要让告别显得过于机械或模板化，真诚的个性化沟通更能打动人心。

3. 保持真诚和尊重

（1）**坦诚表达**。清晰地说明你的辞职决定，并简要解释原因，但避免透露过多个人或公司内部的敏感信息。

（2）**避免负面言论**。即使你对公司或某些同事不满，也要保持专业和尊重的态度，不要在告别时表达负面情绪。

（3）**祝福未来**。表达对同事和公司未来的美好祝愿，展现你的大度和前瞻性。

4. 注意语言和肢体语言

（1）**使用积极词汇**。使用积极、正面的词汇来表达你的感受和想法。

（2）**肢体语言**。保持微笑，进行眼神交流，让你的肢体与言语相一致，传递出真诚和友善的信息。

三、处理同事的反应与情绪

1. 预期并理解同事的反应

（1）**惊讶与不解**。许多同事可能对你的辞职感到意外，尤其是那些与你关系紧密的同事。他们可能会询问辞职的原因，或表达对未来工作的担忧。

（2）**失落与惋惜**。团队中的好友或合作伙伴可能会因为失去一个得力助手或知心朋友而感到失落。

（3）**支持与祝福**。经历过类似情况的同事可能会给予你鼓励和支持，希望你在未来的道路上一切顺利。

2. 回应同事的疑问和关切

（1）**坦诚沟通原因**。对于同事的疑问，简要、坦诚地说明辞职的原因，但无须透露过多细节。

（2）**表达感激与歉意**。感谢同事过去对自己的支持与帮助，同时对于可能给团队带来的不便表示歉意。

（3）**明确工作交接安排**。告知同事工作交接的计划，确保他们了解即将到来的变化，并承诺会尽力确保交接的顺利进行。

3. 安抚团队情绪

（1）**倾听与理解**。给予同事表达情感的机会，认真倾听他们的想法和感受，通过点头、微笑等肢体语言表达理解与共鸣。

（2）**积极正向的回应**。无论同事的反应如何，都应保持积极正向的态度，传递出对未来充满信心的信号。

（3）**避免负能量传递**。不要在告别过程中散播对公司或团队的不满，这样只会加剧团队的负面情绪。相反，应该强调个人成长与发展的需要，以及对未来新挑战的期待。

24.2 辞职时的关系管理与情感维系

一、评估并维护与同事的关系质量

1. 识别职场关系的层次与深度

深入了解与每位同事的关系状况，包括工作交流频率、合作项目的成败、相互之间的信任程度等。明确哪些关系是基于工作任务的基础合作，哪些是基于共同兴趣或价值观建立的深层次联系。

2. 巩固有益的职场关系

对于在工作中给予过支持、共享资源或提供有益建议的同事，应特别表示感谢，并表达希望在未来保持联系的愿望。可以通过私人聚会、线上社交平台互动或定期的信息交流来维系这些宝贵的关系。

3. 妥善处理潜在的冲突和误解

辞职之际是化解过往冲突和误解的好时机。主动与存在分歧的同事沟通，尝试以开放和诚实的态度解释自己的立场，并听取对方的看法。寻求共识或至少达到互相理解，以便在离职后不留遗憾，并为未来可能的重逢或合作奠定良好的基础。

4. 保持专业和友好的态度

在整个辞职过程中，无论与同事的关系如何，都应保持专业和友好的态度。避免因情绪波动而做出不理智的言行，以积极、正面的方式结束职场关系，展现个人的职业素养和成熟度。

5. 利用关系评估规划未来网络

根据对现有职场关系的评估，制定一个离职后的关系维护计划。明确哪些关系需要定期维护，哪些关系可以适时激活。考虑到职业发展的需要，有意识地构建和拓展自己的职业网络，为未来的发展机会做好准备。

二、利用告别的机会深化职场网络

1. 明确网络拓展目标

在辞职前，明确你希望通过这次机会加强与哪些同事的联系，或是希望结识哪些新的行业内的专业人士。

2. 精心准备告别的内容

针对不同层级的同事或目标人物，准备不同的告别话术，确保信息既具有针对性又充满诚意。提及你对他们工作的认可或对他们所在领域的兴趣，以此作为建立联系的起点。

3. 主动寻求引荐和推荐

在与同事告别时，可以请他们介绍其他可能对你有价值的人脉，或请求他们在你未来求职或创业时给予推荐。表达出你对扩展专业圈子的渴望，并真诚地感谢他们的帮助。

4. 提议保持联系的方式

除了交换联系方式，还可以提议加入或创建一个行业相关的社交媒体群组或论坛，以便在未来持续交流和分享信息。

24.3 告别后的影响与未来展望

一、评估未来合作的机会

1. 了解彼此的优势

在评估合作机会时，首先要了解彼此的专业优势及可用资源。这有助于确定双方是否能在特定项目或业务上形成强有力的合作。

2. 市场需求分析

除了个人优势，还需要对市场需求进行深入分析，确保双方的合作能满足当前市场的某种需求或解决特定问题。

3. 明确合作目标和期望

在合作开始前，双方应明确合作的目标和期望，以确保双方在合作过程中保持一致的方向和动力。

案例：假设你之前在一家科技公司工作，与市场营销团队的一位同事关系很好。你辞职后创办了自己的科技创业公司。此时，你可以考虑与之前的市场营销同事合作，利用他在市场推广方面的专长来推广你的产品。这种合作机会正是基于你们之前共同的工作经验和技能互补。

二、克服合作障碍与风险

1. 风险评估

在合作开始前，进行全面的风险评估是非常必要的，这涵盖技术、市场、财务等各个方面。

2. 制定应对策略

针对潜在风险，制定详细的应对策略。例如，针对技术难题，可以寻求专家咨询；针对资金问题，可以寻找投资者或贷款等。

案例：假设你计划与之前公司的技术团队负责人合作开发一个新产品。然而，你们可能会面临技术难题、资金短缺或市场接受度低等问题。为了克服这些障碍，你们应提前进行风险评估，制定应对策略，并寻求外部资金或技术支持。

3. 保持沟通

在合作过程中，保持密切的沟通是确保合作顺利进行的关键。这有助于及时发现和解决问题，避免合作中的误解和冲突。

三、探索多元化的合作模式

1. 共同创作与出版

如果双方在创意领域有共同的兴趣和专长，可以考虑共同创作和出版作品，以扩大影响力并创造更多的商业机会。

2. 线上与线下活动

利用双方的资源，共同举办线上或线下活动，如研讨会、工作坊或展览等，以增强品牌影响力，并吸引潜在客户或合作伙伴。

3. 资源共享与互换

根据双方需求，可以进行资源共享和互换。例如，你可以提供设计服务，而你的前同事可以提供插画或摄影服务。这种合作模式可以降低双方的成本，同时提高效率和质量。

案例：假设你之前在一家设计公司工作，与一位优秀的插画师同事合作很愉快。你辞职后创办了自己的创意工作室。除了传统的项目合作，你们还可以考虑共同举办艺术展览、开设在线课程或合作出版艺术书籍等多元化的合作模式，以进一步拓展合作领域并深化彼此的关系。

PART

第四篇

难点沟通：智慧应对

本篇将带领我们进入“疑难杂症”的场景处理阶段，内容涵盖酒局上的应对策略、临时发言的技巧，以及如何处理与领导之间的关系等多个方面。这些技巧不仅有助于提升你的公众表达能力，还能增强你在职场中的向上沟通能力。相信通过本篇的学习，你可以更加得心应手地应对职场中遇到的各种挑战。

场景二十五

餐桌上各个层级都有，该如何敬酒

不少职场新人都是在进入职场后，才有了第一次参与酒局应酬的经历。而当酒桌上坐满了各个层级的人士时，懂得敬酒的礼仪就变得尤为重要。接下来，我们就来学习一下如何恰当地敬酒。

25.1 敬酒礼仪与层级关系处理

一、敬酒的基本礼仪

1. 敬酒的传统

敬酒是宴饮文化中的重要组成部分。它代表着对宾客的尊敬和欢迎，也寓意着祝福和友好。在中国传统文化中，敬酒还有着丰富的仪式感和寓意，如“酒满敬人，茶满欺人”等说法。

2. 正确的敬酒姿势与言辞

在敬酒时，应保持端庄的姿态，双手举杯，目光与对方交流，并微笑示意。言辞应简洁明了，表达出真诚的祝福或感谢之情，避免使用过于夸张或不得体的语言。

3. 敬酒时的面部表情与眼神交流

面部表情和眼神交流是敬酒过程中不可或缺的一部分。应保持微笑，传递出友好和亲切的气息。同时，通过眼神交流来表达对对方的尊重和关注。

二、如何识别酒桌上的层级关系

（1）**座位位置**。在同一张桌子上，通常存在一个“主座”或者中心位置，这是给最重要或层级最高的人士预留的。例如，一般情况下，桌子的上座或正对门的位置会预留给尊贵或重要的人物。

（2）**餐具与饮品**。有时，更高级别的人士可能会享有特殊的餐具、酒杯或更精致的餐饮服务。这些细节可能暗示了某些人的特殊地位。

（3）**言谈举止**。层级较高的人士在言谈中可能更加自信、从容，他们可能主导话题的方向，或者在讨论中扮演决策者的角色。同时，其他人可能会更倾向于聆听他们的意见，这也是识别层级的重要线索。

（4）**互动模式**。注意观察人们是如何互动的。层级较低的人可能会更加恭敬地与某些人交谈，而这些被恭敬对待的人很可能就是层级较高者。此外，层级较高的人在与他人交流时可能会展现出更多的权威性和指导性。

案例：在一次公司内部的团队聚餐上，大家都围坐在一张大圆桌旁。尽管没有明显的座位标识，但小王注意到张总被安排在正对门口的位置，且他的餐具和酒杯看起来比其他人的更加精致。在用餐过程中，张总多次主导话题，提出了一些关于公司未来发展方向的看法，而其他同事则多是聆听和附和。通过这些观察，小王判断张总是层级最高的人士。

三、层级间的互动原则

1. 选择合适的时机

下级在向上级敬酒时，应选择恰当的时机。通常，在宴会开始一段时间后，当气氛逐渐热烈，且上级没有其他紧急事务分散注意力时，是敬酒的最佳时机。

案例：小王在一次公司庆典晚宴上，选择在总经理发表完致辞后，大家鼓掌致意时走上前去敬酒。此时总经理心情愉悦，对小王的敬酒进行了亲切的回应，并鼓励他继续努力工作。

2. 表达恰当的敬意

在敬酒时，下级应使用恰当的言辞表达对上级的敬意和感谢。言辞要真诚、简洁，避免过于华丽或虚伪。

案例：小李在部门聚餐时，向部门经理敬酒，他说："经理，感谢您一直以来的指导和支持，您的辛勤付出让我们团队更加团结和高效。我敬您一杯，希望我们未来能继续携手前行。"这样的敬酒词既表达了敬意，也体现了对上级工作的认可和感激。

3. 注意敬酒的姿态

下级在敬酒时，应保持端庄的姿态，身体微微前倾，双手举杯，目光与上级交流，面带微笑。这样的姿态能够展现出对上级的尊重和自身的职业素养。

案例：小张在公司年会上向公司副总敬酒时，站得笔直，双手举杯略低于副总，面带微笑且目光坚定地与副总对视。副总对小张的举止印象深刻，认为他是一个有礼貌、懂分寸的员工。

4. 避免过度饮酒

尽管是敬酒环节，但下级应注意控制自己的饮酒量，避免过度饮酒导致失态或影响职业形象。适量饮酒可以助兴，但过量则可能适得其反。

案例：小赵在一次商务晚宴上向合作方的高管敬酒时，虽然气氛热烈，但他始终控制自己的饮酒量。当高管提议再喝一杯时，小赵委婉地表示自己已经适量饮用，并感谢对方的盛情款待。这样的表现让高管对小赵的专业素养和自控能力表示赞赏。

25.2 敬酒策略与沟通技巧

一、开场敬酒的技巧

1. 选择合适的时机

在酒局开始时，不要急于第一个敬酒，而应观察场上的气氛，等待一个合适的时机。通常，在主人或主办方简短致辞后，是一个较好的切入时机。

案例：小张第一次参加公司的年终晚宴，他注意到晚宴开始时，总经理先发表了简短的感谢致辞。致辞结束后，小张便抓住时机，站起来，向在座的同事和领导敬了第一杯酒，表达了对大家给予其帮助和支持的感谢，这赢得了在场人的好感。

2. 准备恰当的敬酒词

开场敬酒时，一段恰当的敬酒词是必不可少的。敬酒词应该简洁明了，既能表达敬意和感谢，又能展现个人的谦逊和诚恳。

案例：小李作为新员工代表，在公司团建活动的酒局上负责开场敬酒。他事先准备了一段敬酒词："非常感谢各位领导和同事给予我的帮助和支持，能够加入这个大家庭，我感到非常荣幸。希望我们未来能携手共进，创造更多辉煌。这杯酒，我敬大家！"这段话既表达了感激之情，也展示了小李融入团队的意愿和精神。

3. 适度表现，避免过度

虽然是开场敬酒，但也要避免过于张扬或夸张的表现。保持谦逊和低调，更能赢得他人的好感。

案例：小赵在公司庆功宴上作为项目组成员进行开场敬酒，他没有过分炫耀项目的成功，而是谦逊地表示："这个项目的成功离不开大家的共同努力和支持，我只是其中的一员。这杯酒，感谢大家的辛勤付出！"他的谦逊态度赢得了在场同事的掌声和认可。

二、察言观色与灵活应对

1. 观察气氛，适时加入话题

在酒局中，要时刻注意场上的气氛变化。如果气氛轻松愉快，可以适时加入一些轻松的话题或者笑点，以增进交流。如果气氛较为严肃，则应保持低调，避免说出不合时宜的话。

案例：当大家聊到某个热门话题时，你可以说："我也对这个话题很感兴趣，之前在网上看到过相关的讨论，确实很有意思。"这样既能自然地加入话题，又不会显得突兀。

2. 留意他人情绪，给予适当回应

在酒局中，要留意他人的情绪变化。如果有人显得很高兴或激动，可以给予积极的反馈；如果有人显得很低落或沉默，可以尝试用温和的话语进行安慰或引导。

案例：当某位同事分享了好消息时，你可以说："太棒了！真是厉害，值得我们学习！"如果对方显得不太开心，你可以说："看起来你好像有点心事，如果需要倾诉的话，我随时都在。"

3. 灵活应对突发状况

酒局中可能会出现各种突发状况，如有人醉酒、发生争执等。在这些情况下，要学会灵活应对，保持冷静，并尝试化解尴尬或紧张的气氛。

案例：如果有人醉酒失态，你可以说："大家别介意，他可能是太高兴了，我们让他稍微休息一下。"如果发生争执，你可以尝试调解："大家都是同事，别因为小事伤了和气。来，我们一起举杯，共同庆祝今天的聚会。"

4. 注意自己的言行举止

在观察他人的同时，也要注意自己的言行举止，避免说出不当的话语或做出不雅的举动，以免给他人留下不良印象。

案例：在酒局中，尽量保持礼貌和谦逊。在与他人交流时，可以说："您的观点很有启发性，让我受益匪浅。"在举杯敬酒时，可以说："感谢大家的陪伴和支持，希望我们未来能够携手共进。"

三、结束敬酒的艺术

1. 把握时机，适时提出结束

在酒局接近尾声时，要敏锐地捕捉到场上的气氛变化，选择一个合适的时机来结束敬酒。这通常发生在大家的话题逐渐减少，或者出现短暂的沉默时。

案例："非常感谢大家今晚的陪伴和交流，我看时间也不早了，不如我们以最后一杯酒来圆满结束今晚的聚会吧。"

2. 使用恰当的结束语

在结束敬酒时，使用恰当的结束语能够增强整个酒局的仪式感，给在场的人留下深刻印象。

案例：“今晚我们共度了愉快的时光，感谢各位的参与和分享。让我们以这杯酒，为今晚的聚会画上完美的句号，也期待未来能再次相聚。”

3. 确保每位宾客都得到尊重

在结束敬酒时，要确保每位宾客都感受到了尊重和关注，避免出现冷落或忽视某些人的情况。

案例：“在此，我想感谢在座的每一位朋友，是你们的到来让今晚的聚会如此难忘。希望我们都能记住这份情谊，未来携手共进。”

4. 提出后续联络或再聚的建议

结束敬酒不仅是聚会的终点，更是新关系的起点。提出后续联络或再聚的建议，能够展现出你对人际关系的重视和维护。

案例：“虽然今晚的聚会即将结束，但我们的友谊才刚刚开始。希望未来我们能够保持联系，有机会再聚首共饮。”

5. 以行动表达感谢与惜别

除了语言上的表达，还可以通过行动来传递感谢与惜别之情，如主动与每位宾客握手或拥抱等。

案例：在结束敬酒后，主动站起来，与在座的每位宾客握手致谢，或者给予一个友好的拥抱，以此表达对他们的感激和不舍之情。

25.3 不同背景下的敬酒实操

一、中西方敬酒文化差异

1. 敬酒顺序与习惯

在中方文化中，敬酒通常按照座次或职位高低进行，先敬长辈、领导或重要客人；而在西方文化中，敬酒则更多基于个人意愿，没有严格的顺序要求。

话术举例（中方文化）“张总，您是我们团队的领头羊，这杯酒我敬您，感谢您的指导和支持。”

话术举例（西方文化）“Toast to all of us, for our hard work and success!”（大家举杯，为我们的辛勤工作和成功干杯！）

2. 敬酒时的言辞与表达方式

在中方文化中敬酒时，言辞往往较为正式，充满敬意和祝福；而在西方文化中敬酒时，则更注重轻松愉快的氛围，言辞简洁明了。

话术举例（中方文化）“李经理，感谢您一直以来的关照，祝您事业有成，家庭幸福。我干了，您随意。”

话术举例（西方文化）“Here's to our friendship and future collaborations!”（为我们的友谊和未来的合作干杯！）

3. 对敬酒的回应与接受方式

在中方文化中，接受敬酒时通常要表示感谢并适当回敬；而在西方文化中，接受敬酒时则更多是简单碰杯并表达祝福。

话术举例（中方文化）“谢谢您的敬酒，我也祝您一切顺利。来，我们一起干了这杯。”

话术举例（西方文化）“Cheers to that!”（为此干杯！）

4. 敬酒的节奏与频率

在中方文化的酒局中，敬酒的节奏可能较为频繁，且有时会有连续多轮的敬酒；而在西方文化中，敬酒通常较为节制，不会过于频繁。

建议（中方文化）作为新手，可以观察并跟随酒桌上的节奏，不要过于急躁或抵触。当感觉自己不胜酒力时，可以委婉地拒绝或请求他人代酒。

建议（西方文化）在西方文化的酒局中，可以更加自由地选择是否参与敬酒，根据自己的饮酒习惯和身体状况来决定。

5. 酒桌上的话题与交流方式

在中方文化的酒局中，敬酒时往往会伴随着一些寒暄和话题交流，如询问家庭、工作等；而在西方文化中，敬酒时的交流可能更加轻松幽默，话题更广泛。

话术举例（中方文化）“刘哥，听说您最近买了新房，真是恭喜啊！这杯酒祝您乔迁之喜。”

话术举例（西方文化）“So, what's your favorite travel destination?”（那么，你最喜欢的旅游目的地是哪里呢？）

二、如何入乡随俗进行敬酒

1. 了解当地敬酒文化

在参加酒局之前，应事先了解当地的敬酒文化，包括敬酒的次序、方式、回敬的规矩等。这可以通过与同事交流、查阅相关资料或向主办方询问来实现。

案例：“听说这边敬酒有不少特定的习俗，由于我是第一次参加，还请大家多多指教，我会尽量按照这里的习俗来。”

2. 观察并模仿

在酒局开始时，观察其他人是如何敬酒的，特别是主办方或资深同事的举动，然后模仿他们的做法。注意观察敬酒的先后顺序、碰杯的方式以及敬酒时的言辞。

案例：（在观察后）“刚才看到××领导敬酒的方式真是讲究，我也来学习一下。这杯酒我敬大家，感谢各位的照顾。”

3. 遵循“长幼尊卑”的次序

在敬酒时，要遵循“长幼尊卑”的次序。通常应先向年长或职位高的人敬酒，以示尊重。如果不确定次序，可以询问主办方或资深同事。

案例：“×× 领导，您是我们的榜样，这杯酒先敬您，感谢您的指导和支持。”

4. 使用当地敬酒用语

不同地区可能有特定的敬酒用语或吉祥话，学会并使用这些用语能够更好地融入当地文化，也显得更为得体。

案例：（如果知道当地的敬酒用语）“×× 领导，我敬您一杯，‘一杯酒，感情深；二杯酒，好交情’。感谢您的关照！”

5. 灵活应对，不失礼节

在酒局中可能会遇到各种突发情况，如被临时要求敬酒等，此时应保持冷静，灵活应对，既要尊重他人，也要不失礼节。

案例：“非常荣幸能被邀请敬酒，虽然我是初来乍到的新手，但我会尽力按照这里的习俗来。这杯酒，我敬大家，希望未来我们能更好地合作。”

三、实操案例与经验教训

（一）反面案例及拆解分析

1. 反面案例

小赵是刚加入公司不久的新员工，受邀参加了公司的一个商务晚宴。晚宴的地点在一家高档餐厅，出席的有公司的高层、重要的合作伙伴及客户。

晚宴开始前，小赵感到有些紧张。他想通过敬酒来表现自己的热情和礼貌，但缺乏职场酒局的经验。因此，他决定先观察其他人的做法，再采取行动。

当晚宴气氛逐渐热烈时，小赵觉得时机成熟，便端起酒杯走向一位看起来颇有地位的中年男士，准备向他敬酒。然而，因为紧张，小赵把这位客户误认为是公司的某位高层，并称呼错了职位。

客户愣了一下，礼貌地纠正了小赵。小赵顿时脸红，意识到自己犯了一个严重的错误。为了弥补失误，他急忙向客户道歉，并试图用一句幽默的话来缓解尴尬的气氛，但因过度紧张，幽默并没有起到预期的效果，反而使场面更加尴尬。

此后，小赵变得小心翼翼，甚至有些拘谨。他不敢再轻易敬酒，只是默默地坐在一旁，偶尔与旁边的人交流几句。整个晚宴，他都没有从之前的失误中恢复过来。

晚宴结束后，小赵感到非常沮丧。他意识到在敬酒过程中的失误不仅让自己尴尬，还可能给客户和公司留下不好的印象。

2. 拆解分析

（1）**紧张导致失误**。小赵在敬酒时因为紧张而称呼错误，这是缺乏经验和自信的表现。在职场酒局中，保持冷静和自信非常重要。

（2）**应变能力不足**。当出现失误时，小赵试图用幽默化解尴尬，但效果不佳，反映出他在应对突发情况时的应变能力有待提高。

（3）**社交技巧欠缺**。在敬酒过程中，小赵应该先与客户进行简单的交流，确认对方的身份和职位，然后再敬酒。

（4）**影响个人和公司形象**。小赵的失误不仅让自己尴尬，还可能让客户对公司的员工素质和专业度产生质疑，从而对个人和公司形象造成负面影响。

（5）**缺乏自我调整能力**。在失误之后，小赵未能及时调整自己的心态和表现，导致整个晚宴都比较拘谨和尴尬。这显示出他在面对挫折时的自我调整能力有待提高。

（二）正面案例及拆解分析

1. 正面案例

小李作为公司新进的销售经理，第一次参加公司的年度晚宴。在晚宴开始前，他特意向资深同事请教了敬酒的礼仪和话术。晚宴开始后，小李观察到总经理先致辞，接着是各部门领导敬酒。他耐心等待，并仔细观察其他人的敬酒方式。

当轮到小李敬酒时，他站起身，先向总经理和各部门领导敬酒，表示敬意和感谢。他举杯说道：“非常感谢公司给予我这个平台，让我有机会与大家共事。这杯酒，我敬总经理和各位领导，感谢你们的领导和指导。”说完，他微笑着与每个人碰杯，并适当点头致意。

接着，小李转向其他同事，继续说道：“同时，我也要感谢我的同事们，是你们的支持和合作让我能够更快地融入这个团队。这杯酒，我也敬大家，希望我们未来能够携手共进，创造更好的业绩！”他的言辞流畅，态度诚恳，赢得了在场人的掌声和好评。

2. 拆解分析

（1）**准备充分**。小李在晚宴前向资深同事请教，了解了敬酒的礼仪和话术，这为他后来的表现打下了基础。

（2）**观察并模仿**。在晚宴开始后，小李仔细观察了其他人的敬酒方式，并模仿他们的做法，使自己的敬酒行为更加得体。

（3）**遵循次序**。小李先向总经理和各部门领导敬酒，再向其他同事敬酒，这符合职场中的尊卑次序。

（4）**言辞恰当**。小李的敬酒词既表达了对公司和领导的敬意，也表达了对同事的感谢和合作意愿，言辞恰当且诚恳。

（5）**仪态得体**。在敬酒过程中，小李始终保持微笑，与每个人碰杯时都适当地点头致意，仪态大方得体。

场景二十六

实在不方便喝酒时，如何表达能让对方接受

敬酒我们已经入门了，但面对别人敬酒时仍然容易感到不知所措。如果我们当下真的不方便喝酒，唐突地拒绝不仅会让场面变得很尴尬，还可能让敬酒的人误会我们不够友善。因此，掌握好的应对策略就显得尤为重要。

26.1 巧妙表达，委婉拒绝

一、以健康为由，诚恳说明

当你不方便喝酒时，以健康为由既合理又容易被接受。你可以提到自己最近身体状况不佳，或者正在服用某些药物，不宜饮酒。重要的是，你的态度要诚恳，不要让对方觉得你在找借口。

案例 1：“非常感谢您的好意，但我最近身体有些不适，医生建议我不要饮酒，所以今晚我只能以茶代酒，还请您多多包涵。”

案例 2：“真的很想陪您喝几杯，但我这段时间胃不太好，正在吃药调理，实在不宜饮酒。希望您能理解。”

二、借工作之名，合理推脱

在职场酒局中，你可以借工作之名来合理推脱饮酒。你可以提到自己还有紧急工作需要处理，或即将面临重要的项目，需要保持清醒的头脑。这样既能避免饮酒，又不会显得失礼。

案例 1：“非常抱歉，我今晚还需要加班处理一些紧急工作，实在不能喝酒，怕影响工作效率。请您见谅。”

案例 2：“感谢您的盛情邀请，但我明天有个重要的项目汇报，需要保持最佳状态，所以不能饮酒。希望您能理解我的处境。”

三、提及交通问题，安全第一

酒后驾车是极其危险且违法的行为。你可以以需要驾车为由，表达自己对安全的重视，从而委婉地拒绝饮酒。这样的理由既合理又负责任。

案例 1："今晚我还要开车回家，为了安全起见，我不能喝酒。希望您能理解并支持我的决定。"

案例 2："非常感谢您的邀请，但我需要开车回家，不能喝酒。安全第一，希望您能谅解。"

26.2 转换话题，转移注意力

一、引导谈论工作话题

将焦点从饮酒转移到与工作相关的话题上，既可以展现自己对工作的关注，也能巧妙地避免直接面对饮酒的压力。

案例 1："张总，我最近在项目中遇到了一些挑战，特别想听听您的意见。您觉得在项目管理中，如何更好地协调团队成员的工作呢？"

案例 2："李经理，我注意到我们部门最近有几个大动作，能分享一下背后的战略考虑吗？我对这个非常感兴趣。"

二、分享个人兴趣与经历

通过分享个人的兴趣爱好或有趣经历，可以吸引听众的注意力，从而将话题从饮酒上转移开。

案例 1："大家可能不知道，我其实是个摄影爱好者。上周末我去了一趟郊外，拍到了一些非常美的风景照，等会儿我分享到群里给大家看看。"

案例 2："说到兴趣，我最近在学习烹饪，尝试了几道新的菜式。如果你们有兴趣，我可以分享一些食谱给大家。"

三、提出共同兴趣的话题

找到与在场人士共同的兴趣点，并就此展开讨论，可以有效地转移大家的注意力。

案例1：“我听说王总也是个篮球迷，最近NBA的比赛您有关注吗？我觉得××队的表现真是令人惊喜。”

案例2：“刘工，我记得您之前提到过喜欢旅行，我也是个旅行爱好者。您有没有推荐的旅行目的地呢？”

26.3 适度参与，以茶代酒

一、主动提议以茶代酒

在酒桌上，当你不能或不想喝酒时，主动提议以茶代酒是一个很好的策略。这样做既表达了对场合的尊重，也避免了因饮酒可能带来的不适或麻烦。

案例1：“非常感谢大家的热情款待，但我今天不方便喝酒。我以茶代酒，敬大家一杯，希望我们的合作能像这杯茶一样，清新而长久。”

案例2：“我今天身体有些不适，不能陪大家畅饮了。我以茶代酒，向各位表达我的敬意和感谢之情。”

二、适度举杯，表示敬意

即使不喝酒，你仍然可以通过适度举杯的方式向他人表达敬意。这样既能融入氛围，又显得不突兀。

案例1：“虽然我今天不能喝酒，但我想举杯向大家致谢。感谢大家的支持和帮助，希望我们未来能够携手共进。”

案例2：“在这特殊的时刻，我以茶代酒，祝愿我们的团队未来更加辉煌。感谢大家的付出与奉献！”

三、参与游戏，活跃气氛

在酒桌上除了喝酒，往往还会有一些游戏或活动，不喝酒的你积极参与其中，既能避免大家过多关注你的饮酒问题，又能增进你和他人之间的互动和了解。

案例 1："我虽然不喝酒，但猜拳挺在行的，谁来和我比划比划？"

案例 2："大家玩得真开心！我虽然不喝酒，但也想加入你们的游戏，我可以一起玩吗？"

场景二十七

突然点名让你即兴发言，如何机智应对

很多人听到“即兴发言”就会感到紧张，我先给你讲一个故事。英国首相丘吉尔有一次要去发表演讲，坐车到了目的地后司机为他开车门，但丘吉尔却迟迟没有下车。司机提醒道：“我们到了，长官。”丘吉尔一脸淡定地说：“请稍等，我还在看我的即兴演讲稿。”

这个故事告诉我们，没有真正的“即兴”，那些看似张口就来的发言，其实都是有充足的准备。每次发言都是展示自我的机会，而机会只留给有准备的人。因此，面对即兴发言，学会机智应对很重要。

27.1 准备充分，自信应对

一、会前做好功课

1. 了解会议背景和目的

在会议开始前，务必详尽了解会议的背景和目的。这可以通过查阅会议通知、相关文件或与会议组织者沟通来实现。了解会议的背景和目的有助于你更好地把握会议的整体方向和讨论的重点。

2. 提前准备可能讨论的话题

根据会议的背景和目的，预测可能会讨论的话题，并通过查阅相关资料、了解行业热点或与同事交流来获取灵感。提前准备这些话题，可以让你在会议中更主动地参与讨论，而不是被动地应对。

3. 复习相关数据和资料

针对可能讨论的话题，提前复习相关的数据和资料，如市场报告、行业分析、公司财务数据等，以便你可以更加深入地了解话题的背景和

现状，从而在会议中更加准确地表达自己的观点。

二、明确个人立场和观点

1. 形成个人观点

基于对话题的理解，形成具有逻辑性、创新性或独到见解的个人立场。

2. 准备论据和事例

为了支持自己的观点，提前准备相关的论据和具体事例，如行业数据、先前项目的经验、市场趋势分析、公司内部或行业的实际案例等，用以增强观点的说服力。

3. 考虑反驳意见

预测可能的反驳意见或不同观点，并提前准备一些应对话术，以便在会议上能够更加流畅地应对各种挑战。

27.2 灵活应变，言之有物

一、倾听并理解问题

1. 聚焦并全神贯注

在领导提出问题或引导语时，务必保持全神贯注。任何分心都可能导致误解或遗漏关键信息。此时，应将所有注意力集中在领导的话语上，尝试捕捉每一个细节。具体技巧如下。

（1）**眼神交流**。直视领导，通过眼神表达你在认真倾听。

（2）**笔记辅助**。如果允许，可以简短地记录关键词，以便后续整理思路。

2. 深度解析问题的核心

领导的问题可能包含多层意思，或试图探讨某个具体的方面。你需要迅速而准确地解析出问题的核心要点。具体技巧如下。

（1）**识别关键词**。注意领导问题中的关键词，它们通常揭示了问题的核心所在。

（2）**上下文联系**。结合会议的整体议题和之前的讨论内容，理解问题的背景和意图。

3. 明确回答的方向和角度

在理解问题的本质后，需要明确你的回答方向。这要求你快速思考，确定要从哪些角度入手，以及如何组织语言。具体技巧如下。

（1）**结构化思考**。将问题拆分成几个部分，分别考虑，然后整合成一个完整的回答。

（2）**预设立场**。根据问题的性质，可以预设一个明确的立场或观点，以使你的回答更具说服力。

案例 假设领导在会议上提问："关于我们即将推出的市场营销策略，你有什么看法？"你首先要确保完全听清了领导的问题，并注意到关键词是"市场营销策略"。接下来，你要理解领导的意图，领导是想了解你对新策略的整体评价，还是策略中的某个具体方面。最后，你可以从策略的创新性、目标市场的针对性、预期效果以及潜在风险等方面来构思回答。

二、组织语言，简单明了

1. 快速梳理思路

在被点名发言之后，要快速梳理自己的思路。由于时间紧迫，需要迅速确定要表达的核心观点，如对讨论主题的看法、建议或解决方案等。

2. 选择简洁的词汇和句式

即兴发言要求语言简洁、直接，避免使用冗长复杂的句子和晦涩难懂的词汇。选择常用的、易于理解的词汇，以及结构简单的句式，能够确保你的信息更快地被听众接收和理解。具体技巧如下。

（1）使用短句和简单的语法结构。

（2）避免使用专业术语或行话，除非听众对此非常熟悉。

（3）尽量用具体的例子或故事来阐述观点，以便引起听众的共鸣。

3. 保持逻辑清晰

即兴发言虽然时间紧，但逻辑性依然非常重要。在发言时，要确保自己的观点按照一定的逻辑顺序展开，比如从问题到解决方案，或者从现象到原因分析。具体技巧如下。

（1）可以使用“首先”“其次”“最后”等连接词来帮助组织语言，使发言更有条理。

（2）在阐述每个观点时，尽量做到一针见血，不绕弯。

4. 适时调整语速和音量

语速和音量也是影响即兴发言效果的重要因素。语速过快可能导致听众跟不上你的思路，语速过慢则可能让听众失去兴趣。同样，音量适中可以确保你的声音清晰地传达给每一位听众。具体技巧如下。

（1）根据发言内容的重要性调整语速，重要的观点可以稍微放慢语速进行强调。

（2）在需要强调某些关键词时，可以适当提高音量。

案例：假设在会议上，你被问及如何提高团队工作效率。你可以这样组织语言：“我认为提高团队工作效率的关键在于优化沟通流程和明确任务分配（快速梳理思路）。首先，我们可以建立一个沟通平台，减少信息传递的层级和时间（简洁词汇和句式）。其次，明确每个人的职责和任务目标，避免工作重叠和时间浪费（保持逻辑清晰）。最后，定期回顾和调整工作流程，确保团队高效运转（适时调整语速和音量）。”

三、举例论证，增强说服力

1. 选择恰当的例子

选择与你的观点紧密相关的例子。这个例子可以来自你个人的经验，也可以是行业内的典型案例，甚至可以是众所周知的历史事件。关键是，这个例子必须能够直接支持你的论点，让听众能够直观地理解你的观点。具体技巧如下。

（1）确保例子具有代表性，能够直接反映你的核心观点。

（2）选择简洁明了的例子，避免过于复杂或冗长的叙述。

2. 生动形象地描述例子

在举例时，不要仅仅停留在简单的陈述上，而是要努力让例子变得生动起来。通过描绘具体的场景、人物和行动，让听众能够在脑海中构建一个清晰的画面。具体技巧如下。

（1）使用生动的语言和形象的比喻来帮助听众更好地理解例子。

（2）引入一些细节，如人物的情感反应、环境的描述等，使例子更加鲜活。

3. 链接例子与观点

举例之后，要明确指出这个例子是如何支持你的观点的，以便帮助听众理解你的论证逻辑，接受你的观点。具体技巧如下。

（1）在描述完例子后，直接点明这个例子说明了什么问题，以及它与你的观点有何联系。

（2）如果可能的话，可以通过对比或类比来进一步强化你的论证。

案例：假设你在会议上被问及如何提高团队的工作效率，你可以这样举例论证："我认为，提高团队工作效率的一个有效方法是优化工作流程。以我之前所在的项目团队为例，我们曾面临项目进度严重滞后的问题。后来，我们发现这是由工作流程中沟通和任务交接冗余所致。于是，我们重新设计了工作流程，明确了每个成员的职责和交接点。结果，项目的进度明显加快，团队工作效率也显著提高。这个例子充分说明了优化工作流程对于提高团队工作效率的重要性。"

27.3 注重礼仪，展现职业素养

一、把握发言时机，用合适的方式表达

1. 观察并感知会议氛围

在会议进行中，要时刻保持对周围环境的敏感度。注意观察其他人的发言时长、内容以及领导和其他参与者的反应。这有助于你判断插入自己观点的合适时机。如果当前发言者已经讲述了较长时间，或者讨论即将进入一个新的话题，那么这可能是一个比较好的切入时机。

2. 顺势而为，不抢话，不插话

等待领导或其他发言者结束讲话后再开始发言，避免打断他人，这既是一种尊重，也能确保你的观点被更清晰地听到和理解。如果你确实有紧急或重要的观点需要补充，可以先举手或稍作示意，等待合适的间隙再发言。

3. 以自然、亲切的方式表达

即兴发言不必过于正式或刻板。尝试以自然、亲切的语气表达你的观点，这样更容易拉近与听众的距离。可以使用一些日常用语或生动的比喻来增强表达的趣味性，但同时要确保语言准确、清晰，避免产生误解。

4. 灵活应对，不失风度

如果你在发言时，有人提出疑问或反驳，保持冷静，认真倾听对方的观点，然后有理有据地进行回应。这种从容不迫的态度不仅能够维护你的个人形象，还能促进会议的顺利进行。

5. 适时结束，不拖沓

把握好自己的发言时间，避免长篇大论或反复强调同一观点。在充分表达了观点后，适时地结束发言，给其他人留出更多的讨论时间。这既体现了你的高效和专业，也有助于保持会议的活跃氛围。

二、尊重他人观点，展现礼貌态度

1. 认真倾听他人的发言

当其他人在发言时，要给予充分的关注和倾听。不要打断他人的讲话，而是耐心地听完他们的观点。通过点头或微笑等方式表达你的理解和认同，让对方感受到你的尊重和关注。

2. 避免贬低或否定他人观点

即使你对他人的观点持有不同意见，也要避免直接贬低或否定对方的观点。相反，你可以采用委婉的方式表达自己的看法，并尊重对方的立场。例如，你可以说："我理解 ×× 同事的想法，不过从另一个角度来看，我们也可以考虑……"这样的表达方式既能够传达你的观点，又不会伤害他人的感情。

3. 积极参与讨论，友好交流

在会议中，积极参与讨论是展现职业素养的关键。在发言时，你可以友好地与他人交流，分享你的看法和建议。在交流过程中，保持开放的心态，接受他人的反馈和批评。同时，也要学会用恰当的语言和方式表达自己的观点，避免引起不必要的争执和冲突。

4. 以合作的态度寻求共识

会议的目的是达成共识并解决问题。因此，在发言时，要以合作的态度寻求与其他人的共识。尊重他人的意见，并尝试找到双方都能接受的解决方案。通过积极的沟通和协商，促进会议的顺利进行，并展现出你的职业素养和团队精神。

三、适时表达感谢

1. 感谢领导的信任和机会

当领导点名让你发言时，你应该感到荣幸，并在发言的开头明确表达这一点。例如，你可以说："非常感谢领导给我这个机会，让我能够在这里分享我的观点。"这样的表达不仅体现了对领导的尊重，也展现了你的谦逊和职业素养。

2. 对听众表示感谢

在发言的过程中，不要忘记对听众表示感谢。他们是你观点的接收者，他们的倾听和反馈对于你的发言来说至关重要。例如，你可以在发言中适时地说："感谢大家的倾听，希望我的观点能够给大家带来一些启发。"这样的感谢不仅让听众感到被尊重，也有助于拉近你与听众之间的距离。

3. 向提供帮助的同事或领导表示致谢

如果你在准备发言的过程中得到了同事或领导的帮助，那么在发言结束时，一定要向他们表示衷心的感谢。这不仅是对他们工作的认可，更是你职业素养的体现。例如，你可以说："在这里，我要特别感谢 ×× 同事（领导），他们的建议对我这次的发言有很大的帮助。"

4. 真诚与自然的表达

感谢的话语要真诚而自然，不要过于刻意或夸张。你的感谢应该发自内心，而非出于形式需要。同时，也要注意语气和表情的配合，让你的感谢更加真挚和可信。

5. 适时的致谢增加互动

在发言时，如果有听众对你的观点表示赞同或有所补充，你可以适时地表达致谢，这不仅能增加与听众的互动，还能让你的发言更加生动有趣。例如，"非常感谢 ×× 同事的补充，这确实是一个很重要的观点"。

场景二十八

与领导单独出差，
这些功课得做足

28.1 精心准备，展现专业素养

一、深入了解出差目的和任务

1. 明确出差目标与期望成果

与领导进行沟通，了解出差的具体目标。例如，询问领导出差是为了加强与客户的联系，还是为了开拓新市场。同时，了解领导对出差的期望，以便有针对性地准备工作，确保出差效果最大化。

案例：你：“领导，关于这次出差，您希望我们主要达成哪些目标？有没有具体的期望成果？”领导：“我们主要是去巩固与几家重要客户的关系，并探讨未来合作的可能性。如果能签订一些意向协议就更好了。”

2. 掌握详细任务与行程安排

弄清楚出差期间需要完成的具体任务，如产品演示、需求调研等。同时，了解整个出差的行程安排，包括会议、商务活动的时间表，以确保你能够合理安排时间，高效完成任务。

案例：你：“领导，这次出差我们有哪些具体的任务要完成？整个行程是怎么安排的？”领导：“我们会拜访三家客户，每家客户都会有产品演示。在行程上，我们会先飞北京，再赴上海和深圳。”

3. 了解背景信息与业务资料

搜集出差地点、客户或合作伙伴的相关背景信息，以便更好地融入当地环境。同时，准备必要的业务资料，如产品手册、公司介绍等，以支持出差期间的工作。

4. 预见潜在挑战与准备应对方案

分析可能遇到的挑战，如文化差异、语言障碍等，并提前制定应对策略。例如，学习基本的当地语言或礼仪，以更好地融入当地环境并建立良好的人际关系。

案例：你："领导，听说我们这次出差的城市有着独特的商业文化，您觉得有哪些方面是我需要提前了解和适应的？"领导："确实，那边的商业氛围比较传统，注重面子和关系。你可以提前了解一下当地的礼仪习惯，以及他们在商务谈判中的常见做法。"

5. 主动提出自己的见解与建议

根据对出差目的和任务的理解，主动向领导提出自己的见解和建议。这不仅能展现你的主动性，还能帮助领导更全面地考虑出差计划，从而提高出差效率。

案例：你："领导，关于这次出差，我有一个想法。既然我们是去巩固客户关系的，是否可以准备一些小礼品作为心意，这样可能会让客户感到更加贴心。"领导："这个建议不错，你可以帮忙挑选一些具有我们公司特色的礼品。"

二、细致规划行程和准备

1. 确定行程安排与交通方式

根据出差目的和任务，合理规划出行时间和路线。在选择交通方式时，须综合考虑时间、成本和便利性，及时预订机票、火车票或租车等，确保能够按时到达目的地并预留充足的时间进行准备。

案例：如果你和领导需要前往一个较远的城市进行商务谈判，你可以提前查询并比较不同交通方式的优缺点，然后向领导建议最高效和舒适的方式。

2. 预订住宿与餐饮

根据出差地点和时间，提前预订合适的住宿酒店，考虑到位置、设施、价格以及安全性等因素。同时，安排符合商务场合的餐饮，并兼顾领导的口味和饮食习惯。

在预订住宿酒店时，你可以选择位于商务中心区域的酒店，并提前了解酒店的设施和服务，以确保领导的住宿体验。

3. 准备必要的业务资料与工具

根据出差任务整理相关的业务资料，如产品介绍、合同草案、市场调研报告等。确保携带必要的电子设备，如笔记本电脑、投影仪、移动存储设备等，并检查其工作状态是否正常。如果你需要与客户进行产品演示，那么提前准备好演示文稿，并测试投影设备的兼容性，以确保演示顺利进行。

4. 应对可能的突发状况

考虑到可能的交通延误、天气变化等突发状况，制定应对方案，如备用交通方式、应急联系人等。同时，准备必要的急救药品和常用物品，以应对可能的突发状况。在出差前查看目的地的天气预报，如果预报有恶劣天气，可以提前调整行程或准备相应的雨具或保暖物品等。

5. 与领导进行最后确认

在完成行程规划后，与领导进行最后的确认，确保领导对行程安排和准备工作满意。根据领导的反馈进行必要的调整，以满足领导的需求和期望。例如，你可以制定一份详细的行程表，包括日期、时间、活动安排等，然后与领导进行确认，确保双方对行程安排有明确的了解。

三、塑造专业且得体的形象

1. 选择合适的着装

根据出差的场合和目的，选择恰当的职业装。正式商务会议建议穿正装，以展现专业形象；而在较为轻松的场合，则可以选择商务休闲装，以保持得体又不失轻松的氛围。确保衣物整洁、着装得体，避免穿着过于夸张或随意。

案例：如果你和领导要去参加一个重要的商务谈判，那么一套合身的西装搭配整洁的衬衫将是不错的选择。

2. 注重个人卫生与仪表

保持头发整洁、面部清洁、指甲整齐，以及保持清新的口气，这些都是塑造个人良好形象的基础。女性职场人可适当使用化妆品以提升气色，但须避免妆容过于浓重。

案例：在出差前，确保你有足够的时间进行个人卫生处理，如洗澡、洗头，并准备一些必要的个人卫生用品，如口香糖、湿巾等。

3. 举止得体，展现自信

保持得体的坐姿和站姿，展现出你的自信和专业度。避免在公共场合大声喧哗，注意自己的言行举止，以维护个人和公司的形象。

案例：在与客户或合作伙伴交流时，保持微笑，目光坚定，展现出你的自信和专业度。

4. 学习并遵守职场礼仪

学习并遵守基本的职场礼仪，如握手、递名片、用餐时的座位安排等。尊重他人，注意倾听，避免打断他人发言。

案例：在与领导或客户共进晚餐时，注意餐桌礼仪，如等待主人示意后再开始用餐，不随意插话等。

5. 细节决定成败

注意小细节，如携带一支质量好的笔、一个整洁的笔记本，以及随时准备接收或交换名片。同时，避免在公共场合使用手机，除非处理紧急事务，以免给人留下不专注或不够专业的印象。

案例：在会议开始前，检查你的笔记本和笔是否准备好，以便随时记录重要信息。

28.2 积极主动，确保出差顺利

一、建立有效的沟通与协调机制

1. 明确沟通渠道与频率

确定与领导进行沟通的主要渠道，如面对面交流、电话、微信或其他通信工具，并根据出差的实际情况设定合理的沟通频率，确保双方能够及时了解工作进展。例如，在出差前，你可以与领导约定每天的晨会或晚会时间，通过简短的交流来同步当天的工作计划和完成情况。

2. 主动汇报工作进展

定时向领导汇报工作进度，包括已完成的任务、遇到的问题及解决方案。汇报时要简洁明了，突出重点，避免冗长的叙述。例如，在与客户洽谈后，你可以及时向领导汇报洽谈结果，包括客户的需求、反馈以及下一步的行动计划。

3. 及时反馈与征求意见

在工作过程中，遇到难题或不确定的情况时，要及时向领导反馈并征求意见。对于领导的建议和指示，要认真倾听和贯彻执行，并及时反馈执行情况。例如，在准备一份重要报告时，你可以就报告的结构和内容向领导征求意见，以确保报告的质量和针对性。

4. 协调资源与支持

在需要其他部门或人员的支持时，要主动协调资源，确保工作的顺利进行。同时，及时将协调结果和进展情况告知领导，以便领导做出必要的决策和调整。例如，在需要技术部门提供数据支持时，你可以主动与技术部门沟通，明确数据需求和提供时间，并及时将协调结果告知领导，以便领导统筹安排。

5. 保持灵活与适应性

在出差过程中，可能会遇到各种突发情况，要保持灵活性和适应性，及时调整工作计划。同时，与领导保持紧密沟通，共同应对变化和挑战。例如，在出差期间，如果原计划拜访的客户临时有事无法见面，你可以迅速调整计划，与领导商议并安排其他客户的拜访或市场调研活动，以确保出差任务不受影响。

二、与异性领导相处的职场礼仪

在与异性领导相处时，除了保持积极主动，还须特别注意度的把握和边界感的建立，以免产生不必要的麻烦或误会。

1. 尊重个人隐私

避免主动询问或讨论领导的私人生活，如家庭状况、个人感情等敏感话题。若领导主动提及个人信息，应以倾听为主，不要过度深挖或评论。

2. 避免性别刻板印象

不要基于性别对领导做出预设判断，应以专业能力和工作表现为评价标准，确保与领导的相处基于平等和尊重。

3. 注意身体语言和微表情

保持恰当的眼神交流，既不过于直视也不回避眼神接触。同时，注意自己的肢体语言，避免给人造成不适或误解。

4. 谨慎处理幽默和玩笑

避免涉及性别歧视或具有性别刻板印象的玩笑。若要开玩笑，应选择轻松、无害且与工作相关的话题，确保言辞恰当且尊重他人。

三、灵活应变与分担工作压力

1. 快速适应环境变化

出差往往意味着要面对不同的工作环境和文化背景。因此，你需要快速适应这些变化，包括当地的工作习惯、礼仪以及可能的语言差异，以确保工作的顺利进行。如果你出差到一个注重礼仪的地方，你可能需要调整自己的沟通方式，以更加符合当地的文化习惯，从而建立良好的商务关系。

2. 主动寻找解决方案

当遇到问题时，不要等待领导或他人给出解决方案，而要主动思考并寻找可能的解决办法。如果会议安排出现了变动，你可以迅速调整行程，或者提议通过视频会议等方式来确保重要讨论的顺利进行。

3. 协助领导处理突发情况

在出差过程中可能会遇到各种突发情况，如交通延误、设备故障等。在这些情况下，你可以主动提供帮助，如重新安排行程、寻找替代设备等，以减轻领导的负担，确保工作的顺利进行。

4. 分担领导的工作压力

在出差期间，领导可能会面临多方面的压力，你可以主动承担一些辅助性工作，如准备会议资料、跟进项目进展等，让领导有更多精力专注于关键任务。

5. 有效沟通与反馈

在分担工作压力的过程中，与领导的沟通至关重要。你可以定期向领导汇报工作进展，及时反馈遇到的问题，并寻求指导。同时，也可以提出自己的建议和想法，以共同应对出差过程中的挑战。

案例：假设在出差期间，原定的一个重要会议因故被取消，导致领导有些焦虑。这时，你可以这样与领导沟通以分担其压力："领导，我了解到原定会议被取消了，这确实是意外的变化。不过，我们可以考虑利用这段时间与其他潜在客户或合作伙伴进行临时的会面或交流。我查看了日程，发现下午有几个空闲的时间段，我们是否可以安排一些额外的商务活动？另外，我也可以协助整理会议资料，以备不时之需。”

28.3 细心周到，提升服务质量

一、关注细节，提供个性化服务

1. 深入了解领导的需求和偏好

在出差前，通过与领导沟通或观察其日常行为，深入了解其在工作和生活中的需求和偏好。例如，领导可能偏爱安静的办公环境或对某种食物有特别的喜好。根据这些信息，你可以提前做出安排，如预订安静的房间、为领导准备其喜欢的食物等，以提升其出差体验。

2. 细致安排行程

在规划行程时，要充分考虑领导的体力状况和时间安排，避免行程过于紧凑或松散。同时，预留适当的休息时间，以应对可能出现的意外情况或满足领导的临时需求。

3. 提供贴心的生活服务

注意领导的日常生活习惯，如是否需要定时服用药物、是否有特殊的睡眠需求等，并据此提供相应的服务。在出差期间，主动为领导解决生活中的小问题，如预订餐厅、购买日常用品等。

4. 灵活应对变化

出差过程中可能会遇到各种突发情况，如会议时间变动、交通延误等。此时，你需要保持高度的灵活性，及时调整计划，确保领导能够顺利地推进工作。同时与领导保持密切沟通，随时了解其需求和反馈，以便及时调整服务内容。

案例：假设在出差过程中，你发现领导因为连续的会议和工作安排显得疲惫不堪。此时，你可以主动提出："领导，看您最近比较疲惫，是否需要为您预订休息室，让您在会议间隙稍作休息？"这样的提议既体现了你的细心周到，也能让领导感受到你的关心和支持。

此外，如果领导在出差期间需要处理一些私人事务，如购买特产或纪念品，你也可以主动提供帮助："领导，如果您需要购买一些当地的特产或纪念品，我可以帮您去了解并推荐一些合适的选项。"这样的服务不仅能够减轻领导的负担，还能增进你与领导之间的信任和默契。

二、做好记录与总结工作

1. 详细记录关键信息和数据

在出差期间，应随身携带笔记本或利用电子设备记录重要信息，如会议要点、客户反馈、市场动态等。对于重要的数据或信息，可以采取拍照、录音或录像的方式备份，以便后续进行详细的整理和分析。

例如，在与客户交流时，你需准确记录客户提出的具体需求和关注点，如产品特性、价格敏感度、交货期限等。这些信息对于后续产品的改进和市场策略的调整具有极其重要的参考价值。

2. 及时总结经验教训

出差结束后，须尽快整理记录，并总结出差过程中的成功经验和遇到的问题。要深入分析问题的原因，并提出切实可行的改进措施，以便在未来的工作中避免类似问题的发生。

例如，如果你在出差中发现某个环节沟通不畅，可以总结为需要加强与客户的预先沟通，明确双方期望，以减少误解和冲突。

3. 与领导分享收获和感悟

总结完成后，应主动向领导反馈，分享出差的收获、客户的反馈以及对未来工作的建议。这不仅有助于领导全面了解你的工作进展，还能加强团队之间的沟通和协作。

案例：你可以这样向领导汇报："在这次出差中，我深刻感受到了客户对产品质量和服务的重视。我认为我们可以在产品研发和服务流程上进行优化，以更好地满足客户的实际需求。"

4. 建立记录和总结的习惯

将记录和总结作为出差后的固定流程，并逐渐形成习惯。随着时间的推移，这些记录将成为宝贵的资料库，有助于你更好地了解市场动态和客户需求。

5. 利用记录和总结进行持续改进

应定期对之前的记录和总结进行回顾，分析工作中的趋势和问题。根据分析结果，制定具体的改进措施，并跟踪实施效果，以实现持续的改进和提升。

三、建立良好的职场关系与网络

1. 主动交流与倾听

在出差期间，主动与团队成员、领导以及业务伙伴进行交流，展现出真诚的兴趣，积极询问他们的看法和建议。例如，在参加行业会议时，可以主动与同行交流，分享彼此的经验和见解，以促进相互学习和成长。

2. 积极参与团队活动

利用出差期间的空闲时间，积极参与团队组织的活动，如聚餐、户外拓展等。这不仅有助于加深同事之间的了解，还能有效增强团队凝聚力。例如，在晚餐时，可以提议进行一些有趣的小游戏，让大家在轻松的氛围中增进感情。

3. 寻求合作与共赢

在与业界人士交流时，应积极寻求合作机会，探讨双方共赢的可能性。这不仅能拓展业务渠道，还能为个人和公司带来更多的发展机遇。

例如，在与潜在客户洽谈时，应详细了解对方的需求，然后提出针对性的解决方案，以促成双方的合作，实现共赢。

4. 分享资源与知识

不要吝啬于分享自己的资源和知识，与同事和行业内的朋友共同进步。通过分享，可以树立个人在行业内的专业形象，同时也有助于吸引更多志同道合的伙伴。例如，在参加行业研讨会时，可以主动分享自己所在公司的成功案例或经验教训，以吸引同行的关注和交流，促进共同进步。

5. 保持持续的联系与跟进

出差结束后，不要忘记与在出差期间结识的人保持联系，定期发送问候邮件、分享行业动态或提供有价值的资源，以维持并深化彼此的关系。

例如，可以定期向新结识的业界朋友发送行业报告或市场分析，以展示个人的专业素养和对行业的深刻理解，从而巩固和深化双方的关系，为未来的合作打下坚实基础。

场景二十九

领导私下问你对同事或上司的看法，如何轻松应对

29.1 明确领导意图与保持谨慎态度

一、洞察领导的真实意图

1. 了解团队动态与员工关系

领导可能想通过你的视角了解团队内部的互动、合作氛围以及潜在的问题。

应对策略：在回答时，可以描述一些具体的团队合作案例，突出团队的协同努力和成果，同时也可适当提及遇到的挑战和解决方法。

2. 评估员工绩效与态度

领导可能想借你的观察来评价某些同事的工作表现或职业态度。

应对策略：在评价同事时，要客观公正，基于事实进行描述，可以提供具体的工作实例来支持你的观点，避免插入个人主观意见。

3. 探求改进方向与管理建议

领导可能正在寻求改进团队或管理方式的建议，而你的反馈可以为他们提供有价值的参考。

应对策略：如果有具体的改进建议，可以坦诚地提出，但要注意措辞，避免直接批评现有制度或管理方式，而是强调建议和解决方案的积极面。

4. 考察你的观察与判断能力

有时，领导可能是在考察你的观察力、判断力和职业素养。

应对策略： 在回答时要展现出你的专业素养和敏锐的观察力，同时保持谨慎和客观，不要过度解读或猜测。

案例：领导："小张，你觉得李经理最近的工作状态怎么样？"小张："领导，我注意到李经理最近比较忙碌，经常加班到很晚。他负责的项目进展得很顺利，团队成员也认为他的指导和协调很有效。不过，我也注意到他有时显得有些疲惫，可能是工作压力较大的原因。如果可能的话，可以考虑为他分担一些工作，或者提供必要的支持，以确保他的健康和团队的持续发展。"

二、表达观点时的谨慎措辞

1. 避免使用绝对性或极端的评价词汇

使用绝对性的词汇，如"总是""从不"等，容易给人留下刻板印象且可能不准确。使用"通常""大多数情况下"等相对温和的词汇更为恰当。

案例：在领导问及对某位同事的看法时，可以说："他通常能够按时完成任务，但在某些情况下可能需要更多的时间和资源。"而不是"他总是拖延任务的完成时间。"

2. 使用客观、中性的语言进行描述

避免使用带有强烈情感色彩的词汇，如"讨厌""喜欢"等，这些词汇可能让领导误解为个人偏见或情感倾向。

案例：在描述同事的工作态度时，可以说："他在工作中表现出高度的专注度和责任心。"而不是"我真的很喜欢他认真工作的样子。"

3. 注意言辞的礼貌性和恰当性

即使对某位同事或上司有不满，也应以建设性的方式表达，避免直接批评或指责。

案例：当你被问及对上司的看法时，可以说："我认为领导在决策过程中可以更加透明和开放，这样有助于我们更好地理解并执行任务。"而不是"领导总是不告诉我们为什么要这么做，让人很困惑。"

4. 以事实为依据，避免主观臆断

在表达观点时，应尽量以具体的事例或数据为支持，避免基于个人主观感受的评价。

案例：在评价同事的协作能力时，可以说："在最近的项目中，他主动与其他团队成员沟通，有效解决了多个协作难题。"而不是"我觉得他是一个很好的团队合作者。"

5. 强调个人观点的主观性

在表达看法时，明确指出这是个人的观察和感受，以避免给他人造成误解或不必要的压力。

案例：在谈及对某位同事的印象时，可以说："根据我的观察和合作经验，我认为他在处理复杂问题时表现很出色。"而不是"他就是一个非常出色的问题解决者。"

三、维护职业关系的重要性

1. 促进团队协作与和谐氛围

当你被领导问及同事或上司的情况时，维护职业关系至关重要，避免因个人偏见或负面情绪而破坏团队的和谐。通过积极、正面的回应，有助于营造一种相互尊重、团结协作的工作氛围。

案例：当领导问你对某位同事的看法时，你可以强调该同事在工作中的积极表现和对团队的贡献，而不是过分强调其不足。

2. 维护个人职业声誉与信誉

在回答领导的问题时，维护职业关系是维护个人职业声誉和信誉的重要一环。过于尖锐或负面的评价可能会让领导对你的专业性和团队协作能力产生质疑。

案例：在领导询问你对上司的看法时，你可以客观地提及上司的领导风格和工作成效，同时表达出对上司的尊重和对其工作的认可，以此展现你的职业素养和尊重他人的态度。

3. 为未来职业发展奠定基础

在职场中，人际关系对于个人的职业发展具有重要作用。通过与领导的沟通维护良好的职业关系，可以为你未来的晋升、合作奠定坚实的基础。

案例：如果你对同事或上司的评价中肯且积极，领导可能会认为你具备团队合作精神和积极的工作态度，从而在未来的项目分配或职位晋升时给予你更多的机会。

4. 提升工作效率与效果

良好的职业关系有助于减少工作中的摩擦和冲突，从而进一步提升团队的工作效率。当团队成员之间能够相互信任、支持和协作时，项目的推进会更加顺利。

案例：在回答领导关于同事工作表现的问题时，你可以肯定同事的工作能力和团队的协作精神，这样有助于增强团队的凝聚力和提高团队的工作效率。

29.2 巧妙回答与策略性沟通

一、先抑后扬的技巧运用

1. 先肯定同事或上司的优点

在回答领导的问题时，要强调同事或上司的积极面和优点。这不仅可以表达对他们的尊重和认可，也有助于营造积极的沟通氛围。

案例：你可以说："××同事在项目管理方面经验非常丰富，他能够高效地协调团队资源，确保项目按时完成。"

2. 委婉地提出改进建议或存在问题

在肯定优点之后，可以适时地提出一些建设性的反馈或指出存在的问题。但需要注意措辞，避免直接批评或指责，通过建议和期望的方式委婉表达。

案例：你可以说："不过，我个人觉得 ×× 同事在沟通方式上可能稍显直接，如果能更加注重团队成员的感受，可能会让团队合作更加顺畅。"

3. 强调个人观察和感受的主观性

在表达观点时，要明确这些观点是基于你个人的观察和感受，而非绝对或普遍的事实。这样做可以减少误解和冲突，同时保持沟通的开放性和客观性。

案例：你可以说："这只是我个人的观察和感受，可能并不全面或准确。我也很愿意听听其他人的意见。"

二、模糊处理与转移焦点

1. 模糊处理的技巧

（1）**使用不确定的表述**。当领导询问你对某位同事或上司的看法时，你可以使用如"可能是……""我注意到……"等不确定的表述方式，以避免给出过于明确的评价。

（2）**强调个人感受**。你可以强调你的回答仅代表个人感受，而非客观事实。例如，"我觉得他在某些方面可能还有提升的空间"，而不是"他做得很差"。

（3）**避免使用绝对性语言**。不要使用"总是""从不"等绝对性词汇，而是选择"有时""在某些情况下"等更加灵活的表述。

2. 转移焦点的策略

（1）**引向具体工作案例**。当领导询问你的看法时，你可以巧妙地将话题转移到具体的工作案例上，以讨论工作中的具体问题和解决方案，而非直接评价个人。

（2）**关注团队整体**。你可以将焦点从个人转移到团队整体上，强调团队协作和工作氛围的重要性。例如，"我认为我们团队在协作方面还有很大的提升空间"。

（3）**提出建设性意见**。如果领导坚持询问你的看法，你可以提出建设性的改进意见，以展现你对工作的关注和积极态度。例如，“我觉得我们可以加强团队内部的沟通和协调，以提高工作效率”。

案例：领导：“你觉得小王的工作表现怎么样？”你：“小王在项目热情以及与客户的沟通能力上表现不错。当然，我们团队还有改进空间，特别是在团队协作和流程优化上。关于小王，我认为他如果能加强时间管理和任务优先级设置，可能会更有成效。不过，这只是我的个人观察，具体的情况还需要更全面的了解和评估。”

三、倾听与反馈的艺术

1. 倾听的重要性及技巧

（1）**全神贯注地倾听**。在与领导交谈时，要全神贯注地倾听，避免分心。

（2）**理解领导的真实意图**。倾听不仅仅是听到话语，更是要理解其背后的含义。尝试站在领导的角度思考，为何领导会提出这样的问题，领导希望了解什么。

（3）**不要急于打断或反驳**。即使你不同意领导的某些观点，也要耐心听完领导的陈述，避免在倾听过程中急于表达自己的看法。

2. 反馈的策略与方法

（1）**确认并重复领导的观点**。在给出反馈之前，你可以先重复或总结领导的观点，以确保正确理解了领导的意图，并为后续的反馈做铺垫。

（2）**有条理地表达自己的看法**。在反馈时，尽量保持逻辑清晰，可以先肯定再提出建议或看法，避免给领导留下负面的印象。

（3）**使用“我”语言**。在表达观点时，多使用“我觉得”“我认为”等表述方式，以减少对他人的直接指责。

3. 情感管理与气氛把控

（1）**保持平和的情绪**。无论领导提出什么问题，都要尽量保持情绪稳定，避免因情绪激动而说出不当之言。

（2）**察言观色，灵活应对**。要密切关注领导的反应和情绪变化，根据实际情况灵活调整自己的反馈方式和内容。

（3）**创造积极的沟通氛围**。在交谈中可以适当加入一些幽默元素或积极的话题，以缓解紧张气氛，使沟通更加顺畅。

举例 领导：“你觉得小李最近的工作状态怎么样？”你：“我基于最近的观察，觉得他确实面临一些挑战。在与他的合作中，我发现他可能对某些新任务感到有些压力。不过，我也注意到他在努力适应和学习，比如在上次的项目中，他主动加班来研究新的技术方案。我认为，如果我们能给予他更多的支持和指导，他可能会更快地成长起来。同时，我也建议我们可以定期与他进行沟通，了解他的需求和困难，这样有助于提高他的工作效率和积极性。”

29.3 保护个人隐私与职业操守

一、尊重他人隐私与权利

1. 避免泄露私人信息

当领导询问对同事或上司的看法时，务必注意不要泄露他人的私人信息，如家庭状况、个人感情等。这些信息与工作评价无关，且可能引发不必要的争议和误解。如果领导提及这些私人信息，可以委婉地提醒领导这些信息可能涉及个人隐私，不宜过多讨论。

2. 聚焦工作表现

在评价同事或上司时，应主要聚焦于他们的工作表现，而非个人生活或性格特征。这样可以确保评价的客观性和公正性。如果领导试图引导你讨论私人话题，可以巧妙地转移话题，重新回到工作评价的话题上。

3. 遵守职业道德和法律规定

作为职场人士，要严格遵守职业道德和法律规定，不得散布谣言、侵犯他人隐私或进行人身攻击。这些行为不仅损害个人形象，还可能触犯法律。在回答领导的问题时，要保持谨慎和客观，避免涉及敏感或违法的内容。

举例 假设领导私下问你：“你觉得小张最近怎么样？我听说他最近家里有些问题。”你可以这样回答：“领导，关于小张家里的情况，我并不了解，也不太方便评论。不过，从工作角度来看，小张最近确实表现出了一些压力，可能是受到了个人因素的影响。但他在工作上仍然保持了一贯的专业态度和效率，尽管在某些任务上可能稍显分心。我相信他能够调整好自己的状态，继续为公司做出贡献。”

在这个例子中，你既没有泄露小张的私人信息，又客观地评价了他的工作表现。同时，你还表达了对小张的理解和支持，体现出了职场中的同理心和团队精神。

二、保持专业与客观的态度

1. 基于工作表现和事实进行评价

当你被问及对同事或上司的看法时，应依据他们的实际工作表现和客观事实来回答，而非个人的主观臆断或偏见。例如，可以提及他们在某个项目中的具体贡献，或者他们在处理工作难题时展现出的专业能力。

2. 避免个人情感和偏见的影响

即使对某位同事或上司有个人喜好或不满，也应在回答时尽量摒弃这些情感因素，保持客观中立的立场。例如，若领导询问的是关于人际关系的问题，可以强调团队合作的重要性，并表达愿意与所有同事保持良好关系的态度。

3. 专注于提供建设性反馈

在回答时，应尽量提供具有建设性的反馈，而非简单的批评或赞扬。你可以指出同事或上司在某些方面的潜力，或者建议他们在某些工作流程上进行优化。

举例 领导："你觉得李经理的工作怎么样？"回答："李经理在工作上非常专业，他在项目管理方面有着丰富的经验。在我们最近完成的一个项目中，他成功地协调了各部门的工作，确保了项目的顺利进行。当然，任何工作都有改进的空间。我觉得，如果李经理能更多地倾听团队成员的意见，可能会激发团队成员更多的创新思维。但总体来说，他对团队的贡献是显而易见的。"

在这个例子中，你的回答先肯定了李经理的专业能力和对项目的贡献，然后提出了一个建设性的反馈，即希望他能更多地倾听团队成员的意见。这样的回答客观且专业，既保护了同事的尊严，又向领导传达了有价值的信息。

三、应对领导追问的策略

1. 深化回答而不涉及个人评价

如果领导追问具体细节，你可以进一步描述工作流程、团队协作或项目进展等方面的情况，而不直接评价个人。

案例 领导问："你觉得他在项目中的具体表现如何？"你可以说："在项目中，他负责的部分进度控制得很好，我们团队在他的协调下，各个环节衔接得很顺畅。"

2. 强调观察和反馈的重要性

向领导说明，对于同事或上司的表现，你更注重长期的观察和全面的反馈。

案例 领导追问："你认为团队有什么需要改进的地方？"你可以说："我一直在观察和学习，我认为持续的反馈和改进是我们团队成长的关键。如果有具体的建议，我会及时与团队成员沟通。"

3. 借助第三方观点

如果领导持续追问，你可以提及团队其他成员或上级的意见，以此作为你的回答的支撑，同时避免个人主观评价。

案例　领导问："你认为他是否有能力承担更多责任？"你可以说："我们团队在讨论时，大家都认为他有很大潜力，我们也在考虑如何更好地发挥他的能力，让他承担更多的职责。"

4. 提出解决方案或改进建议

将焦点从个人评价转移到如何提升团队效能或解决具体问题上。

案例　领导追问："那你觉得我们该如何帮助他提升？"你可以说："我认为我们可以提供更多的培训机会，或者安排经验丰富的同事进行辅导，同时鼓励他主动寻求反馈和学习的机会，这样有助于他更快地成长。"

5. 保持坦诚但谨慎

如果领导坚持听取你对个人的看法，你可以坦诚地表达，但务必谨慎选择措辞。

案例　领导问："你直说，他到底怎么样？"你可以说："据我观察，他在某些方面确实有不错的表现，但也有一些地方需要进一步关注和改进。我会在合适的场合提醒他，并尽力提供帮助。"

举例　领导："你刚才说得比较笼统，能具体说说你对小张的看法吗？"你："领导，我确实注意到小张在工作中展现出了积极的态度和较强的学习能力。在最近的项目中，他主动承担了一些挑战性的任务，并且完成得相当出色。当然，每个人都有成长的空间，小张也不例外。我觉得我们可以通过提供更多的培训机会和具体的反馈来帮助他进一步提升。同时，我也会与他保持沟通，了解他的想法和需求，以便更好地支持他的发展。"

在这个例子中，你既表达了对小张积极态度的认可，又提出了具体的改进建议，同时强调了持续的沟通和支持的重要性。这种回答既回应了领导的追问，又保护了同事的隐私和尊严。

场景三十

领导要求当众对项目进行分析复盘，怎么做准备

在完成一个项目后，领导很可能会要求团队成员进行分析复盘，并当众进行讲解。对于职场新人而言，如果没有提前准备，很容易陷入完全不知所措的境地，从而错失一次表现自己以及与领导深入交流的机会。因此，我们要提前做好准备，以应对各种可能发生的情况。

30.1 前期准备与资料收集

一、明确复盘目标与范围

1. 确定复盘的重点领域

在开始复盘之前，需要明确哪些领域是复盘的重点。这通常涉及项目的核心目标、关键里程碑、资源分配、风险管理等方面。通过确定重点领域，我们可以更有针对性地分析项目过程中的得失。例如，如果项目的主要目标是提高客户满意度，那么复盘时就应重点关注与客户互动的环节，如需求收集、服务提供、反馈处理等。

2. 界定复盘的时间框架

复盘的时间框架同样重要。一个项目可能持续数月甚至数年，因此，在复盘时需要明确我们要回顾的时间段。是全程复盘，还是针对某个特定阶段，这取决于复盘的目的和需要解决的问题。例如，如果项目在某个关键阶段出现了严重延误，那么复盘可能就需要重点关注这个阶段，分析导致延误的具体原因。

3. 明确复盘要解答的具体问题

在复盘过程中，我们应该带着问题去思考。这些问题可能涉及项目

执行的效率、团队协作的效果、风险管理的有效性等。明确这些问题有助于我们在复盘过程中保持聚焦，避免陷入无意义的讨论。

例如，我们可以提出这样的问题："项目在执行过程中是否出现了资源分配不均的情况？这对项目进度和团队士气有何影响？"通过回答这些问题，我们可以更深入地了解项目的实际情况，并为未来的项目提供有价值的参考。

二、收集项目相关资料

1. 整理项目文档

在开始复盘之前，需要系统地整理和回顾项目的计划文档、执行记录以及监控报告。这些文档详细记录了项目的目标、任务分配、时间表、预算以及实际执行情况等关键信息。通过对比计划与实际执行的差异，我们可以识别出项目过程中的偏差和问题，进而分析原因并提出改进措施。

2. 搜集关键决策记录

项目过程中往往伴随着一系列关键决策，这些决策对项目的走向和结果具有重要影响。因此，搜集和整理这些关键决策的记录对于复盘分析至关重要。这些记录包括决策的背景、依据、参与者以及决策结果等信息。通过分析这些决策记录，我们可以评估决策的合理性和有效性，以及它们对项目最终成果的影响。

3. 汇总项目成果与反馈数据

项目复盘不仅需要关注过程，还需要关注结果。因此，我们需要汇总项目的最终成果，包括产品、服务、市场反馈、客户满意度等数据。这些数据能够客观地反映项目的实际效果和价值，帮助我们评估项目的成功程度。同时，通过收集和分析客户、用户或利益相关者的反馈，我们可以了解项目的优点和不足，为后续的项目提供改进方向。

三、组织团队成员进行预讨论

1. 安排与通知

提前发出预讨论会议的通知，明确会议的时间、地点和目的，确保团队成员能准时参加。在通知中附上议程和预期达成的目标，帮助团队成员提前准备。

2. 设定讨论规则

强调讨论是为了共同学习和改进，而非指责或评判个人表现。鼓励大家积极发言，同时尊重他人的观点，保持开放的心态。

3. 分享与初步梳理

让每位团队成员轮流分享自己在项目中的角色、职责以及遇到的挑战和成功经验。指定一名记录员，将大家分享的关键点记录下来，以便后续整理和分析。

4. 识别关键成功因素和挑战

引导团队成员讨论项目成功的因素。通过头脑风暴的方式，列出所有的成功因素和挑战，并进行分类和优先级排序，以便后续有针对性地进行分析和改进。

5. 初步梳理项目亮点与不足

基于团队成员的分享和讨论，初步梳理出项目的亮点和不足。亮点可以包括创新的解决方案、高效的团队协作等；不足可能涉及资源分配、风险管理等方面。这些梳理结果将为后续的复盘分析提供重要依据。

30.2 分析项目的要点

一、项目成果与预期目标对比

1. 明确预期目标

回顾项目立项时设定的具体目标，如市场份额的提升、销售额的增长、客户满意度的提高等，明确这些目标，有助于后续对比分析的准确性。

2. 量化成果对比

将项目实际达成的成果与预期目标进行量化对比。例如，如果预期目标是销售额提高10%，而实际销售额提高了15%，则可认为项目在这一方面超出了预期。通过具体的数字对比，可以直观地展现项目的成效。

3. 分析目标达成度

除了量化成果对比，还需要深入分析目标达成度，如评估项目是否按时完成、是否达到了预期的质量标准、是否满足了客户的需求等。通过这些方面的分析，可以更全面地了解项目与预期目标的契合度。

4. 探讨原因与影响

在对比项目成果与预期目标后，需探讨造成差异的原因及其对项目整体的影响。例如，实际成果超出预期目标可能是因为市场需求激增或竞争对手退出，而未能达到预期目标则可能是因为供应链中断或团队成员变动。分析这些原因，有助于为未来项目提供更准确的预期和采取有效的风险控制措施。

二、过程分析与效率评估

1. 项目各阶段的执行效率分析

我们需要回顾项目的各个阶段，包括启动、规划、执行、监控以及收尾阶段，并分析每个阶段的执行效率。例如，在启动阶段，我们是否迅速且准确地定义了项目目标、范围、预期成果等；在规划阶段，我们的时间管理、成本估算、风险管理等计划是否周详且切实可行；在执行阶段，团队成员是否按照计划高效推进工作，及时响应变化并作出调整。

案例：以某软件开发项目为例，在执行阶段，团队成员遇到了技术难题，导致进度滞后。通过复盘分析，我们可以发现这一阶段的问题所在，并思考如何在未来的项目中提前预防或快速响应类似的问题。

2. 资源分配与利用情况考察

资源是项目成功的关键因素之一。在复盘分析中，我们需要审视项目过程中的资源分配与利用情况，这包括人力资源、物资资源、财务资源等。我们要分析资源是否得到了合理分配，是否存在浪费或不足的情况。同时，我们还要考察团队成员的技能和专长是否得到了充分发挥，以及是否存在改进的空间。

案例：在一个市场推广项目中，我们发现某些区域的推广资源投入过多，而实际效果并不理想。通过复盘分析，我们可以调整未来的资源分配策略，优化推广效果。

3. 团队协作与沟通效果评估

团队协作和沟通是项目成功的另一大关键因素。在复盘分析中，我们需要评估团队协作的紧密程度、沟通效率以及信息传递的准确性。我们要分析团队成员之间是否存在沟通障碍，以及这些障碍对项目执行的影响。同时，我们还要思考如何改进团队协作和沟通方式，以提高项目的执行效率。

案例：在一个跨部门合作的项目中，我们发现不同部门之间的沟通存在误解和延误。通过复盘分析，我们可以找出问题的根源，并制定相应的改进措施，如定期召开跨部门沟通会议、建立信息共享平台等，以加强部门间的协作和沟通。

三、问题与挑战识别

1. 汇总项目过程中遇到的问题

在项目执行过程中，团队成员可能会遇到各种预料之外的问题，如技术难题、资源不足、时间紧迫等。在复盘时，我们需要系统地汇总这些问题，并分析它们的性质和原因。

案例：在一个IT项目中，开发团队遇到了一个难以解决的技术问题，导致项目进度受阻。在复盘时，我们需要记录这个问题，并分析其是由于技术能力不足，还是由于项目时间表的压力导致的。

2. 识别内外部挑战及其对项目的影响

除了具体问题，项目还可能面临各种挑战，包括内部流程的不完善、团队成员之间的协作问题，以及外部环境的变化（如市场需求的变化、竞争对手的行动等）。在复盘时，我们需要识别这些挑战，并分析它们对项目目标、进度和成本等方面的影响。

案例：以市场营销项目为例，原计划的市场推广活动因竞争对手的突然降价策略而受到冲击。在复盘时，我们需要识别这一外部挑战，并分析其对项目销售目标和市场份额的影响。

3. 分析风险管理策略的有效性

在项目实施前，我们通常会制订风险管理计划来应对潜在的问题和挑战。在复盘时，我们需要评估这些风险管理策略的有效性，包括是否及时识别了风险、是否采取了恰当的应对措施，以及这些措施是否成功地减轻了风险对项目的影响。

案例：在建筑工程项目中，施工前通常会制定应对恶劣天气的预案。在复盘时，我们需要分析这些预案在实际遇到恶劣天气时的执行情况，以及它们是否有效地减少了工程延误和成本超支的风险。

30.3 提炼经验以及后续规划

一、成功经验提炼

1. 识别并赞赏团队的创新实践

每个项目都有其独特之处，团队在面对挑战时常常能激发出创新的解决方案。在复盘时，应重点回顾这些创新点，并分析其为何有效。

案例：在一个产品开发项目中，团队采用了一种新型的材料来替代传统材料，大大提高了产品的耐用性和用户满意度。这种成功的创新实践值得在未来的项目中继续应用和推广。

2. 明确有效的团队协作模式

团队协作是项目成功的关键。在复盘中，应识别出促进团队协作的有效模式，如定期的团队会议、明确的角色分工、开放的沟通渠道等。这些成功的协作模式为未来的团队提供了可复制的经验。

3. 发掘并推广优秀的项目管理技巧

项目管理技巧对项目的顺利进行至关重要。在复盘时，应关注项目经理或团队成员展现出的优秀技巧，如有效的风险管理策略、灵活的资源调配能力、对项目进度的精准把控等。这些技巧的发现和推广有助于提升整个团队的项目管理能力。

4. 总结项目中的关键成功因素

除了上述具体的成功实践，还应从宏观角度总结项目中的关键成功因素，如明确的项目目标、合理的计划安排、充足的资源保障、团队成员的积极投入等。这些关键成功因素可以为未来的项目提供更为全面的指导。

案例：以一个市场营销项目为例，项目团队通过精心策划的线上活动成功吸引了大量潜在客户。在复盘时，团队发现关键成功因素包括精准的目标客户定位、吸引人的活动主题设计以及高效的社交媒体推广策略。这些关键成功因素，为团队未来执行类似项目提供了有力的参考。

二、改进建议与策略

1. 针对性改进建议的提出

（1）**细化问题定位**。准确识别项目过程中出现的具体问题，如进度控制不当、成本控制超支、团队协作不畅等，并深入分析其产生的根本原因。

（2）**量身定制解决方案**。在了解了问题的本质后，针对每个问题量身定制解决方案，如加强进度监控机制、定期召开进度审查会议等。

2. 流程优化以提高效率

（1）**简化冗余步骤**。发现并简化项目中不必要的流程步骤，如合并或取消部分无实际价值的审批环节。

（2）**引入自动化工具**。对于重复性高、耗时长的任务，可以考虑引入自动化工具来提高效率，如使用自动化软件来跟踪任务进度、分配资源，以减少人工操作和沟通成本。

3. 风险预警与应对机制设计

（1）**建立风险数据库**。记录项目中遇到的风险类型、发生频率、影响程度等信息，以便在未来项目中提前识别并应对类似风险。

（2）**制定灵活应对策略**。针对不同的风险类型设计灵活的应对策略。例如，对于供应链中断的风险，可以提前建立多个供应商合作关系以备不时之需；对于技术难题，可以建立专家咨询团队以快速响应。

三、后续行动计划

1. 短期纠正措施

对于在复盘中发现的具体问题和疏漏，我们需要立即采取纠正措施，如修复项目中的技术漏洞、补充遗漏的文档、重新分配未完成的任务等，确保项目的顺利收尾。

案例：在复盘过程中发现某个模块的功能存在缺陷，我们应立即组织技术团队进行修复，并在修复后进行充分的测试，以确保问题得到彻底解决。

2. 持续改进计划

除了短期纠正措施，我们还需要制订持续改进计划，以优化项目管理流程和提升团队效能，如改进团队协作方式、提升团队成员技能、优化项目管理工具等。

案例：复盘发现团队成员在协作过程中存在信息不同步的问题，我们可以引入更高效的协作工具，并定期组织团队成员进行工具使用培训，以提升团队协作效率。

3. 预防措施与风险应对策略

基于复盘分析的结果，我们需要识别未来项目中可能遇到的风险和挑战，并制定相应的预防措施和应对策略。例如，针对资源不足的问题，我们可以在项目启动前进行资源评估和储备，并制定应急预案以应对可能出现的资源短缺情况。

4. 监控与评估机制

为确保后续行动计划的有效执行，我们需要建立监控与评估机制，定期回顾和评估行动计划的执行情况，及时调整计划以适应项目发展的需求，并确保各项改进措施得到有效实施。例如，我们可以设立定期的项目复盘会议，邀请团队成员共同参与，回顾行动计划的执行情况，分享改进成果，并针对新出现的问题进行调整和优化。

场景三十一

领导当众指责项目失败的责任在你，该如何化解

刚步入职场，难免会遇到各种挑战，其中领导当众的指责可能是最让人措手不及的一种。遇到这种情况，新人往往会感到手足无措，心里七上八下。但别担心，谁还没个第一次呢？下面这些建议，或许能帮你从容面对这种尴尬场面，让你不仅不失面子，还能把批评当成跳板，跳得更高、更远。

31.1 即时反应，稳定情绪与场面

一、快速调整心态，保持冷静

1. 深呼吸与自我暗示

当听到领导的指责时，你可能会感到紧张或愤怒，此时应立即进行深呼吸，以平复激动的情绪。同时，可以给自己一些积极的自我暗示，如“我可以处理好这个情况”，“这是一个学习和成长的机会”，以增强自信和心理承受能力。

2. 避免情绪化反应

无论领导的指责是否合理，都要避免当场产生强烈的情绪化反应，如反驳、辩解或愤怒离场。保持冷静不仅有助于维护自己的职业形象，也能让领导看到你处理问题的成熟态度。

3. 保持职业素养

无论个人感受如何，都要保持基本的职业素养，不要对领导的指责做出不尊重或挑衅性的回应。记住，职场中的冲突和误解是常有的事，以专业和成熟的态度去面对是解决问题的关键。

二、积极倾听，不急于辩解

（1）**给予领导充分表达的空间**。尊重领导的发言权，避免打断或插话，让领导完整地陈述问题，以确保你全面理解领导的担忧和不满。

（2）**全神贯注地倾听**。集中注意力，认真倾听领导的每一句话。通过眼神交流和适当的肢体语言，表达你对领导话语的关注和重视。

（3）**寻求进一步澄清**。如果领导的批评含糊不清或有误解，可以在合适的时机进一步澄清。例如，你可以说："我注意到您提到了项目管理的问题，能否具体说明是哪些环节让您感到不满意？"

（4）**展现改进的态度**。在倾听过程中，适时表达你对改进工作的积极态度。例如，你可以说："我明白您的批评，并且非常重视。我会认真反思，并采取措施来改进。"

三、简洁回应，缓和气氛

（1）**选择恰当的回应语言**。使用简短、明确且中性的语言进行回应，例如，"感谢您的反馈，我会认真对待并反思"。避免使用情绪化或防御性的措辞，以免加剧紧张氛围。

（2）**表达理解和尊重**。通过回应展示你对领导批评的理解和尊重，例如，"我明白您的担忧，我会努力改进"。这样的表达能够降低对方的攻击性，使对话更加平和。

（3）**不做过多解释或辩解**。在公共场合，避免过多的解释或辩解，以免给人留下推卸责任的印象。在简单的回应后，可以承诺私下与领导进一步沟通，详细讨论问题和解决方案。

（4）**保持冷静和礼貌的语调**。语调是传递态度的重要方式，保持冷静和礼貌的语调有助于缓和紧张气氛。避免提高音量或表现出不耐烦，以维持专业形象。

（5）**适时转移话题或提出解决方案**。如果可能，可以适时地转移话题，例如，"关于这个问题，我有一个初步改进的想法，我们可以私下详细讨论"，或者简要提出一个初步的解决方案，以展示你的积极态度和解决问题的能力。

31.2 明确表态，承担责任并寻求指导

一、承认错误，不逃避责任

（1）**直面问题，坦诚认错**。当领导指出问题所在时，不要试图掩盖或辩解。例如，你可以说："领导，我明白您指出的问题，确实是我在这方面的疏忽导致了项目的失败。"避免使用模棱两可的语言或试图转移话题，要直接、诚恳地面对问题。

（2）**表达遗憾与负责的态度**。对于项目失败给团队和公司带来的损失，要表达出深深的遗憾，如"我非常遗憾我的失误给团队带来了负面影响，我愿意为此承担责任"。

此外，要表明自己愿意负责并采取措施来弥补损失，以展现你的责任感和担当。

（3）**具体说明失误之处及原因**。在承认错误的同时，可以具体说明自己在项目中的失误之处以及导致失误的原因。例如，"在项目执行过程中，我没有充分考虑到某个风险因素，导致了预料之外的问题"。通过具体说明失误原因，可以让领导和团队成员更好地理解你的问题所在，也有助于你更清晰地认识到自己的错误。

（4）**展现改进的决心和行动**。在承认错误之后，要立即表达出改进的决心，并说明自己将采取哪些具体行动来避免类似问题的再次发生。例如，"我已经意识到自己在项目管理方面的不足，接下来，我会加强学习，努力提升自己的专业能力"。通过展现改进的决心和行动，可以让领导和团队成员看到你的积极态度和成长意愿。

二、请求及时反馈，明确改进方向

（1）**主动询问具体反馈**。在领导指出问题后，不要等待领导给出具体的改进建议，而是主动询问领导对你的期望和具体需要改进的地方。例如，"领导，您能具体指出我在这个项目中的不足之处吗？这样我可以更有针对性地改进"。通过主动询问，你表现出对个人成长的渴望和对领导意见的尊重，有助于建立更良好的上下级关系。

（2）**倾听并理解领导的关注点**。当领导给出反馈时，要认真倾听并试图理解他们的关注点。注意领导提到的关键问题、期望达成的目标以及领导对你的具体要求。例如，如果领导强调项目管理的重要性，那么你应该明白在接下来的工作中需要更加注重项目的计划和执行。

（3）**请求进一步的指导**。在了解了领导的反馈后，不要害怕请求更多的指导。例如，你可以说："领导，我非常感谢您的反馈。您能否给我一些具体的建议或资源，帮助我提升这方面的能力？"通过请求指导，你不仅展示了自己的学习态度，还给了领导一个机会来提供更具体的帮助，有助于你更快地成长和进步。

（4）**确认改进计划并寻求持续支持**。根据领导的反馈和指导，制订一个明确的改进计划，并与领导确认。例如，"根据您的建议，我打算从学习项目管理课程开始，并定期向您汇报进展。您觉得这样可以吗？"同时，表达你希望在改进过程中得到领导的持续支持和反馈。这可以让领导知道你对个人发展的重视，并增强领导对你的信任。

三、提出行动计划，展现决心

（1）**明确行动计划的目标和步骤**。在承认错误之后，应立即提出一个具体的行动计划，如清晰的目标和可执行的步骤。例如，"针对项目失败的问题，我计划进行详细的问题分析，找出根本原因，然后制定针对性的解决方案，并在接下来的一个月内逐步实施"。

（2）**确保计划的具体性和可衡量性**。行动计划中的每一个步骤都应该是具体的，并且可以衡量其进度和成效。例如，"我将每周与团队成员开会讨论进度，确保每个阶段的目标都能按时完成，并通过关键绩效指标来衡量我们的改进效果"。

（3）**考虑资源分配和时间管理**。在行动计划中，要合理规划所需的资源和时间，确保计划的可行性。例如，"我已经评估了我们目前的人力和物力资源，并根据这些资源来安排工作进度。我会确保每个任务都有足够的时间和资源来完成"。

（4）**展示对行动计划的承诺和决心**。不仅要提出计划，还要表现出你对实施这个计划的坚定决心。例如，“我深知这个行动计划的重要性，我会全力以赴，确保每一步都得到有效执行。我愿意接受监督，并及时调整计划以适应任何挑战”。

（5）**请求反馈和调整空间。**在提出行动计划的同时，表达你愿意接受领导和团队的反馈，并根据实际情况调整计划。例如，“当然，这个计划可能会在实施过程中遇到一些未知的问题。我非常欢迎并期待您和团队成员的反馈，以便我们共同完善和调整计划”。

31.3 灵活应对，转化批评为动力

一、转变心态，积极接受批评

调整自己的心态，不要将批评视为对个人能力的否定，而应将其看作提升自我、改进工作方法的重要机会。

批评往往伴随着建设性的反馈，这是个人成长的宝贵资源。例如，当领导指出你在项目管理中的不足时，不妨将其视为一个提升项目管理能力的契机。

二、深入理解批评背后的意义

不要仅仅停留在批评的表面，而是要深入思考领导提出批评的原因，探究背后隐藏的问题或不足。

通过与领导或同事的交流，进一步明确批评的具体内容和意图，以便更准确地找到改进的方向。

三、用批评来自我反省和提升

将批评作为自我反省的镜子，对照自己的工作表现，找出差距和不足。在此基础上，制订具体的改进计划，明确下一步的行动方向。例如，如果领导批评你在沟通协调方面有所欠缺，你可以计划参加相关的培训课程或主动寻求资深同事的指导，以提升自己在这方面的能力。

四、及时反馈改进成果

在接受批评并作出改进后，及时向领导反馈你的进步和成果。这不仅有助于增强领导对你的信任，还能进一步巩固你的改进动力。例如，你可以在下次团队会议上分享你在项目管理方面的新做法和取得的成效，让领导和团队成员看到你的努力和成长。

场景三十二

领导问你下一年的规划，
你该如何说

32.1 清晰表达未来目标与方向

一、明确职业定位与发展路径

（1）**自我认知与兴趣点分析**。深入了解自己的优势、劣势、兴趣点和价值观，从而确定适合自己的职业领域。例如，如果你对数据分析有浓厚兴趣，并且在这方面有一定的天赋和技能，那么数据分析师或数据科学家可能是你的理想职业定位。

（2）**市场调研与职业趋势分析**。通过研究行业趋势、市场需求以及未来可能的发展方向，来确定自己的职业路径。例如，随着大数据和人工智能的兴起，数据分析领域有着广阔的发展空间，选择这一领域作为发展方向既符合个人兴趣，也顺应了市场趋势。

（3）**具体职业目标与期望职位**。基于自我认知和市场分析，可以设定具体的职业目标和期望职位。例如，你可以明确表达希望在接下来的一年内，通过专业技能的提升和项目经验的积累，能够晋升为初级数据分析师，并在未来三年内成为资深数据分析专家。

（4）**与领导沟通时的实例展示**。在与领导沟通时，可以通过实例来进一步阐释自己的职业定位和发展路径。例如，你可以分享自己近期参与的一个数据分析项目，描述在项目中的角色、贡献以及通过这个项目所获得的成长和收获。这样不仅能够让领导更加直观地了解你的工作能力和职业追求，还能够展现出你对工作的热情和投入。

二、设定切实可行的短期目标

（1）**定义明确的短期成果**。如果你是一名销售代表，你可以设定在下个季度内增加特定数量的新客户，或者提高某个产品的销售额。这样的目标具体、可衡量且能在短期内看到成果。

（2）**关注技能提升和专业发展**。除了业务目标，你也可以设定与个人技能提升相关的目标。例如，计划在下半年内至少参加两次行业研讨会，以拓宽视野并学习最新的行业动态。

（3）**设定团队合作与领导力发展目标**。如果你在团队中担任一定角色，可以设定与团队合作和领导力相关的目标。例如，计划在下一年内带领团队完成至少一个跨部门合作项目，或者提升团队成员的整体满意度和工作效率。

（4）**制订个人效率提升计划**。你可以设定提高个人工作效率的目标，如通过优化工作流程、学习时间管理技巧等方式，减少不必要的工作时间浪费，从而在下一年内完成更多高质量的工作任务。

（5）**设定个人品牌与影响力建设目标**。在职场中，个人品牌和影响力同样重要。你可以设定在下一年内，通过发表行业文章、参与社交媒体讨论等方式，提升自己在行业内的知名度和影响力。

（6）**强调目标的可实现性与挑战性**。在设定目标时，要确保它们既具有挑战性又可实现。你可以通过市场调研、历史数据分析等方式来评估目标的合理性，并向领导解释你为何认为这些目标是切实可行的。

三、展现对公司的忠诚与贡献意愿

（1）**表达对公司的认同感和归属感**。讲述自己加入公司以来的心路历程，如何逐渐融入并认同公司的文化和价值观。

案例：可以说“自从加入公司以来，我深刻感受到了我们团队的协作精神和对客户的真诚服务，这让我非常有归属感，也坚定了我长期为公司贡献的决心。”

（2）**明确个人规划与公司发展的紧密联系**。阐述自己的职业规划是如何与公司的发展战略相契合的，强调个人成长与公司成长的同步性。

案例：“我的职业规划是成为一名专业的项目经理，这与我们公司扩大市场份额、提升项目执行效率的战略目标是一致的。我相信，通过我的努力，能够为公司带来更多的价值。”

（3）**承诺通过实际行动为公司创造价值**。详细描述自己将通过哪些具体行动来为公司创造价值，这些行动可以是提高工作效率、优化流程、创新产品等。

案例：“在未来的一年里，我计划通过优化我们部门的工作流程，减少不必要的沟通成本，提高项目交付速度。同时，我也希望能够在产品创新方面提出一些建议，帮助公司开拓新的市场。”

（4）**展现与公司共同成长的愿望**。表达自己希望与公司共同成长的强烈愿望，以及愿意为公司承担更多责任的决心。

案例：“我非常看好公司的发展前景，也希望能够与公司一起成长。在未来，我愿意承担更多的责任，为公司的发展贡献自己的力量。”

32.2 具体阐述行动计划与策略

一、技能进阶与知识更新计划

（1）**技能需求分析**。仔细分析当前岗位和职业发展目标所需的技能，列出关键技能清单。通过与同事、上级或行业专家交流，深入了解行业内对这些技能的具体要求和期望。

（2）**资源搜集与筛选**。利用互联网、图书馆、行业内部资料等途径，搜集与关键技能相关的学习资源。根据资源的权威性、实用性和时效性，筛选出最适合自己的学习材料。

（3）**制订详细的学习计划**。针对每个关键技能，制定具体的学习目标和时间表。将学习计划分解为小目标，如每周完成一个模块的学习，或每月掌握一个具体工具的使用。

二、实践经验积累与项目参与

（1）**选择具有挑战性的项目**。主动寻找和参与公司内外的具有挑战性的项目，这些项目能够提供更多学习和成长的机会。例如，可以选择涉及新技术、新业务领域或跨部门协作的项目，以拓宽自己的视野和经验。

（2）**深入了解项目背景和目标**。在项目开始前，充分了解项目的背景、目的和预期成果。与项目团队成员和项目发起人进行沟通，明确项目的重要性和对公司整体战略的影响。

（3）**积极参与项目规划和执行**。在项目规划和执行阶段，积极参与讨论和决策，提出自己的见解，主动承担项目中的关键任务，展示自己的能力和责任心。

三、时间管理与效率提升举措

（1）**明确任务优先级**。对工作任务进行重要性和紧急性的评估，确保先处理关键且紧急的任务。如果同时面临多个项目，优先完成对公司影响更大、交付日期更近的项目。

（2）**避免多任务处理**。专注于一项任务直至完成，然后再转移到下一项，以减少注意力分散并提高效率。例如，在处理报告时，关闭电子邮件和社交媒体通知，以免分心。

（3）**反思和改进**。每周或每月回顾自己的时间管理策略，识别存在的问题并进行调整。如果发现某些任务耗时过长，考虑寻找更高效的方法或工具来完成它们。

32.3 获取领导支持的策略与技巧

一、精准阐述规划亮点与价值

（1）**明确规划的核心优势**。在阐述规划时，要明确其核心优势，如创新性、高效性、成本节约等。

案例 你可以说："我的规划注重创新，旨在通过引入新技术和方法，提高我们团队的工作效率。"

（2）**突出规划的长期价值**。除了短期效益，还要强调规划对公司和团队的长期价值。这有助于领导认识到你的规划不仅关注眼前利益，更有助于公司的长远发展。

案例 “通过这个规划，我们可以培养更多具备专业技能的人才，为公司的未来发展储备力量。”

（3）强调规划与公司战略的契合度。在阐述规划时，要强调其与公司整体战略的契合，以展示你的规划是如何支持公司目标实现的。

案例 “这个规划与我们公司扩大市场份额、提高运营效率的战略目标高度契合，将有助于推动公司整体发展。”

二、适时展示规划与领导期望的契合度

（1）将领导期望融入个人规划。根据领导期望调整规划方向，确保个人发展与公司整体战略保持一致。如果领导希望拓展新市场，你的个人规划中可以包含对新市场的研究、拓展策略的制定等内容。

（2）用具体案例说明契合点。在与领导沟通时，使用具体的案例或项目来说明自己的规划是如何与领导的期望相契合的。

案例 “我计划在下一年度重点关注 ×× 市场的开发，这与您提出的拓展新市场的战略不谋而合。我已经初步分析了该市场的潜力和竞争态势，并准备了初步的进入策略。”

（3）提出支持领导愿景的具体行动。明确说明自己将采取哪些具体行动来支持领导的愿景和目标。

案例 “为了实现公司拓展新市场的目标，我计划主动承担市场调研的任务，并争取在第二季度前提出可行的市场进入方案。”

（4）寻求反馈与指导。在展示规划契合度的同时，主动向领导寻求反馈和指导，以进一步完善规划。

案例 你可以说：“我非常期待您对我的规划给予宝贵的意见和建议，以便我能更好地为公司的发展贡献力量。”

三、主动征求反馈并展现改进意愿

（1）表达接受反馈的开放态度。明确向领导表示自己非常期待并重视他们的反馈。

案例 你可以说：“我非常希望听到您对我规划的看法和建议，这对

我来说是宝贵的学习机会。”通过这样的表达，展现自己对个人成长和持续改进的追求。

（2）**具体询问领导的看法**。针对规划中的关键部分，可以主动询问领导：“关于我提出的 ×× 项目，您认为有哪些方面可以进一步优化或调整？”这样的提问方式能够引导领导给出更具体、更有针对性的建议。

（3）**展现对反馈的积极回应**。当领导给出反馈时，要表现出认真倾听和积极思考的态度。可以点头表示赞同，或者记录下关键信息。

案例：回应时可以说：“您的建议很有启发性，我之前确实没有考虑到这一点。我会认真考虑并融入我的规划中。”

（4）**讨论可能的改进方案**。根据领导的反馈，可以提出一些初步的改进想法，并与领导进行讨论。

案例：“针对您提到的 ×× 问题，我考虑可以通过 ×× 方式来解决，您觉得如何？”这样的讨论不仅能够加深理解，还能够展现自己的主动性和解决问题的能力。

（5）**明确改进的时间表和计划**。根据讨论的结果，制订一个明确的改进时间表和计划。

案例：“我会在下周之前对规划进行相应的调整，并再次与您沟通确认。”通过给出具体的时间节点，能够增加领导对自己规划的信心和期待。

（6）**感谢并承诺持续改进**。在沟通结束后，表达对领导反馈的感谢，并承诺会持续改进自己的规划。

案例：“非常感谢您给我这么多宝贵的建议，我会不断努力提升自己的规划能力。”这样的表态能够展现自己对个人职业发展的重视和决心。

场景三十三

非直属领导给你安排工作，如何应对而不影响本职工作

33.1 快速理解与初步评估

一、即刻掌握任务要点

（1）**仔细聆听并记录**。在非直属领导布置任务时，务必全神贯注地倾听，并使用笔记本或电子设备记录关键信息，包括任务目标、完成标准、时间限制等。例如，如果领导要求你“在下周五之前完成一份市场分析报告”，其中“市场分析报告”和“下周五”就是需要关注的关键信息。

（2）**澄清具体目标和细节**。对于任务中任何不明确或模糊的地方，不要犹豫，立即向领导询问并寻求解答。例如，你可以问：“关于这份市场分析报告，您希望重点关注哪些领域或数据？是否有特定的分析角度或深度要求？”这样的问题有助于你更准确地把握任务要求。

（3）**思考任务与本职工作的关联**。在了解任务要点后，迅速思考这项新任务与你的本职工作之间的联系。例如，如果你负责市场营销工作，那么这份市场分析报告可能与你正在进行的某个营销项目密切相关，你可以借此机会整合资源和时间，提高工作效率。

（4）**用实例来确认理解**。为了确保你完全理解了任务要求，可以尝试用一个具体的例子来向领导确认。例如，你可以说：“如果我的理解没错的话，这份报告包括当前市场趋势的分析、竞争对手的概况以及我们产品在市场中的定位，对吗？”通过这样的确认，你可以避免后续工作中的误解和偏差，确保任务完成的准确性和高效性。

（5）**保持沟通渠道开放**。即使在初步了解任务要点之后，也要保持与非直属领导的沟通渠道开放。这样，如果在后续工作中遇到任何问题

或需要进一步澄清的地方，你可以及时与领导取得联系，确保工作的顺利进行。

二、初步评估影响与可行性

（1）**分析任务量与工作强度**。快速浏览任务要求，结合你的工作能力和当前的工作量，估计其大致的工作量和完成所需的时间。对比当前手头的工作量，判断是否有足够的时间和精力来承担新任务。

例如，如果非直属领导要求你准备一份详尽的市场分析报告，你需要考虑数据的收集、整理、分析和报告撰写等各个环节所需的时间。

（2）**考虑资源需求与分配**。评估新任务是否需要额外的资源，如数据、软件、人力支持等。检查现有资源是否足够满足任务需求，或者是否需要申请更多资源来确保任务的顺利完成。

例如，如果报告需要特定的市场数据，你可能需要联系数据提供商或请求公司内部其他部门协助。

（3）**识别潜在冲突点**。分析新任务与当前工作的优先级和截止日期，识别可能存在的冲突点。判断新任务是否会影响重要项目的进度或与即将到来的截止日期相冲突。

例如，如果你正在筹备一个重要的产品发布会，而新任务同样需要占用大量时间和精力，这就需要你仔细权衡。

（4）**评估自身能力与兴趣**。诚实地评估自己是否具备完成任务所需的专业技能和知识。同时，考虑自己对新任务的兴趣和动力，因为这将影响你的工作效率和最终成果的质量。

例如，如果你对市场分析有一定的了解并且对此类项目感兴趣，那么你可能会更加积极地接受这个挑战。

三、制定初步应对策略

（1）**明确任务目标与优先级**。你需要清晰理解新任务的目标和重要性。这可以通过与非直属领导的简短交流或查阅相关文件来实现。

案例 你可以询问：“这项任务的主要目标是什么？它与我们部门

（团队）的整体目标有何关联？”

（2）调整工作计划与时间表。根据任务的优先级和资源需求，灵活调整你当前的工作计划，如重新分配时间、延迟某些非紧急任务的完成日期，或者寻求帮助以分担工作量。

案例：你可以决定：“为了腾出时间来完成这项新任务，我可以将项目A的报告编写工作推迟两天。”

（3）设定风险应对策略。考虑到可能出现的问题或延误情况，提前设定风险应对策略是非常重要的。

案例：你可以思考：“如果这项新任务需要的时间比预期长，我应该如何调整我的其他工作？我是否需要提前告知相关领导？”

33.2 即时沟通与协调行动

一、与直属领导进行紧急沟通

（1）简述非直属领导的任务要求。开场简洁明了地阐述非直属领导刚刚分配的新任务及其具体要求。

案例：“张总，李经理刚刚给我分配了一个紧急的项目报告，要求我在下周一之前完成。”

（2）表达对新任务的重视与困惑。表明你理解新任务的重要性，并同时表达出对如何将其融入当前工作计划的困惑。

案例：“我明白这个项目对公司的重要性，但考虑到我目前手上已有的工作量，我有些担心如何有效地平衡两者。”

（3）讨论如何平衡新任务与当前工作负荷。询问直属领导对于如何调整工作计划的建议，以确保新任务和本职工作都能得到妥善处理。

案例：“张总，您看我是否可以调整一些现有任务的优先级，或者将部分工作暂时移交给他人，以确保这个新项目能够按时完成？”

（4）寻求直属领导的及时指导和支持。

请求直属领导提供具体的指导或资源支持，以帮助你更好地应对新挑战。

案例：“在这个新项目中，我可能会面临未知的挑战。您能否给我一些建议或者指派一位经验丰富的同事来协助我？”

二、与非直属领导确认细节

1. 核实任务的具体要求

（1）确认任务的具体目标。

（2）询问是否需要遵循特定的流程或标准。

（3）了解任务的关键里程碑和最终交付日期。

沟通例子 “张总，关于您刚才分配的任务，我想再确认一下，最终的报告是以 PPT 的形式提交吗？此外，有没有特定的分析框架或模板需要遵循？”

2. 表达对任务的重视，同时提出实际困难

（1）表明自己对新任务的重视和积极态度。

（2）诚实地提出可能遇到的时间、资源或技能上的挑战。

（3）寻求非直属领导的理解和支持。

沟通例子 “张总，我非常重视这项任务，并会全力以赴地完成。不过，考虑到我目前手头的工作负荷较重，我可能需要一些额外的支持，或者对任务的优先级进行适当的调整。您看这样是否可以？”

3. 协商可能的支持或任务调整

（1）探讨是否可以获得额外的资源、指导或时间。

（2）询问是否有可能对任务的某些部分进行调整，以更好地适应当前的工作情况。

（3）共同寻找解决方案，确保任务能够高效且高质量地完成。

沟通例子 “张总，如果可能，我希望能得到一些数据分析的支持，这样我可以更专注于报告的撰写。此外，关于交付日期，如果稍微延后一天或者两天，我会更有把握提交一份高质量的报告。您看这样的安排是否可行？”

三、快速构建团队协作策略

1. 迅速通知团队新任务及其紧迫性

（1）召集团队成员，简要说明新任务的具体情况和要求。

（2）强调任务的紧迫性和重要性，确保团队成员了解任务的优先级。

（3）鼓励团队成员提出问题和建议，以便更好地理解和执行任务。

沟通例子 “大家好，我们刚刚接到了一个紧急任务，需要在本周内完成一个重要的报告。这个任务对我们团队来说非常重要，希望大家能够齐心协力，共同应对这个挑战。如果有任何问题或建议，请随时提出。”

2. 重新分配工作或请求团队成员的临时支持

（1）根据团队成员的专长和当前工作负荷，合理且公开地重新分配任务。

（2）寻求团队成员的主动支持和协助，共同分担新任务带来的工作压力，确保任务能够按时完成。

（3）确保每个成员都明确自己的职责和期望成果，以便更好地协同工作。

沟通例子 “小李，你在数据分析方面比较擅长，能否帮忙整理一下报告所需的数据？小王，你文笔好，能否协助撰写报告的部分内容？我会根据大家的工作情况，适当调整其他任务的分配，确保我们能够共同完成这项任务。”

3. 确保信息在团队内部快速且准确地传递

（1）利用团队常用的沟通工具（如企业微信、钉钉等），及时发布任务的更新和进度等情况。

（2）定期召开简短的团队会议，同步任务进展，讨论遇到的问题和解决方案。

（3）鼓励团队成员之间保持密切沟通，共同解决问题。

沟通例子 “请大家注意，我会在钉钉群里定期更新任务的进度和相关信息。如果遇到任何问题或需要协助，也可以在群里提出，我们会一起讨论并找到解决方案。”

33.3 立即适应与高效执行

一、监控进度并实时调整策略

1. 设立并追踪里程碑

（1）在任务开始之前，根据任务的规模和复杂度，设定几个关键的里程碑。

（2）使用项目管理工具或日程表来追踪里程碑的完成情况。

（3）定期回顾进度，确保每个阶段都按计划进行。

案例：若任务是开发一款新产品，可以设置设计完成、原型测试、用户反馈收集等里程碑，并在项目管理软件中持续追踪其进度。

2. 识别偏差与风险

（1）在任务执行过程中，密切关注实际进度与计划的偏差。

（2）及时识别可能影响任务完成的潜在风险，如资源不足、技术难题等。

（3）记录并分析这些问题，以便迅速采取相应的应对措施。

沟通例子 “张工，我注意到原型测试阶段比预期耗时更长，似乎存在一些技术挑战。我们需要一起讨论如何调整后续计划，以确保项目按时交付。”

3. 调整策略与方法

（1）根据进度监控和风险评估的结果，灵活调整工作策略和方法。

（2）遇到难题时，寻求外部帮助或专家意见，以便找到更有效的解决方案。

（3）重新分配资源或调整任务优先级，以确保关键任务得到优先处理。

案例：在发现原定的市场调研方法效果不佳后，决定改用线上问卷与社交媒体数据分析相结合的方式，以提高调研效率和准确性。

二、强化自我管理与时间分配

1. 制订详细的时间管理计划

（1）使用时间管理工具（如日历、提醒功能等）来规划每天、每周的工作任务。

（2）为新任务分配专门的工作时间，并确保在这段时间内能够专注工作。

2. 采用时间管理技巧提高工作效率

（1）应用番茄工作法，将工作时间划分为时间段，每段时间专注于完成一个任务。

（2）使用四象限法来区分紧急且重要、重要不紧急、紧急不重要、不紧急不重要的任务，并据此合理安排工作优先级。

3. 避免拖延和分心

（1）识别并克服拖延的诱因，如设定明确的奖惩机制来激励自己。

（2）减少不必要的干扰，如关闭社交媒体通知、设置手机静音等。

三、总结反思与持续改进

1. 回顾任务执行过程

（1）仔细回顾整个任务的执行过程，包括计划、执行、监控和调整等各个阶段。

（2）分析在每个阶段中遇到的挑战和困难，以及采取的应对措施。

（3）识别出任务执行中的关键成功因素，如有效的沟通、合理的资源分配等。

2. 识别问题与改进点

（1）客观评估任务完成的质量和效率，找出存在的问题和不足。

（2）深入分析问题产生的原因，如流程不合理、技能不足、资源匮乏等。

（3）针对每个问题，提出具体的改进建议和解决方案，并明确改进的目标和效果。

3. 制订改进计划并付诸实践

（1）针对识别出的问题和改进点，制订具体的改进计划。

（2）设定明确的目标和时间表，确保改进计划能够得到有效执行。

（3）在未来的工作中，尝试应用这些改进措施，根据实际情况进行调整和优化。

场景三十四

领导提出的方案不可行，你该怎么做

34.1 即时分析与准备

一、快速评估方案

（1）**了解关键信息**。快速了解方案的大致内容和结构，重点关注方案中提出的主要目标、实施步骤和预期成果。

（2）**初步判断可行性**。根据自己的专业知识和工作经验，初步判断方案是否具备实施的基础条件，考虑资源、时间、技术等方面的限制，评估方案在现有条件下是否能够顺利执行。

（3）**识别潜在问题**。仔细审查方案，找出可能存在的逻辑漏洞或不合理之处，关注方案中可能引发争议或风险的点，如预算超支、时间延误等。

（4）**提炼关键点**。将方案中的关键信息提炼出来，便于后续与领导沟通时能够准确引用。特别注意那些可能影响方案成功的关键因素。

沟通例子 假设方案中提出了一个新的市场营销策略，但你注意到该策略未考虑目标市场的文化差异。你可以说："领导，我注意到我们的新市场营销策略很有创新性，但我担心它可能没有充分考虑到目标市场的文化差异。例如，在某些地区，直接推销可能会被视为侵犯个人隐私，这可能会影响我们的品牌形象和客户接受度。"

（5）**设定优先级**。在识别出多个潜在问题后，根据问题的严重性和紧急性设定优先级，以便在后续与领导沟通时先解决最重要或最紧迫的问题。

二、内化疑虑，明确观点

（1）**结合经验与知识进行分析**。利用你的专业知识和过往经验，对识别出的疑虑点进行深入分析，思考这些问题是否真实存在，以及它们可能对方案的实施造成何种影响。

（2）**明确个人观点**。基于你的分析，形成明确的个人观点，即方案是否可行及其原因。例如，你可能认为方案中的某项措施不切实际，因为它忽略了某些关键的实施细节。

（3）**组织语言，准备表达**。在明确观点后，思考如何以清晰、直接且非攻击性的方式表达自己的看法。避免使用过于绝对或情绪化的措辞，而是采用建设性的语言提出建议。

三、准备有针对性的反馈

（1）**选择合适的沟通方式**。根据领导的沟通风格和偏好，选择合适的方式来传达自己的观点。如果领导更倾向于直接、坦率的交流，可以开门见山地提出疑虑；如果领导更注重细节和数据分析，则应准备充分的数据来支持自己的观点。

（2）**准备实例和数据支持**。为了使反馈更具说服力，应准备具体的实例或数据来支持自己的观点。例如，如果认为方案中的某项措施在市场上难以实施，可以引用类似案例的失败经验或市场调研数据来佐证。

（3）**构思建设性的替代方案**。在指出方案不可行的同时，构思一到两个建设性的替代方案，展示自己不仅仅是在批判，还在积极寻求解决方案。例如，如果原方案中的市场推广策略被认为不切实际，可以提出更符合当前市场趋势的推广方式。

（4）**预设可能的反驳和回应**。考虑到领导可能会对自己的观点提出反驳或疑问，应提前预设可能的反驳点，并准备好合理的回应。这有助于在沟通时保持冷静和自信，避免被突发问题打乱阵脚。

34.2 现场沟通与反馈

一、清晰、礼貌地表达观点

（1）**明确观点，避免模糊**。在表达之前，先确保自己已经清晰理解了方案，并形成了明确的观点。

沟通例子　“领导，我仔细研究了这个方案，我认为在资源分配部分可能存在一些问题。”

（2）**使用简洁明了的语言**。避免使用复杂的词汇或句子结构，以免造成误解。

沟通例子　“我觉得，如果我们能简化流程，可能会更有效率。”

（3）**以事实和数据为支持**。如果可能，提供具体的数据或实例来支持你的观点。

沟通例子　“根据我们之前的项目经验，类似的功能开发通常需要更多的时间和资源。例如，上次我们开发 ×× 功能时，就遇到了……”

（4）**保持礼貌和尊重**。无论你的观点如何，都要以尊重和礼貌的态度来表达。

沟通例子　“我理解这个方案可能是出于 ×× 考虑，但我有一些担忧，不知道是否可以探讨一下。”

（5）**避免情绪化或攻击性的措辞**。保持冷静和专业，不要让情绪影响你的表达。

沟通例子　“我注意到这个方案可能会带来一些潜在的风险，比如资源分配不均的问题。”

二、深入探讨与理解领导意图

（1）**主动提问，深入了解**。通过提问来引导对话，深入了解领导对方案的看法和期望。

沟通例子　“领导，关于这个方案，您认为它最大的优势是什么？或者有哪些方面是我们需要特别注意的？”

（2）**倾听并反馈，确保理解**。在领导回答时，认真倾听并适时反馈，以确保自己准确理解了领导的意图。

沟通例子 “我明白您的意思是想通过这个方案来提升我们的工作效率并降低成本。是这样吗？”

（3）**探讨方案背后的逻辑**。与领导探讨方案背后的逻辑和目的，以便更全面地了解方案。

沟通例子 “领导，我想了解一下，您是基于哪些考虑和数据来做出决策的？”

（4）**关注领导的关注点**。注意领导在沟通中强调的关键点和问题，这些通常是领导最关心的方面。

沟通例子 “您提到这个方案需要快速推进，我们在时间节点上是否有具体的计划或者目标？”

三、策略性提出改进建议

（1）**明确改进目标**。在提出建议之前，需要明确你希望改进的具体方面和预期达到的效果。

案例：你可以说，“我认为我们在用户体验方面还有较大提升的空间，我们可以考虑优化交互流程，使用户操作更便捷。”

（2）**结合实际情况**。在提出建议时，要充分考虑方案的实际情况和实施环境，确保建议既具有可行性又具有针对性。

案例：根据团队现有的资源和能力，提出切实可行的改进方案，例如，“我们可以利用现有的技术团队对系统进行全面升级，以提高整体处理速度”。

（3）**用数据或实例支持建议**。如果可能，尽量用具体的数据或实例来支持你的观点。

案例：“最近的用户调研数据显示，有70%的用户反映界面操作复杂，因此我建议简化操作流程，比如减少不必要的点击次数和页面跳转。”

34.3 维护专业与尊重

一、保持冷静和专业态度

（1）**情绪管理**。在面对有争议或挑战性的方案时，首先要学会控制自己的情绪。不要因为方案的某些内容与自己的预期不符而表现出不满或激动。如果你发现方案中有一项决策与你的意见相悖，不要急于反驳，而是冷静思考如何以专业的方式提出自己的看法。

（2）**理性分析**。保持冷静的同时，要对方案进行理性分析。不要被情绪左右，而是从实际角度出发，审视方案的优缺点。

案例　你可以说："领导，我注意到方案中提到了 ×× 措施，我认为这一点可能需要我们进一步讨论。根据我之前的工作经验和数据分析，这样做可能会带来 ×× 风险。"

（3）**专业表达**。在沟通时，使用专业的术语和表达方式，这能够增加你的话语权重，并让对方更加认真地对待你的意见。避免使用"我觉得""我认为"等主观性较强的词汇，而是采用"根据数据分析""从行业趋势来看"等更具专业性的表达方式。

（4）**非语言沟通**。除了语言本身，你的肢体语言和面部表情也是沟通的重要组成部分。保持冷静和专业的态度同样需要通过这些非语言方式来体现。在沟通过程中，保持目光交流，避免翻白眼、耸肩等不礼貌或不耐烦的肢体语言。

二、积极寻求共识与解决方案

（1）**灵活调整，寻求双赢**。在讨论过程中，保持灵活的态度，根据领导的反馈和建议进行调整，以寻求双方都能接受的解决方案。

案例　"我明白您的考虑了，我们可以尝试将这部分资源重新分配，以确保项目的顺利进行。"

（2）**记录讨论结果，明确行动计划**。在讨论结束后，及时记录双方达成的共识和行动计划，以确保后续执行的准确性。

案例：“好的，那我们接下来就按照今天讨论的方向进行调整。我会整理一份详细的行动计划，包括责任分配和时间节点，发给您确认。”

（3）**持续跟进，及时反馈**。在方案执行过程中，持续跟进进度，并及时向领导反馈遇到的问题和取得的进展。

案例：“领导，我们已经按照讨论的方案进行了一部分工作，目前进展顺利。但在实施过程中遇到了一些小问题，我正在与团队成员一起解决。稍后我会给您发一份详细的进度报告，包括已解决的问题和待处理的事项。”

场景三十五

你与领导走得比较近，公司在传你与领导的绯闻，该如何化解

35.1 谣言止于智者——巧妙应对职场绯闻

一、保持镇定：理智面对职场绯闻

当听到关于自己的绯闻时，务必保持冷静和理智。不要让情绪占据上风，因为过度的反应可能会让谣言看起来更加可信。深呼吸，提醒自己这只是谣言，并非事实。

策略：避免在公开场合或社交媒体上做出过激反应。不要急于否认或解释，因为这可能会让谣言传播得更广。

案例：假设你听到同事们在背后议论你与领导的关系，不要立即冲进办公室大声辩解。相反，你可以选择一个合适的时机，私下与信任的同事沟通，表达自己的立场和感受。

二、谨慎言行：避免无意中加剧谣言传播

在处理绯闻时，你的言行举止至关重要。一不小心，你可能就会成为谣言的助推器。

策略：避免在公共场合讨论与绯闻相关的话题。不要参与或回应与绯闻有关的玩笑或调侃。

案例：如果你在公司聚会上听到有人提及关于你的绯闻，你可以选择微笑并转移话题，而不是直接回应或解释。这样可以避免让谣言成为聚会的焦点，也不会给自己带来不必要的麻烦。

三、积极表态：明确个人立场，不回避问题

虽然不建议过度反应，但也不能完全忽视绯闻的存在。在适当的时

候，明确表达自己的立场和态度是必要的。

策略：选择合适的时机和场合（如团队会议或私下沟通），表达自己的观点，强调工作成果和专业性，以转移大家对绯闻的关注度。

案例：在团队会议上，你可以主动提及最近关于自己的传闻，并明确表示这些传闻并不属实。同时，你可以强调自己一直致力于团队和公司的发展，并希望大家能够更多地关注工作本身而不是无根据的谣言。

35.2 谣言破解术——职场新人如何自证清白

一、主动沟通：与关键人物进行坦诚交流

当发现自己被卷入职场绯闻时，不要选择逃避或沉默，而应主动出击，与相关人员进行坦诚的沟通。

（1）**确定沟通对象**。确定绯闻传播的关键人物，如直接上级、同事或者团队中的意见领袖。

（2）**选择合适的时间和地点**。避免在公开场合或忙碌时段讨论此类敏感话题，而应选择一个相对私密、轻松的环境进行沟通。

（3）**明确沟通内容**。在沟通前，要准备好想要表达的内容，包括澄清事实、表达个人立场和感受等。

案例：如果你被传闻与某位领导有不正当关系，可以选择一个合适的时机，邀请这位领导和两位信得过的同事，在一个安静的会议室里进行面对面的沟通。你可以先表达自己对这种传闻的困扰，然后明确澄清你们之间的关系仅仅是正常工作交往，并无任何不当行为。

二、展示实力：用工作成果转移注意力

很多时候，职场绯闻之所以能够传播，是因为人们在工作之余寻找话题和谈资。如果你能够用自己的工作成果吸引大家的注意力，那么绯闻自然就会被淡化。

（1）**专注于工作**。努力提升自己的工作能力，争取在工作中取得突出的成绩。

（2）**分享经验**。在团队中积极分享自己的工作经验和心得，成为团队中有价值的成员。

案例：如果你在某个项目中表现出色，按时完成了任务，为公司带来了显著的效益，那么你的工作成果自然会成为同事们谈论的焦点，从而减少对绯闻的关注。

三、借助他力：请同事或上级协助澄清

有时，单凭我们个人的力量可能难以完全消除绯闻的影响。这时我们可以借助同事或上级的力量来协助澄清。

（1）**选择合适的帮手**。寻找与你关系良好、在团队中有一定影响力的同事或上级，请求他们的帮助。

（2）**明确请求内容**。向上述同事或上级说明情况，并请求他们在合适的时机为你澄清事实。

案例：如果你发现某个同事是绯闻的源头，你可以私下与他沟通，请求他停止传播不实言论。如果他拒绝合作，你可以考虑请你的直接上级或者人力资源部门的同事介入，协助解决问题。同时，你也可以请一些关系好的同事在团队中为你正名，说明他们了解你的为人和工作态度，从而打破绯闻的负面影响。

35.3 情商高手教你如何提升自我修养

一、情商运用：化解绯闻带来的尴尬与冲突

（1）**保持幽默感**。当绯闻被提及时，用一句轻松幽默的话来回应，可以有效缓解紧张气氛。例如，如果有人说："听说你和领导走得很近！"你可以笑着回答："是啊，领导说我走路太快，让我慢点走呢。"

（2）**倾听与理解**。当同事对你提及绯闻时，耐心倾听他们的观点，并通过积极反馈来表达你的理解。这样做有助于减少误解，并展现你的成熟和理性。

（3）**冲突管理**。如果绯闻引发了团队内部的紧张或冲突，情商高手

会主动寻求对话，以平和的态度解释情况，并寻求共同解决方案，以维护团队的和谐与稳定。

二、建立信任：通过日常行为树立良好形象

（1）**保持专业**。无论绯闻如何传播，应始终保持专业的工作态度和高效的工作表现。这样做不仅能让你的同事和上级看到你的价值，还能逐渐树立起一个可信赖的形象。

（2）**透明沟通**。在日常工作中，积极与同事沟通，分享信息和资源。通过开放和透明的沟通方式，你可以减少误解和猜忌，从而建立更牢固的信任关系。

（3）**承担责任**。当出现问题或挑战时，勇于承担责任并寻求解决方案。这种负责任的态度会让你在团队中赢得更多的尊重和信任。

三、长期策略：培养应对绯闻的持久心态

（1）**内心坚韧**。面对绯闻和压力时，要保持内心的坚韧和平静，不要让他人的言论左右你的情绪和工作状态。

（2）**持续学习**。不断提升自己的专业技能和社交能力。当你变得更加优秀和全面时，绯闻自然会变得不再重要。

（3）**建立支持系统**。在职场中培养一些可以信任和倾诉的朋友或导师。在面临绯闻困扰时，他们可以提供支持和建议，帮助你更好地应对挑战。

场景三十六

你有了更好的工作，但现老板对你有恩，如何取得双赢结果

36.1 坦诚沟通，表达感激与意图

一、找准时机，私下交谈

（1）**观察并选择合适的时机**。注意观察老板的日常工作习惯和情绪状态，选择一个他相对轻松、没有紧急事务处理的时候进行交谈。例如，可以在老板刚完成一个重要项目，心情较为愉悦的时候提出沟通请求。

（2）**预约一个私密且安静的交谈环境**。提前与老板的助理或行政人员沟通，预约一个适合深入交谈的时间和地点，确保交谈过程中不会被打扰。

（3）**准备充分的沟通腹稿**。在与老板交谈之前，先列一个沟通提纲，明确自己想要表达的重点，包括自己对当前工作的感受、新offer的情况、离职的原因以及对老板过去关照的感激之情等。

二、真诚感激，细数往日关照

（1）**回顾具体事件**。可以回顾一些具体的时刻，如老板在项目关键时刻给予的支持、在遇到困难时提供的帮助，或者是在个人职业发展上给出的宝贵建议。

案例 “张总，还记得去年那个大项目吗？当时我们团队遇到了很大的困难，正是您及时介入，帮助我们协调了资源，才让我们能够顺利完成了项目。这件事我一直铭记在心，非常感谢您的帮助和支持。”

（2）**强调个人成长**。讲述在老板的指导和关照下，自己如何在专业技能、团队协作、问题解决等方面取得了显著的成长。

案例 “在您的指导下，我不仅提升了项目管理能力，还学会了如

何更有效地与团队成员沟通和协作。这些经验对我未来的职业发展至关重要。”

（3）**表达深切的感激**。用诚恳的语言表达对老板无私帮助和悉心指导的感激之情。

案例：“张总，我真的很感激您一直以来对我的关照和支持。没有您，我不可能有今天的成长和进步。这份恩情，我会一直记在心里。”

三、明确表达新机会的优势

（1）**职业发展机会**。新职位提供了更广阔的职业发展空间，通过具体例子说明新职位如何有助于个人职业生涯的加速发展。

案例：“在新公司，我将有机会负责整个区域的业务拓展，这对我来说是一个巨大的挑战和成长机会。”

（2）**技能提升与专业知识深化**。新工作将使你能够深入学习和应用新的行业知识或技术。举例说明新工作如何帮助你掌握更多专业技能。

案例：“新职位需要我熟练掌握数据分析工具，这将大大提升我的数据分析能力，对我的个人成长至关重要。”

（3）**更广泛的行业影响力**。新公司或新角色可能让你在行业内获得更高的知名度和影响力。描述新职位如何为你提供一个更大的舞台来展示自己的才华。

案例：“加入这家行业领先的公司，我将有机会与更多顶尖的专业人士合作，从而提升我在行业内的影响力。”

（4）**更好的薪酬福利**。如果薪酬福利是考虑新机会的重要因素之一，可以坦诚地提及这一点，但同时强调这并不是唯一或最主要的原因。

案例：“虽然新公司提供的薪酬福利更加优厚，但更重要的是我看到了在新公司实现个人价值和职业成长的更大可能性。”

（5）**文化契合与工作环境**。阐述新公司的企业文化和工作氛围如何与你的价值观和工作方式相契合。通过具体例子说明新环境将如何促进你的工作效率和创造力。

案例：“新公司倡导的创新和协作文化非常吸引我，我相信在这样的环境中，可以更好地发挥我的能力和创意。”

36.2 巧妙处理，不忘旧恩，寻找共赢

一、探讨如何维持关系

（1）**明确沟通目的**。在与老板交谈前，要明确自己的目的，即希望与老板及公司保持良好的关系，并探讨未来合作的可能性。

（2）**分享新机会的细节**。简要介绍新职位的情况，包括职责、发展机会等，以便老板了解你离职的动因和未来的发展方向。

（3）**探讨合作的可能性**。询问老板在未来是否有可能进行项目合作或资源共享，比如在新公司中推广旧公司的产品或服务。同时，也可以探讨是否有可能利用你在新公司的职位优势，为旧公司带来某些益处，如行业信息分享、协助拓展业务等。

二、提供过渡期的支持

（1）**承诺并切实完成手头工作**。在离职前，确保自己负责的项目或任务能够按时且高质量地完成。如果项目无法在短时间内完结，应制订详细的工作交接计划，并与接替者进行充分的沟通和指导。

案例：假设你负责一个重要的市场调研项目，在离职前，你可以加班加点以确保调研数据的准确性和完整性，或者与接替者共同进行数据分析，以确保项目的顺利推进。

（2）**做好详尽的工作交接**。准备一份详尽的工作交接文档，包括项目进展、存在问题、后续工作计划等。与接替者进行面对面的交接，解答其疑问，并提供必要的指导和帮助。确保接替者能够完全理解并接手你的工作，减少因离职带来的工作断层。

（3）**主动协助团队适应变化**。在离职前，主动与团队成员沟通，了解他们在你离职后可能面临的问题和困惑，并提供解决方案或建议，帮助团队更好地适应你离职后的工作环境。

案例：如果你是项目团队的核心成员，你可以组织一次团队会议，

分享你的工作经验和技巧，帮助团队成员提升能力，以便更好地应对你离职后的工作挑战。

（4）**推荐合适的接替人选（如果可能）**。如果公司内部或外部有合适的人可以接替你的工作，可以向老板推荐。这不仅体现了你的责任心，也有助于公司更快地找到合适的替代者，减少你离职带来的影响。

三、情商展现，保持尊重和礼貌

（1）**使用委婉、诚恳的措辞**。避免使用过于直接或尖锐的言辞，以免引起不必要的冲突。以诚恳的态度解释离职的原因，并强调这是一个经过深思熟虑的艰难决定。

案例："我深知这个决定会给您和团队带来一定的不便，但我相信这是对我个人职业发展有利的选择。我会尽我所能确保工作的顺利交接。"

（2）**倾听与理解**。在沟通过程中，给予领导充分的时间来表达其观点和感受。认真倾听并尝试理解老板的担忧和期望，以便更好地回应和解释。

案例："我完全理解您对我的离职可能感到的失望和担忧。请放心，我会确保工作的平稳过渡，并尽力协助团队适应这一变化。"

（3）**礼貌地结束沟通**。在沟通结束时，再次表达感激之情，并祝愿公司和领导未来发展顺利。

案例："再次感谢您过去的关照和支持。我衷心祝愿公司和您在未来能够取得更大的成功。"

36.3 智慧抉择，实现个人与职业发展

一、评估新 offer 的长期价值

（1）**分析新职位的职业发展路径**。深入了解新职位的晋升机制和职业发展通道，并询问未来可能的晋升机会以及公司如何支持员工的职业成长。

案例：在与新公司的人力资源部门或直属上级沟通时，可以询问：

“在这个职位上，我未来有哪些晋升机会？公司通常采取哪些措施来支持员工的职业发展？”

（2）考察新工作对个人能力提升的影响。探究新工作是否能提供更多学习和成长的机会，如是否接触到新的技术、项目或市场领域。分析新工作将如何帮助你扩展专业知识、提升技能水平，并考虑这些技能在未来的市场需求。

案例：在面试过程中，可以向面试官提问：“在这个职位上，我将有机会接触到哪些新的技术或项目？这些机会将如何促进我的个人能力提升？”

（3）评估新公司的行业地位和影响力。研究新公司在行业内的声誉、市场份额以及是否能为你提供更广阔的平台来扩展人脉和影响力。考虑新公司是否经常参与行业活动、研讨会或发布最新研究成果，这些都是提升你个人行业知名度的机会。

案例：在接受新工作前，可以通过网络搜索、查阅行业报告或咨询行业内人士来了解新公司的行业地位和影响力。

（4）考虑工作与个人兴趣的契合度。判断新工作是否与你的个人兴趣和价值观相符，因为长期从事自己喜欢的工作更容易获得满足感和成就感。思考新工作是否能让你有更多机会追求自己的兴趣，或者是否允许你在工作之余探索其他相关领域。

案例：在面试时，可以询问关于工作内容和企业文化等问题，以此来判断新工作与个人兴趣的契合度。

（5）对比新旧工作的生活质量和工作环境。新工作所在地的生活环境、交通便利程度以及社交活动等因素也是影响你的工作满意度和生活质量的重要因素。同时，了解新公司的工作文化、团队氛围以及员工福利待遇也是非常重要的，以确保这些因素能够满足你的期望。

案例：在决定是否接受新工作前，可以实地考察新公司的工作环境，或者与在该公司工作的朋友交流，了解更多关于生活质量和工作环境的信息。

二、制定双赢策略

（1）**探索合作机会**。深入分析新旧职位之间的合作空间，如项目合作、资源共享等，并与前领导探讨在新职位上如何为前公司提供专业支持或咨询服务的机会。

（2）**制定互惠互利方案**。基于双方的需求和利益，提出具体可行的合作方案，例如，在新公司推动与前公司的业务合作，实现资源共享和优势互补。确保方案能够平衡双方利益，让前领导感受到你的离职并非关系的终结，而是合作的新起点。

（3）**建立长期合作关系**。通过持续的沟通和协商，建立起稳定的合作关系，确保双方在未来能够持续互惠互利。定期回顾合作进展，根据实际情况，及时调整策略，确保双赢目标的实现。

（4）**离职后的持续支持与反馈**。在离职后，继续为前公司提供必要的支持和反馈，帮助团队适应你的离开。同时，与新公司保持密切沟通，确保与前公司的合作项目顺利进行。

三、持续情商修炼，维护职场网络

（1）**学会倾听与表达**。在与同事和领导交流时，应全神贯注地倾听他们的观点和意见，不要急于打断或过早提出自己的看法。

在表达自己的想法时，要注意语气和措辞，避免使用攻击性或贬低性的语言。例如，在提出改进方案时，可以说：“我觉得我们可以尝试这样做来提高效率……”而非直接批评现有方法：“你们现在的方法太慢了，应该……”

（2）**增强观察力与适应性**。在职场中，要学会敏锐地观察周围人的情绪和需求。如果你发现同事或领导在某个话题上显得不自在或沉默，就要适时转移话题或改变沟通方式。同时，要适应不同的职场文化和人际关系模式，积极融入新团队和公司的氛围。

（3）**建立并维护良好关系**。主动与同事和领导建立联系，定期交流工作心得和生活趣事，以增强彼此间的了解和信任。在同事需要帮助时，无论是工作上的支持还是生活上的关心，都应积极伸出援手，加深彼此之间的情谊。

（4）**有效解决冲突**。虽然冲突在职场中不可避免，但高情商的人懂得如何妥善处理。当遇到冲突时，应保持冷静和理性，避免情绪化的言辞和行为。积极寻求双方都能接受的解决方案，通过有效的沟通和妥协来化解矛盾。例如，可以邀请冲突方坐下来讨论问题，共同寻找解决方法。

（5）**不断提升自我认知**。了解自己的优点和不足，以便更好地与他人合作和交流。通过定期的自我反思和积极接受他人的反馈来提高自我认知。

根据自我认知的结果，调整沟通方式和行为模式，以更好地适应职场环境。例如，如果发现自己在某些场合容易紧张或失言，可以提前准备应对话术或进行模拟练习来增强自信。

结 束 语

CONCLUDING REMARKS

随着你拿到了更好的offer，走进了更好的公司，本书也悄然接近尾声。

很感谢你坚持阅读至此，感谢你一路上的陪伴与支持，更感谢你让我有幸见证了你的成长与蜕变。

相信当你翻阅到最后一页时，会深刻感觉到那些曾经略显陌生的知识，如今已经变得越来越熟悉，它们仿佛已经融入你工作与生活的每一个场景中，发挥着神奇的魔力，帮助你在职场上更加得心应手、游刃有余。

我期待着你在职场上出众的表现！

我是黑马唐，让我们在顶峰相见！

请永远相信，美好的事情即将发生。